資金・場所・設備・宣伝からスタッフ・医院経営まで

クリニック開業 実践 ガイダンス

開業後もうまくいく
堅実で現実的な進め方

クリニック開業コンサルタント
中小企業診断士
椎原 正 Tadashi Shiihara

現代書林

開業を志すすべての医師が、
適正なコスト感覚と開業手順の明瞭な理解をもって、
合理的に開業されることを願って――

目次

第3章

ここが決め手！

コンセプトの練り方とパートナーの選び方

第4章

安易に決めない！

開業場所の探し方

第5章

特性を活かす！

開業スタイル別の進め方

第6章

衝撃の格差！

医療機器の購入の仕方

第7章 ライバルに勝つ！ ▼ ホームページのつくり方・運営の仕方

第8章 無駄はしない！ ▼ 効果のある広告の出し方

第9章 投資ポイントを見極める！ 建築と内装設計の進め方

第10章 安心とゆとりが大事！ 事業計画の策定の仕方

第**11**章

ラストスパート!

工事の発注から引き渡しまでの進め方

第12章

人財を呼び寄せる！

スタッフ採用のやり方

第13章

開業からスムーズ！

スタッフ研修と準備の仕方

第14章

スタートで差がつく！

開業前の挨拶の仕方

第15章

上手に任せる！お金の管理の仕方

第16章

ここからが本番！開業後のチェックポイント

序　章

クリニック開業はスタート地点

或るドクターとコンサルの会話――序

勤務医のドクター間《はざま》は、現状に大きな疑問を持ちはじめていた。

「とにかく多忙だし、雑務も膨大。子どもが私立の医学部へ進学したいと言ったら、今の収入で教育費をまかなえるのか？　やはり自分も開業か？　でも……」

そこで、とりあえずインターネットで目についたコンサルタント主催の開業セミナーに行ってみることにした。自分が実際に開業するとは思っていなかったが、情報は聞いておきたかったのだ。セミナー後、講演者が挨拶に来た。

椎原　本日はありがとうございました。いかがでしたか？
Dr.間　話を聞くのは初めてですし、開業できるかを検討している段階で、何とも……。
椎原　そうですか。いろんな会社が開業セミナーをしていますから、いくつか聞いてみるのもよいと思いますよ。信頼できる先輩開業医に聞くことが一番だと思いますが……。
Dr.間　そうですね。ただ、開業できるという実感がわかないというのが正直なところです。
椎原　先生、開業をためらう理由は何でしょうか？
Dr.間　リスクを冒して失敗するより、勤務医のままのほうがいいのかもしれないと……。

椎原　その不安は合理的に取り除けます。まずお金に対する不安の対処は簡単です。それは保険で解決できます。開業医には開業医向けの保険があります。先生が亡くなったとき、働けなくなったときに、ご家族が借金を負ったり、生活に困らないためのお金を保険で準備しておくんです。

Dr.間　患者さんが確実に集まる保証はないじゃないですか!?

椎原　競合するクリニックが少なく、患者さんの多い場所を選ぶことです。また、しっかり広告戦略を練ることも重要です。

Dr.間　それでも多額の借入に対する不安もあります。

椎原　それは当然です。ですから、あれもこれもと過大投資をした開業をせず、借入金も過大にならないように開業することが大事なんです。

Dr.間　なるほど。でもそんなことができるのですか?

椎原　できます。「最初から全部揃えて開業するのではなく、軌道に乗ってから追加投資していく」という考え方を持っていただくだけでも全然違います。もちろん、それ以外にも、コストを抑えるために気をつけてほしいポイントがたくさんありますが……。

Dr.間　そうなんですね。ぜひ教えてください。

椎原　わかりました。では説明していきましょう。

1 クリニック開業の勝負はスタート時点で決まっている

この本を手に取ったということは、勤務医の先生ですね？ そして、将来の開業をどうしようか考えている、もしくはすでに開業への決心をされた先生でしょうか。

私は、ドクターの皆様を対象としたクリニックの開業と開業後の経営コンサルティングを支援させていただいているＦＰサービス㈱代表取締役の椎原正と申します。よろしくお願いします。

さて、勤務医の先生は、将来に希望が持てなくなってきていることでしょう。先生が悪いのではありません。厚生労働省の医療行政に問題があるのです。

ＧＤＰ対比で医療や介護に支出される費用が近年修正され、世界レベルでは順位が変更されましたが、高齢化が進む介護費用を算入してＧＤＰの根拠も見直されたため、参考にならなくなりました。ただ、医師の個人年収の統計によれば、アメリカやドイツ、フランスの専門医の年収が３０００万円を超えるのに比べて、日本では１４７７万円程度で、あまりに医師の待遇が悪すぎます。日本語で医療ができるなら、医師免許が海外で通用するなら、３割以上の医師が海外移住することでしょう。

事実、医療費を大幅削減したサッチャー政権時代に、イギリスでは多くの医師がアメリカとカナダに移住しました。がんの手術が4ヶ月待ちとなり、お金のある人はドイツで手術を受けたぐらいです。

こうした厳しい労働環境から、移住をせずに抜け出す方法があります。そう、先生がお考えになっている「開業」です。

ひと昔前であれば、開業するだけで勤務医の倍以上の実収入を得ることができました。ただ、現在は都市部や郊外での開業となると、全員がそうなれるわけではありません。収入が得られるようになっても、在宅医療で365日24時間勤務、休みの日でもオンコールという、勤務医以上の重労働に落ちてしまうこともあり得ます。開業したのに、思った以上に支出があり、開業しながら当直のバイトで稼がなければ、勤務医時代の収入が確保できない先生もいらっしゃいます。こんなことは人に言えないでしょう。

そもそも開業したいとして、どこから手をつけたらよいのか？　銀行借入はできるのか？　自己資金が少なければ開業は無理なのか？

そう、開業に向けてクリアしなければならない問題は山ほどあります。開業を急ぐ必要はありません。そう思われた先生は、この本を閉じて、開業のことはゆっくり考えましょう。

おや、まだ読み続けていますね。

真剣に医師としての人生を考えていらっしゃるのですね。わかりました。私もプロとして、真剣にお話させていただきます。

勤務医が冷遇される始まりは、1997年の医療制度改革です。それまでは、「医療費の抑制」だったものが、明確に「医療費の削減」に舵が切られたからです。医療費の個人負担が3割に増額されました。さまざまな診療科で点数のマイナス改定が始まりました。もちろん、増額改定になったものもあります。

ただし、このときから病床数を減らして医療費を削減すること、患者を介護施設もしくは在宅に移すことが計画されていました。在宅や介護を請け負う医師の増加も計画されていたのです。勤務医を続けると、このコスト削減に巻き込まれ、労働環境の厳しさの割に収入には恵まれず、プライベートの時間もままならなくなることが決まっていたのです。

これに気づいて、早々に開業された先輩や同僚も多いことでしょう。医師としてそれほど優秀じゃなかった後輩が開業し、いきいきと活躍していることも珍しくないでしょう。

実は、開業だったら誰にでもできるのです。

問題は、開業をしてからです。

開業はスタート地点に立つことで、勝負はそこからです。

ただし、勝負は開業時点で70％は決まってしまうところが怖いのです。

ライバルが多くて患者様の少ないところで開業したらどうなるでしょう？

そう誰でもわかる通り、患者様はなかなか集まりません。

東京都目黒区の人口は２０１５年で、27万７６２２人です（２０１６年10月26日国勢調査）。それに対して、診療所数（病院は除く）は３０５件もあります（２０１７年10月時点）。全国で１番の医療過密地帯です。それでも、目黒区で開業を希望される医師が多いのは悩ましいところです。

「医療過疎地で開業しろとは、なんと安易なコンサルタントだろう！」

「山間地や離島などの僻地で開業しろなんて、家族の生活や教育はどうなるんだ！」

こう思われるのは、早すぎます。全国で１番の医療過疎地帯は埼玉県です。東京に住んで、埼玉県や千葉県で開業されている医師も大勢います。通勤時間も、勤務医のときよりもむしろ短時間で済んでいます。

私が開業のお手伝いをさせていただいた医師の実質年収は、平均で軽く４０００万円を超えています。

実質というのは、医療法人化されている先生が多く、個人の所得ではないけれど、医療法人の経費として実質的に使える余剰金が勤務医の２・５倍程度というところでしょうか。患者様の評判を取り、経済的にも恵まれ、時間的な余裕も持って、夏休みには毎年家族と海外旅行。悩みは、税金とスタッフ問題で、医師として開業して本当に良かったと思っている先生方が大勢います。

勤務医の先生には実感することが難しいと思いますが、開業医はさまざまな節税ができます。経費が使えるということは、実質使えるお金が増えるのです。まして、医療法人となると経費になる支出も多く、剰余金は桁が違ってきます。医療法人になると退職金を自分でつくることもできます。その金額も1億円を下ることはありません。退職金が1億円もあれば、個人で高い税金を払って貯蓄をする必要性も低くなってきます。

教育資金も、医療法人を活用して捻出することができます。勤務医の先生だと、お子さんが学費の高い私立の医学部に進学したいと言われたら、かなり苦しい資金繰りとなるでしょう。開業医であれば、新設の私立の医学部に進学するお子さんがいても大丈夫。実際、3人のお子さんを全員医師にした実例がいくつもあります。皆さん私立大学の学費をまかなわれて、立派な自宅を持ち、高級車に乗っていらっしゃいます。

開業すると患者様との距離も近づき、患者様やそのご家族から尊敬され、感謝される実感が持てるところも勤務医とは異なります。

まさに、地元の名士です。地元では、怪しい所に立ち入れない不自由さはありますが、外を歩いていてもいろいろな方から挨拶され、声をかけられます。

勤務しているとと勤務医のほうが偉いと思っていらっしゃるでしょうが、社会構造上、現在、開業医のほうが偉いのです。大学病院の病院長も、大学の教授も、患者様を紹介してくれる開業医はむげにできないどころか、大切にしないと自分の地位が脅かされるのです。

特に、東京など大学病院や有名病院がひしめいている地域などでは、どれだけ多くの診療所と連携できるかで病院の評価自体が大きく異なってくるのです。黙っていて病院の名前で患者様の紹介が取れる時代はとっくに終わっています。紹介患者様が少なければ、紹介率は下がり、病院の診療報酬にも影響が出ます。紹介率が下がれば、救急患者を取るしかなくなり、医療現場がますます疲弊していきます。

開業すれば、さまざまな医療機関から患者様紹介のお願いが来ます。紹介患者様の取り合いが現場で起きているのです。勤務していると、そんな事情までわからないでしょう。町医者と謙遜している開業医もいらっしゃいますが、実態は、勤務医では実現できないプライマリ・ケア、病院にとってはありがたくない外来患者様にしっかり向き合う医療など、現状の医療制度に合わせた中で、患者様や医療現場が抱える問題の解決を目指しながら、自身の医療人としてのＱＯＬも向上させているのが開業医なのです。

開業医のライバルが増えることは、開業医にとって嬉しくないので、診療や生活の実態を勤務医に向かって話をする開業医はいないでしょう。勤務医は実情を知らず、プライドにすがって過酷な労働をさせられているのです。

ならば開業をすれば、誰もがこのような豊かな生活を手に入れることができるのか？　それは違います。

繰り返しになりますが、開業だったら誰にでもできるのです。開業だけを行うのであれば、開業準備のパートナーとして、医薬品卸や医療機器商社、建設設計施工会社などのどんな業者を選んだとしても、開業まては必ずたどり着けます。

しかし開業はゴールではなく、スタート地点に立つことであって、勝負はそこからです。

例えば、マラソンをイメージしてください。高性能のスポーツウェアとシューズを身につけ、ウォーミングアップも万全でスタートするのと、あきらかに準備不足の状態で、おまけに重すぎる借金という荷物を背負ってスタートするのとではどうでしょう？　スタート時点で結果は歴然ではありませんか？

スタート地点で勝負の70％は決まってしまうというのは、こういうことです。

準備の時点から、開業後の経営、先生ご自身の将来を見据えて取り組むことが必要です。

たまたま開業がうまくいくケースもあります。しかし、一方で情報がなかったために多額の借金を背負って潰れていく医師が存在するのも事実なのです。

本書によって、1人でも多くの医師が、幸先の良いスタートを切り、開業後の医院経営という大海を〝安心とゆとり〟を持って航海されることを願っております。

2 本書で学んでほしい開業の流れとポイント

ここで本書の構成について説明しておきます。

開業の手順（タスク）には、図1（22～23ページ）に示した通り、開業資金の借入といった重要なものから、警備や清掃会社の選定、価格交渉といったような細かなタスクまでを、同時並行的に優先順位をつけて進めていく必要があります。

手順数は診療科目によっても変わりますが、図1に示していない細かなものを含めると100～140ぐらいでしょうか。

しかし、開業を成功させるために、すべてのタスクを先生がマニュアル的に理解される必要はありません。

必要なのは、図2（24～25ページ）で示した要所要所の大事な点を押さえておくことです。

本書では開業というスタート地点で、より良い状態からスタートするために、先生自身に特に気をつけてもらいたいこと、医院を経営する上で知っておいてほしいノウハウや考え方を重点的に盛り込みました。ここで簡単に説明しておきましょう。

※タスク表はあくまでも目安です。開業される地域や科目によって変更になる場合があります。

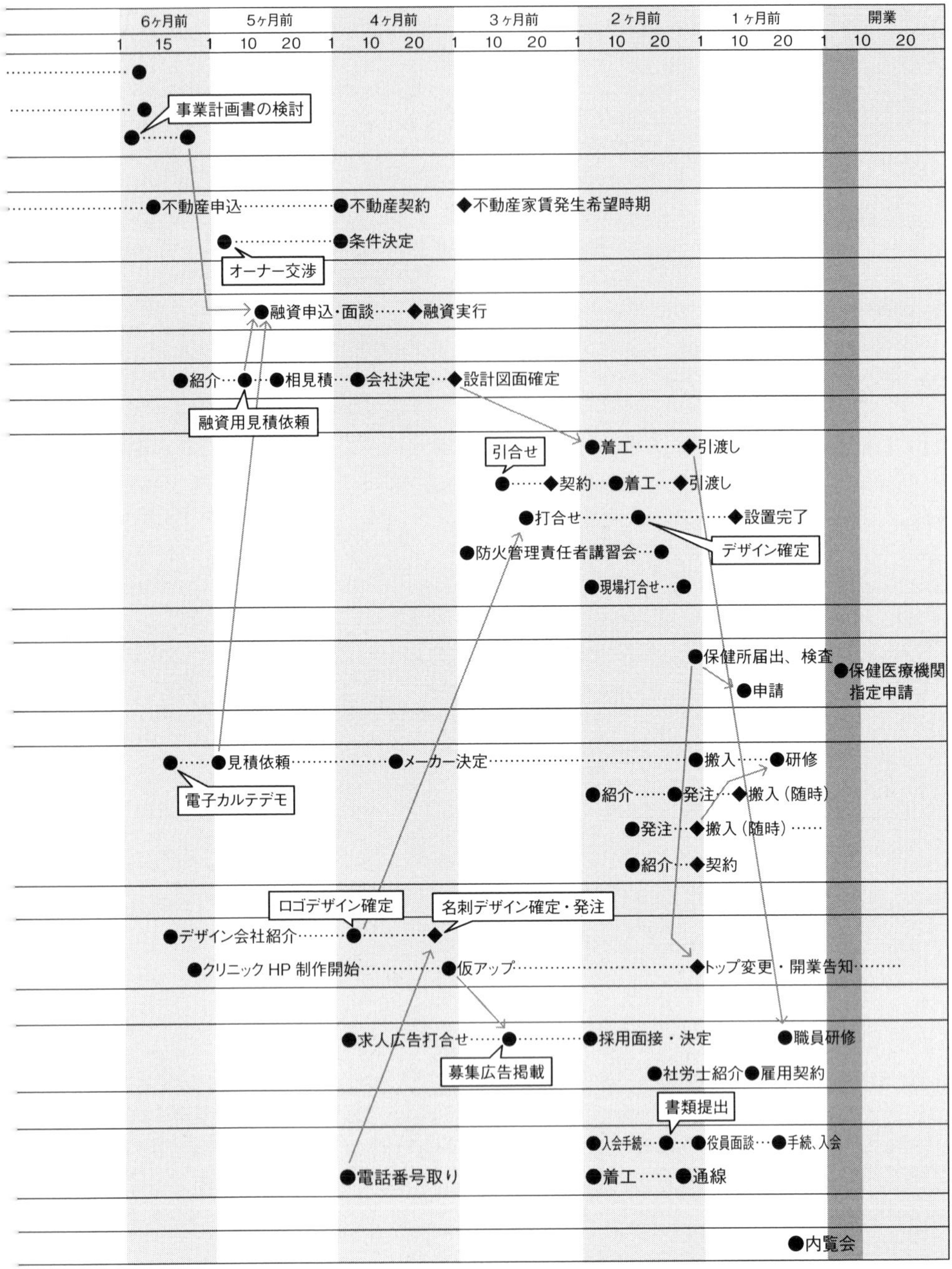

図1　開業タスク（テナント開業の場合）

準備項目		11ヶ月前	10ヶ月前	9ヶ月前	8ヶ月前	7ヶ月前
		1　15	1　15	1　15	1　15	1　15
計画	コンセプト マーケット調査 事業計画	●随時打ち合わせ……	●エリアの選定……			
不動産	物件探し・契約 オーナー交渉		●不動産物件調査開始・内見（随時）……			
開業資金	融資（設備資金・運転資金）					
設計						
工事	内装工事 警備会社 看板 消防検査 現場会議					
行政	保健所届出・検査 保険医療機関申請					
医療機器 備品	医療機器 薬品・医療材料 什器・備品 掃除・廃棄物業者					
広告・宣伝	印刷物 ホームページ&SEO					
労務	スタッフ募集・採用・研修					
その他 手続き	医師会入会・挨拶 電話／インターネット回線					
（内覧会）						

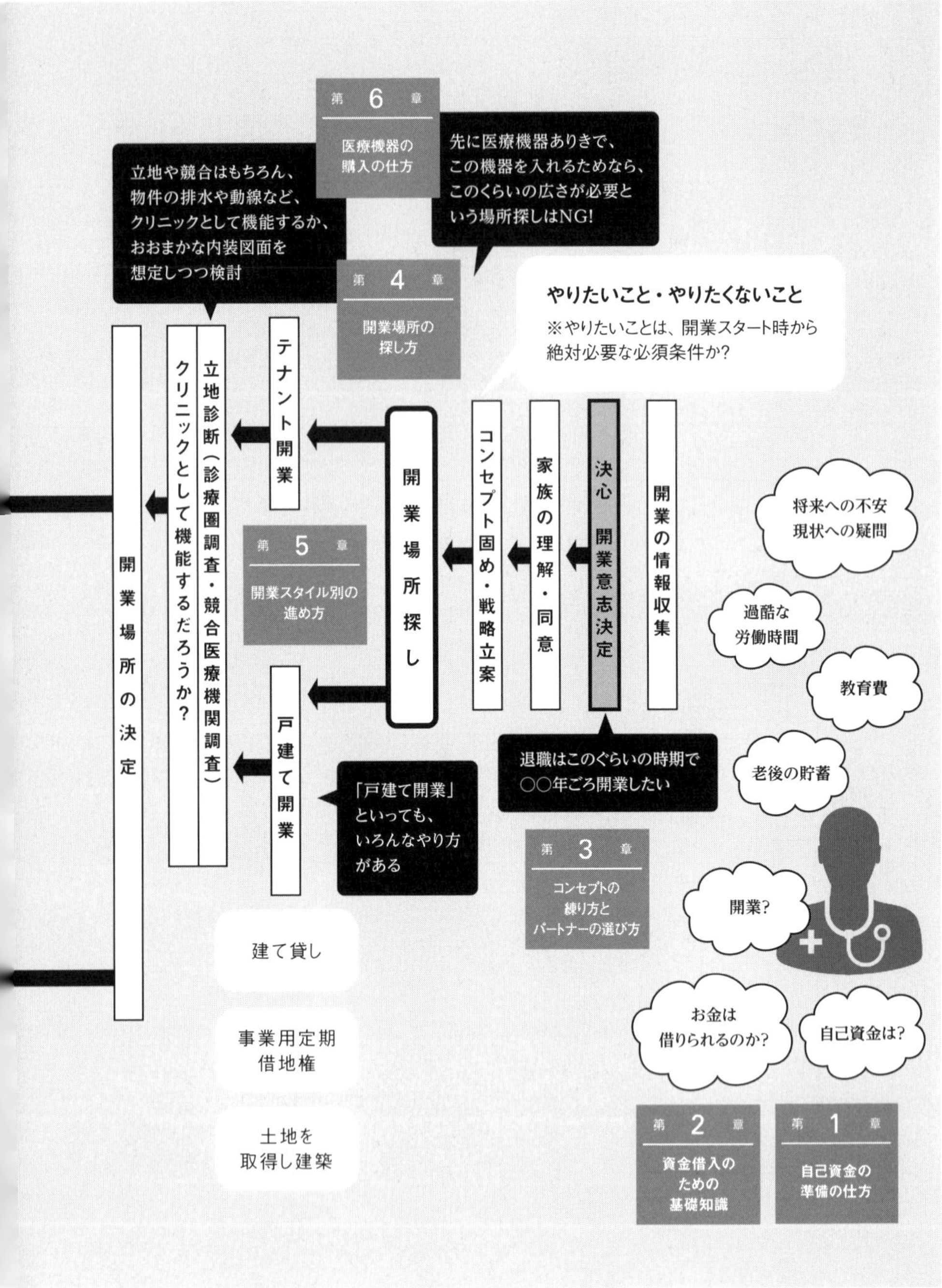
第 6 章
医療機器の購入の仕方
先に医療機器ありきで、この機器を入れるためなら、このくらいの広さが必要という場所探しはNG!
立地や競合はもちろん、物件の排水や動線など、クリニックとして機能するか、おおまかな内装図面を想定しつつ検討
第 4 章
開業場所の探し方
やりたいこと・やりたくないこと
※やりたいことは、開業スタート時から絶対必要な必須条件か?
開業の情報収集
決心 開業意志決定
家族の理解・同意
コンセプト固め・戦略立案
開業場所探し
テナント開業
戸建て開業
第 5 章
開業スタイル別の進め方
立地診断（診療圏調査・競合医療機関調査）
クリニックとして機能するだろうか?
開業場所の決定
「戸建て開業」といっても、いろんなやり方がある
建て貸し
事業用定期借地権
土地を取得し建築
退職はこのぐらいの時期で○○年ごろ開業したい
第 3 章
コンセプトの練り方とパートナーの選び方
将来への不安
現状への疑問
過酷な労働時間
教育費
老後の貯蓄
開業?
お金は借りられるのか?
自己資金は?
第 2 章
資金借入のための基礎知識
第 1 章
自己資金の準備の仕方

図2　開業の流れ

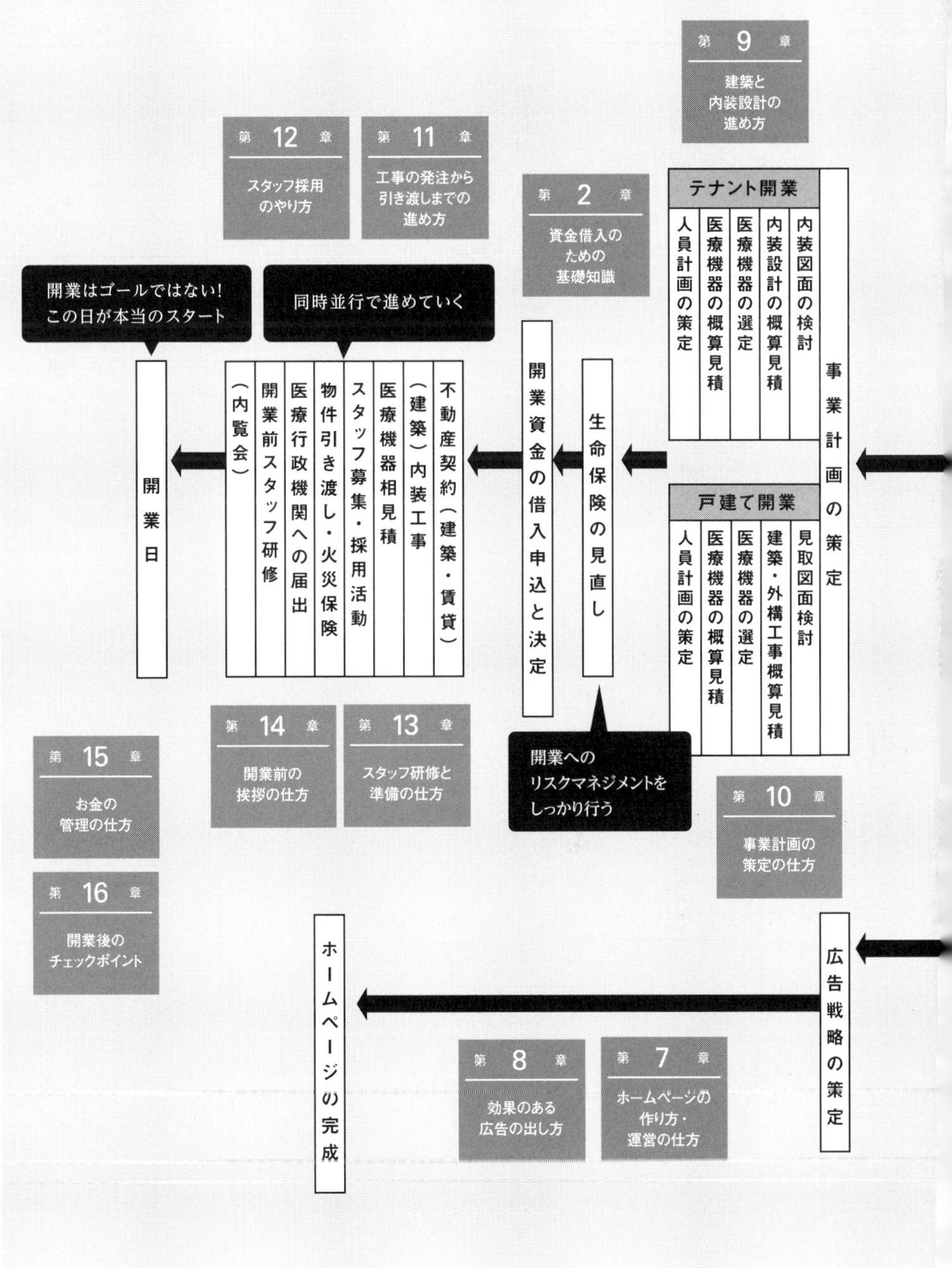
第9章
建築と内装設計の進め方
テナント開業
内装図面の検討
内装設計の概算見積
医療機器の選定
医療機器の概算見積
人員計画の策定
事業計画の策定
戸建て開業
見取図面検討
建築・外構工事概算見積
医療機器の選定
医療機器の概算見積
人員計画の策定
第10章
事業計画の策定の仕方
生命保険の見直し
開業へのリスクマネジメントをしっかり行う
第2章
資金借入のための基礎知識
開業資金の借入申込と決定
第11章
工事の発注から引き渡しまでの進め方
第12章
スタッフ採用のやり方
同時並行で進めていく
不動産契約（建築・賃貸）
（建築）内装工事
医療機器相見積
スタッフ募集・採用活動
物件引き渡し・火災保険
医療行政機関への届出
開業前スタッフ研修
（内覧会）
第13章
スタッフ研修と準備の仕方
第14章
開業前の挨拶の仕方
開業はゴールではない!
この日が本当のスタート
開業日
第15章
お金の管理の仕方
第16章
開業後のチェックポイント
広告戦略の策定
ホームページの完成
第7章
ホームページの作り方・運営の仕方
第8章
効果のある広告の出し方

本書の最初はお金の話です。

多くの勤務医の先生が、今後の医師としての進み方に迷い、「開業」という選択肢を考えるとき、まず心配になるのはお金の問題です。

金融機関から借入ができるのか？　自己資金はどれくらい準備しておけばよいのか？　本書では、まずこのお金の問題からスタートしています。

↓

［第1章　自己資金の準備の仕方］［第2章　資金借入のための基礎知識］

お金の問題がクリアできたら、次は場所の問題です。場所は開業の成否を分ける大事なポイントであることに違いありません。

しかし、ちょっと待ってください。多くの医師が「良い場所が見つかったから」「良い話があったから」と最初に場所ありきの開業をしています。でも、場所ありきの開業ほど恐ろしいものはないと私は考えます。

場所を考える前に、開業の行く末を決定する大切な問題（コンセプト）に向き合い、考えてほしいのです。そして、このステップは「良い開業場所」を見つけるためにも非常に重要なものでもあります。

↓

［第3章　コンセプトの練り方とパートナーの選び方］

「良い開業場所」を見つけることは非常に手間がかかることです。テナント開業にするのか戸建て開業にするのか、地域や診療科、先生ご自身の個別事情によってもさまざまな条件をクリアする必要があり、決して妥協もできませんから、最も時間のかかるタスクです。

加えて、戸建て開業の場合は、テナントと違って土地や建築の問題もありますから、時間に加え、多額の資金が関係するタスクでもあります。また昨今は、医療モールでの開業や承継開業など、さまざまな開業スタイルの選択肢ができました。

本書では良い開業場所の探し方に加えて、開業スタイル別に気をつけてほしい重要な注意点について述べました。これによって開業資金がいくらになるのか（借金がいくらになるのか）が大きく左右されます。

↓

［第4章　開業場所の探し方］［第5章　開業スタイル別の進め方］

開業場所の問題に加え、もうひとつお金に大きく関係するタスクがあります。医療機器の購入です。医療機器については、先生のほうが私よりよくご存知でしょうし、譲りたくない点でもあるでしょう。

だからといって、医療機器の営業マンに値段を聞くことは厳禁です。「医療機器は定価があってないようなもの」と言われています。

値下げのテクニックに加えて、最初からフル装備をしない〝追加投資〟という考え方や、ネット通販や中古品という選択肢も除外しないことで、無駄なお金をかけることなく、合理的なコストで開業することができるのです。

↓

［第6章　医療機器の購入の仕方］

開業場所が決まったら、クリニック名を決めていきます。広告戦略に取り組むためです。ホームページ制作に取りかかり、開業までに期間をかけて内容を充実していくのです。Googleなどで検索したときに、患者様に見つけてもらえるホームページを持っていることが集患対策、クリニックの経営に直結します。さらに、スタッフ募集でも重要な役割を担っています。駅の看板にお金をかけるくらいだったら、ホームページ制作にお金をかけてください。やったほうがよい広告、やらないほうがよい広告についても述べました。

↓

［第7章　ホームページのつくり方・運営の仕方］［第8章　効果のある広告の出し方］

クリニック名を決めるとともに、設計にも入っていきます。ここで、クリニック専門の設計（施工）会社に出会えるかどうかは非常に重要なファクターです。クリニック専門の設計士であれば、限られたスペースの中に必要十分な診療スペースと受付や待合、裏動線やお手洗い、シンクなどをつくり込むのはもちろんです。また、医師目線、患者様目線、スタッフ目線と立場を変えた説明をしてくれます。

良い設計会社の選び方から、コスト削減のための設計テクニック、診療科目別の内装設計のポイントについても詳しく解説しています。

↓

【第9章　建築と内装設計の進め方】

事業計画は、金融機関から借入をするためにも必要ですが、真の目的は、先生ご自身が返済にゆとりを持ち、資金繰りに追われることなく、安心して医療に専念するためにとても重要なものです。事業計画の作成に必要な考え方に加えて、開業後、医院経営をする上で必要になってくる資金繰り（キャッシュフロー）や損益分岐点、医療法人化についても、先生に知識として知っておいてほしいと思います。

↓

【第10章　事業計画の策定の仕方】

クリニックの設計が決まったら、次はいよいよ工事の発注となります。工事期間中も業者さん任せでよいということはありません。工事の発注や工事中に気をつけておくべきこと、竣工までにやっておくべきことがあります。

また物件引き渡し後は、クリニック内に医療機器や電子カルテが搬入されてきます。クリニック内での打ち合わせも可能になるので、机や椅子などの什器の手配も段取りよく進めていきましょう。

↓

【第11章　工事の発注から引き渡しまでの進め方】

クリニックにとってスタッフは非常に重要です。良い人を採用するのは永遠の課題だということは言うまでもありませんが、売り手市場の今は普通にスタッフの募集広告を出してもなかなか良い人を採りにくい状況にあります。

そこで、応募者の目を引く募集や採用活動の進め方から、採用後のスタッフとの付き合い方までを紹介しました。

人事は開業時の重大事項のひとつであり、開業後の最重要事項でもあります。院長の悩みはどこでもスタッフ問題です。時には解雇をしなくてはならないケースもありますので、しっかり先生に押さえておいてほしいポイントです。

↓

［第12章　スタッフ採用のやり方］

スタッフの採用が決まったら、およそ開業日3週間前からスタッフを集めての研修と開業前の準備に入ります。

スタッフとともにクリニックのルールを確認し、開業後、円滑に患者様をご案内できるよう、院長がしっかり方針を示し、ルールを決めていく必要があります。

開業後はスタッフに窓口現金などの金銭管理もしてもらわなくてはいけません。スタッフに任せるために権限と役割を明確にしておきましょう。

また開業直前のこの時期は、近隣へのチラシや挨拶状の発送、内覧会の準備を行います。万全の体制で開業日を迎えるためにもしっかり押さえておきましょう。

↓

［第13章　スタッフ研修と準備の仕方］［第14章　開業前の挨拶の仕方］
［第15章　お金の管理の仕方］

開業後は患者様の評判を取ることに注力します。まずは患者様の待ち時間を極限まで縮めることです。

開業直後のクリニックに患者様がたくさんいることはないでしょうから、もし待ち時間が生じているとしたらスタッフの動きに何か問題があるのかもしれません。患者様からの問い合わせやクレームもどんどん業務改善に活かしていくのです。自院の問題の芽に気づくためにチェックすべきポイントを押さえておきましょう。

↓

［第16章　開業後のチェックポイント］

いかかでしょうか。この本の全体像がわかったところで、次章からは、勤務医と開業医のはざまにいるドクター間《はざま》の開業準備の様子を追いながら、個別のお話をしていきます。どうぞお付き合いください。

第1章

クリニック開業［実践］ガイダンス

自己資金の準備の仕方

少なくても大丈夫！

或るドクターとコンサルの会話――1

Dr.間　開業といっても、私は自己資金がそんなにありません。そもそもいくら自己資金が必要なんでしょうか？

椎原　一般的には、運転資金を含めて開業資金の総額の2割程度の自己資金を持っていると負担が減るとは言われています。診療科目にもよりますが、自己資金が2000万円あればかなりゆとりがあるでしょう。

Dr.間　それでしたら開業は無理です。少なくともあと数年は貯金しないといけません。

椎原　いえいえ、そんなことはありませんよ。もちろん自己資金は多いに越したことはありませんが、今の時代、十分な開業資金を持って開業されている先生のほうが少ないくらいですから。

Dr.間　え？　そうなんですか!?

椎原　自己資金が少ないからといって、開業できないわけではありませんし、コツコツと開業資金を貯金しているうちに、ライバル医院がどんどん開業してしまい、先発優位を築いていきますすよ。

Dr.間　確かに、後から開業するほうが不利という考え方はあるかもしれませんが……。

椎原　厚生労働省から「医療施設動態調査」という統計が発表されています。それによると無床診療所は年々増加し、特に都市部とその近郊は開業激戦地です。貯金をしているうちに、ライバルの医師に先に良い場所を取られ、新しい患者さんを失っているんです。

Dr.間　だったらなおさら、そんな厳しい競争に、少ない自己資金で飛び込むのは無謀ではないでしょうか？

椎原　確かに競争は厳しくなってきています。医療機関によって、明確な格差が出てきているのは事実です。でも、開業して成功するかどうかを決定づけるのは、自己資金の多寡だと思いますか？　自己資金が多いほうが成功できるんでしょうか？

Dr.間　それは違うと思います。

椎原　そうです。それに自己資金を貯めるといっても、貯金以外の方法で、自己資金を捻出できるかもしれません。検討してみませんか？

Dr.間　ぜひ教えてください。

椎原　わかりました。では説明していきましょう。

1 自己資金がなくても開業することはできる

開業の相談で一番多いのが、「いくらくらい自己資金があればよいのでしょう?」という質問です。答えは極論ですが、自己資金はなくても開業はできます。

さすがに脳神経外科などMRIを持っての開業となると、多少の自己資金がないと難しいと思います。しかし、私が過去にお手伝いしたある医師の自己資金額はマイナス7千万円でした。まさに借金まみれで、借金の総額は2億4千万円近くでした。不動産投資を行っていたのですが、リーマンショック後の2009年7月開業だったため、日本の不動産価格も下落。含み損を7千万円抱えての開業でしたが、翌年11月には医療法人化して、大成功していらっしゃいます。

自己資金マイナスでの開業は、金融と医療の知識と経験が豊富なクリニック開業コンサルタントでなければ実現不可能ですが、普通の内科診療所を想定すれば、自己資金はゼロでも開業できます。知り合いの医薬品卸さんでも、医療機器商社さんでも、MRさんでも、誰にでも聞いてみてください。きっと自己資金はゼロでも開業できると言うはずです。

2016年1月からの日本銀行の金融緩和策でマイナス金利が導入され、2016年9月には「長短金利操作付き量的・質的金融緩和」が始まりました。これにより、特に地方銀行が国債で運用することができなくなり、メガバンクと医科診療所の開業融資の取り合いをしています。日本で物価が安定的に2％のインフレ状態になるまでこの金融環境は続く見込みで、2017年末から2～3年はこの状況が続く可能性が高いと思います。

ただし、自己資金はゼロでも担保があれば、開業には有利です。「自宅はあるけど、ローンがあって担保にはならないよ」と思われるかもしれませんが、ご自宅を購入した時期によって、担保価格は評価が異なります。もし、リーマンショック後の不動産価格が低迷していた2013年頃までに購入した不動産であれば、場所にもよりますが、1割以上値上がりしている上に、頭金として自己資金を投入した金額や毎月の返済金額によっては、開業資金借入の担保となることがあり得ると思います。

「自己資金がないから、自己資金を貯めてから開業しよう」と思われているなら、チャンスを逃すことにもなりかねません。近年、一般診療所数が10万施設を超えるようになりました。「厚生労働省医療施設（静態・動態）調査」によれば、2015年10月から1年の間に、無床の一般診療所で7448施設が新規に開設され、6914施設が廃止されました。差引534施設のライバルの増加です。

貯金をしているうちに、ライバルの医師に良い場所を取られ、新しい患者様を失っているのです。現在、勤務医をしていて、将来安心していられるでしょうか？　豊かな生活が保障されるでしょうか？　医師としてのプライドを持って心から豊かと言えるでしょうか？　勤務医人生のQOLは高いと自信を持って言えるでしょうか？

「安心で、心豊かな質の高い人生を実現できる」と思えたら、ぜひ勤務医として、ご自身のために、社会のために、頑張ってください。社会は勤務医を必要としています。

子どもと一緒に遊ぶ時間を十分に持てて、家族と年1回くらいは海外旅行にも行けて、十分な貯蓄もできる。子どもが私立の医学部に行きたいと言っても、何の心配もなく十分にやりたいことをやらせてあげられる。経費で車も買えるし、退職金だって十分に貯められる。医師としてプライドを持って診療にあたり、有名大学病院から患者様の紹介を頼まれ、患者様を紹介してあげられる。これが、私の知っている普通の開業医の人生です。

「いや、資金繰りに苦労していて、安定するまで3年はかかると聞いている」「開業したはいいけれど、当直のアルバイトで生活を支えている」「どうやら、診療所を閉鎖したらしい」などという噂を耳にしたり、そうしたリアルな先輩を見ていると、しっかり貯金をしてから開業に取り組まないと大変なことになると思っていらっしゃる先生も多いことでしょう。確かに、開業して苦労している医師は多数存在します。

しかし、私が適切にコンサルティングを行い、開業された医師でそんな人はいません。90％以上の先生が医療法人化まで当然のようにたどり着いて、「安心で、心豊かな質の高い人生」を実現していらっしゃいます。

自己資金が多かったから？　自己資金は関係ありません。しっかりコンセプトを固めて、良い場所で、コストを削減し、必要十分な医療設備を持って開業されたので成功されたのです。また、ネット戦略を構築し、優秀なスタッフを採用して教育しているから、後から近くで開業されてもびくともしないのです。

今後、医療費が削減されることはあっても、増加することは当面20年から30年はないでしょう。勤務医の労働条件は厳しくなり、開業医との格差が広がっていく時代が来ています。自己資金の貯金などしている場合ではありません。1000万円貯めてから開業のことを考えるのでは、2年間くらいの貴重な時間をチャンスロスすることになるのです。

2 銀行からの借入の金利を下げる方法がある

もちろん自己資金があることは良いことです。開業に対する信用度が上がるのはもちろん、一番のメリットとして銀行借入の金利が安くなります。自己資金が20％以上あれば、素のまま事業計画を作成しても、かなり安い金利で融資が受けられます。自己資金が少ないとなると、自己資金がある場合に比べて0・2％から0・5％くらい金利が高くなってしまうことがあります。銀行借入の金利が高くなるだけではありません。開業資金を銀行借入だけで調達することができないので、リースなどを使わざるを得なくなり、全体的な資金調達コストが高くなるのです。

リース（lease）とは、リース会社が、医療機器設備などを購入し、その物件を比較的長期にわたって賃貸する取引のことです。設備の所有権はリース会社にありますが、自分で購入した場合とほぼ同様にして設備を使用できます。医療機器導入に際しては、リースを使って開業することは一般的です。

では、なぜリースを使うとコストが上がるのでしょうか？　リース会社は銀行とは事業形態が違います。リース会社は自分の持っている資金をリースとして提供するのではなく、銀行から借りてくるのが一般的です。銀行から借りた資金に自分の儲けと、人が動くコスト、貸し倒れの場合のコストなどを上乗せして先生に資金提供するので、当然銀行金利よりは調達コストが高くなります。

自己資金が十分にあって、すべて銀行借入でまかなえれば、金利は最低になるでしょう。自己資金が十分にある、担保が十分にあるなど、銀行が融資するにあたってほとんどリスクがないと考えてくれれば、金利は現状0・7％程度まで下がることがあります（2018年8月現在）。しかし、このように恵まれた先生はほとんどいませんし、自己資金があまりない先生のほうが多いので、多少開業資金コストが高くても、保証人をなるべく立てないようにして、担保も無しにして銀行借入するのが一般的です。

それでは、自己資金が十分にない医師は高い金利を払うしかないのでしょうか？　そうではありません。自己資金がいっぱいあって適当な開業をするより、しっかりした事業計画があるほうが金利は下がります。

また、開業サポートをどこの会社に頼むかによっても金利は変わります。昨今、開業をサポートしてくれる企業が大変多くなりました。銀行も開業サポートを行う会社の信用度を見ています。開業サポート会社の過去実績で、融資が焦げついた（返済ができなくなったり、返済計画の見直しをしたりした）案件がどれくらいあったかは、重要な指標です。コンサルティング会社が過去の実績で1件の破たん事例もなく、返済計画の見直しもないようなノウハウとサポート体制を持っている場合、金利は低くなります。

銀行は優秀なコンサルティング会社から多数の案件を、ほとんど手間をかけずに入手することができ、開業後もそのコンサルティング会社に任せておけば予定通り返済が進んでいくので、管理のコストもかからないのです。今は医療機関だって破たんする時代です。しかし安心して返済してもらえる医療機関には特別な金利が待っています。

3 無駄な生命保険を見直せば自己資金を捻出できる

生命保険の見直しで自己資金は捻出できます。開業と生命保険。「何の関係があるの？」と思われるのが普通です。借金をするから保険を増やさなくてはいけないということか？　いえいえ違います。「無駄な保険を解約しましょう」という話です。

開業前に、普通の勤務医はお子さんができると、とりあえず生命保険に入っておこうということで、保険金額が1億円くらいの保障を買っている事例を多く見かけます。他に、子どものためと思って将来の学資保険などに入っていることも多いと思います。

民間の生命保険は、社会保険の補完的役割を果たしています。生命保険の仕組みをおわかりでしょうか？　知らなくて当然です。さまざまな金融機関に勤めるＦＰ（ファイナンシャル・プランナー）と言われる人もよくわかっていないのですから、生命保険会社以外の人が生命保険の中身がわからないのは当然です。もし、多くの人が保険の中身をわかるなら、保険会社の売上（収入保険料）と利益は激減することでしょう。世の中、無駄な生命保険のオンパレードです。生命保険会社の社員は、あまり自社の主力商品に入りたがりません。保障とコストが見合っていないことを十分に知っているからです。

勤務医の生命保険と開業医の生命保険は当然違います。なぜなら、前提となる社会保険（健康保険・厚生年金）があるかないかが大きく異なるからです。開業すれば、社会保険を脱退し、国民健康保険と国民年金に新たに加入することになります。社会保険のときは、年収１３０万円未満の家族を扶養にすることができ、かつ扶養される人の分の保険料はかかりませんでした。しかし国民健康保険の場合、配偶者は個別に国民健康保険に加入し、保険料も負担するのです。

また、配偶者に対する遺族年金がありません。18歳未満の子どもがいる子育て中の家庭にしか支給されないのです。残された配偶者にお子さんが１人以上いて．初めて遺族基礎年金が支給されます。それも、お子さんが18歳になるまでで、それ以降の支給はありません。金額も、お子さんが1人の場合、年額100万程度。お子さんが2人の場合でも、年122万円ほどしか支給されません。ですから、将来開業医になろうと思われる先生は、できれば生命保険の見直しをすることをお勧めします。しかし、生命保険の営業マンで開業医の保険と勤務医の保険の違いがわかる人がほとんどいないので、相談相手に困ることは想像できます。

基本は、開業がポジティブだったら、掛け捨ての生命保険を第一選択とすることです。開業がネガティブだったら、掛け捨ての保険の種類をしっかり選別し、貯蓄性の保険や他の金融商品を上手に選択していくことになります。

長期的に見れば、当面低金利が続く中、固定金利型の貯蓄性生命保険を選択してはいけません。将来、必ず金利が上昇局面に入る時期が来ます。健全な上昇になるのか、危機的上昇になるのかはわかりませんが、現在は異常な低金利時代ですから、そこから抜け出すのは当然です。借入の固定金利は考慮の余地がありますが、貯蓄性保険の固定金利の選択は、将来の金利上昇時に確実に損をするでしょう。

開業がポジティブであったら、すぐに生命保険の見直しをすべきです。こども保険は原則解約です。定期預金よりは金利が高いかもしれませんが、被保険者（先生）に何かあったとき、学資保険だけでは大学まで進学させられません。先生に万が一があっても、子どもを大学に進学させられるようにするためには、掛け捨ての生命保険で、保障は大きく、保険料は安く確保しておかなければなりません。将来の学資は、開業して稼げるようになれば、私立の新設の医学部でも楽々進学させられます。

まずは、無駄な生命保険を解約して戻ってきたお金を貯金しておくべきです。開業してから考えるのでは遅すぎます。どちらにせよ、開業するのであれば借金をすることになりますし、借りたお金の一部を学資保険の支払いに充てるようでは100％損します。借金より学資保険の運用益が高いとしたら、1996年以前に契約したものくらいです。

開業にポジティブになった瞬間から、無駄な保険はかけずに、貯金に回すべきです。生活を切り詰めたり、おこづかいを減らしたりする必要はありません。無駄な生命保険をやめることだけでも開業資金の毎月の積立が増やせます。

終身保険、かんぽ生命、学資保険は開業すれば必ず合理的理由（金利差）の問題で、解約せざるを得ません。将来解約するなら解約は今でしょう。生命保険は中途解約すると支払った保険料より戻りは少なくなります。今後も一生懸命保険料を支払い続け、結局途中解約して戻りが減ってしまうなら、今支払いを止めるべきです。

「将来開業することは絶対にない」と言い切れないのなら、プロのファイナンシャル・プランナーで開業やその後の経営に詳しい人を選んで、一度相談することをお勧めします。

4 自宅の売却も自己資金捻出の選択肢のひとつ

家を売って開業なんてバカな話と思われて当然です。しかし、これが経営者の視点で見れば十分選択肢に入ってきます。自宅を売却しなくても必ず開業はできます。しかし将来開業して成功した後には、高い税金を払い続けることがバカらしくなるものです。知識のひとつとして覚えておいていただければ、そのときに「社宅を持つ」という選択もあるので、初めから知っておいて損はありません。

優良な中小企業経営者は、そもそも個人で家など購入しません。税引き後の大切なお金を〝家〟という負債につぎ込みたくないからです。どうしているのかというと、社宅に住んでいます。税務上有利であり、経済的合理性があるからです。

例えば1億円のマンションを個人で購入すると、どれくらいの出費になるのでしょうか？　現在、金利は非常に低い状況ですが、これが25年続くということはないでしょう。１００歩譲って金利１%の固定金利で計算してみます。頭金はゼロ円、全額借入１億円、金利１%25年固定と仮定してみましょう。

毎月の返済金額は、37万６８７２円になります。返済総額は１億１３０６万１６００円です。このほか、マンションの管理費や修繕積立金、固定資産税を支払っていかなければなりません。大規模修繕のときは何十万という負担が加わることもあるでしょう。これら以外にも、お風呂やトイレ、電気やガス設備、家電の交換が発生することも普通に考えられます。それらの維持費用を平均毎月5万円と仮定すると、25年間の出費は1500万円になります。毎月の手取金額から（税金や社会保険料を引かれた残りの金額から）、約1億3000万円もの消費をするのです。税金や社会保険料などを考えれば2億円以上の給与を自宅につぎ込み、25年ローンを支払い終わった後に残った自宅の価値は、支払った金額の半分にも満たないでしょう。

では、社宅だとどうなるでしょうか？

私も社宅に住んでいます。マンションです。難しい計算は税理士に任せ、負担すべき金額は月額2万8600円です。念のため、毎月4万円を私が経営する会社に支払っています。たぶん賃貸で借りれば毎月30万円くらいだと思います。固定資産税も管理費も修繕積立金も個人では負担していません。すべて会社負担です。会社は、これらの費用を経費にできますので、税金が安くて済みます。もともと個人の所得税プラス住民税に比べれば、法人の税金は年々安くなる傾向にあり、実質負担は30％程度です。

個人で30％の税負担プラス社会保険料負担で済むのは、申告所得で年収700万円くらいの層です。医師であれば、勤務先の給与が低くてもアルバイト代などを考慮すると必ず税率は40％以上、プラス社会保険料の負担もあります。それだけの負担をして、残りのお金で〝家〟のために住宅ローンや固定資産税、修繕費を支払い続けることが豊かで幸せな人生だとは思えないのです。「でも、会社が倒産したら家がなくなるじゃないか！」。ごもっともです。ですから、安定して利益を出している企業の経営者は社宅に住むのです。

開業して、成功すれば高額納税負担者の仲間入りをすることになります。開業医の多くは、残念ながらこの仲間入りをしています。

年間保険診療報酬が5000万円以下であれば、医師優遇税制が使えます。それを超えると、いきなり高額納税者の仲間入りをすることが多くなります。脳神経外科や整形外科など設備や人件費にお金がかかる診療科であれば、医師優遇税制のメリットを享受することはあまりないと思いますが、内科や精神科、皮膚科などであれば、年間診療報酬が5000万円を超えるかもしれないと思った時点で医療法人化を検討する必要があります。

医療法人化するとなると、社宅問題に向き合うことも多くなります。実際に、自宅を売却して開業される医師はほとんどいません。

しかし、この本を読んでいるなら、少なくとも開業前に自宅を購入するのは待ってください。全額自宅購入資金を親御さんが出してくれるなら、話は別ですが……。

5 親に孫の教育費を援助してもらって資金余力をアップする

さすがに親に開業資金を貸してほしいとは言いにくいものですが、親にお金を借りなくても、自宅以外の賃貸不動産や遊休地（特に使っていない宅地など）があれば、それを担保に提供してもらい、銀行借入をすることもできます。

資産家の親御さんがいらっしゃる場合、投資用不動産を持っていらっしゃる方がいます。銀行借入が残っていると言っても、返済が進んでおり、購入時期によっては最近の不動産価格の上昇から、担保余力（銀行の不動産担保は設定されているが、現在の借金を引いたと計算しても、金融機関の評価で追加担保に入れられるだけの価値があるとの評価）がある場合、先順位の担保の次に第二抵当権という担保を設定し、その価値に応じた融資を受けられることがあります。また、担保があるとなると、その担保価値の上にクリニックとしての信用度を上乗せした融資が受けられ、かつ金利も安いということがあります。

親御さんに担保の話をしてみたら、そんな面倒なことをするんだったら開業資金の一部は面倒を見るという話になった事例もあります。過去、私がある先生と一緒に、担保の話を親御さんにしていたとき、相続の前払いということで3000万円出すという話になったことがありました。

しかし3000万円の贈与となると、贈与税が半分近く（1250万円）取られてしまいますので、親子間で金銭消費貸借契約書を作成させてもらいました。親はくれるつもりですが、税金のことを話して協力してもらいました。実質的に返済はしません。しかし、本当に返済しないと、みなし贈与の課税を税務署はしてきます。

ですから、一部（このときは310万円）は贈与してもらい、残りを金銭消費貸借契約にしました。310万円に対する贈与税はしっかり支払っていただき（この場合は20万円）、あとは貸付金の一部免除をしてもらったり、別途現金贈与をしてもらったり、親御さんの気持ちでランダムに借金が減りましたが、クリニックが軌道に乗って返済できるだけの余力ができたら本当に返済していただきました。

これは非常に恵まれたケースですが、開業資金を貸してもらう、担保を提供してもらうほかにも、お孫さんの塾や習い事などの費用を負担してくださったり、服を買っていただいたりと、孫への教育費と生活費を親御さんに負担していただくことも資金余力をアップさせる方法です。

孫への贈与（教育費と生活費に限る）は相続税法で非課税ですから、資産家の場合は将来の相続税の節税対策にもなります。資産家の親御さんがいることはうらやましいことですが、家族にとっては相続税の心配がつきまといます。特に2015年4月から相続税と贈与税の法律が改正され、税負担は増えることになってしまいました。相続対策をきちんとしてくれと子どもからは言いにくいものです。そんなことを言われたら怒る人もいます。

しかし、せっかく築いた財産をみすみす相続税に回したくないという人が大半です。親が子に開業資金を援助するという話には、親御さんも「仕方のない奴だ」という含みもなくはありませんが、孫への贈与（教育費と生活費に限ります）が非課税ということを知ると、ある親御さんは「もし、医学部へ入ったときの入学金を私たちが贈与したらこれも非課税になるのか？」と尋ねられたことがあります。「もちろん非課税です」と答えると、孫の教育はきちんとさせたい、贈与したいという話にまでなっていきました。

開業資金は貸してもらえなくとも、私立の小学校から私立の医学部までの費用を全部負担してもらうとなると4000万円くらい資金が浮く計算になりますし、新設の医学部になると卒業までに6000万円以上かかる場合があります。これが親御さん持ちとなれば、資金余力はかなりのものになりますし、その分相続財産が減ることにもなります。うらやましい話ですが、代々資産を守るためには教育が一番の投資です。将来、先生がお孫さんの教育費を負担する番が来るかもしれませんから、覚えておいてください。

第2章

クリニック開業[実践]ガイダンス

知らないと損！資金借入のための基礎知識

或るドクターとコンサルの会話――2

Dr.間　自己資金に対する不安はなくなってきましたが、自己資金が少なければ、その分、借入が多くなるということになりますね。正直不安なんです。金融機関から借入ができるのかもわかりませんし……。

椎原　先生！　その感覚が大事なんです！

Dr.間　？？？

椎原　実は、クリニック開業用の資金調達は、金利が非常に低く、昔より融資を受けやすくなっています。

Dr.間　融資は受けられるってことですか？

椎原　はい。でも借入は簡単になりましたが、返済していくのは難しいです。昔に比べて、競合が増え、診療報酬が思うように上がらなくなってきています。たくさん借入できても、患者さんが来てくれなければ返済できません。

Dr.間　私が開業したとして、きちんと返済していくことができるんでしょうか？

椎原　では、安心して返済ができる分だけ借入をして、返済をしていくのはいかがですか？

Dr.間　それなら、返済していけると思います。

椎原　借入は、安心して返済できる金額で事業計画を立案することが必要になります。また、月々の返済金額を少なくするために、返済期間をなるべく長くする必要があります。

Dr.間　返済期間を長くすると、支払う金利が多くなってしまいませんか？

椎原　おっしゃる通りです。返済期間が長くなると住宅ローンと同じで、支払う金利の総額は多くなってしまいます。しかし、現在１％以下の低金利で融資が受けられるので、驚くほどコストが高くなるわけではありません。余裕を持つために長く返済期間を取っているだけですから、普通預金口座に安心できる金額が貯まってきたら、どんどん繰り上げ返済をしていきます。また、金利の上昇が大きなコスト増になりそうになったら、借り換えやこまめな繰り上げ返済で乗り切っていきます。資金繰りの安全のために、期間を長くするので、金利は保険料的な意味合いを持つコストと割り切ってください。

Dr.間　詳しく教えてください。

椎原　わかりました。では説明していきましょう。

1 借入はできても返済するのは難しい

2018年現在、地方銀行を中心とした金融機関が医院開業の融資について、無担保・無保証人で貸付を行っているケースが非常に多くなっています。ある大手都市銀行にも医院向けの借入商品があり、低金利かつ借入期間も比較的長期で提示されるケースが多いです。

銀行が、医療機関に対して積極的に融資を行っている背景としては、市場に資金が余っているのに、銀行が融資できる企業が少なくなっているからです。日本の経済が力強く景気回復したと思われるまでは、マイナス金利もしくは非常に低い市場金利が続くでしょうから、銀行にとっては良い融資先を必死に取り合うことになります。

預金金利は限りなくゼロ％に近かったとしても、運用する国債市場がゼロ金利だったり、預金を預かっていても融資ができなければ、銀行はどんどん損が膨らむ状況に追い込まれていきます。医師は、優良貸付先と見なされていますから、かなり低い金利で長期間の借入が可能となっているのです。

ただし、有利な借入条件を引き出すために必要なものが2つあります。

1つは、「なぜ医院開業するのか」「開業するにあたり、なぜこの開業地を選んだのか」「開業するにあたり、どういう医療サービスを提供するのか」といった筋の通った「趣意書」の作成と、もう1つは無理のない返済計画を踏まえた「事業計画書」です。

銀行も、過去の経験から開業のリスクについてのノウハウを積んでいます。でっち上げの事業計画書は通用しません。予想されるであろうストライクゾーンに入った、過小でも過大でもない事業計画書が必要になります。

しかし問題なのは借入より返済です。融資を受けやすくなった分、近年多く借りすぎてしまう傾向が見受けられるようになってきました。たくさん借入するのは自由ですが、返済することは非常に大変なことです。

返済は、診療報酬の中から人件費や家賃、さまざまな費用を引いた残りから、さらに税金を引かれて残ったお金で行っていくことになります。

まずは、診療報酬が順調に上がらないと話にならないのですが、競合が増え、診療報酬が思うように上がらなくなっているという現状もあります。

そこを踏まえ、無理なく安心して返済できる分だけを借りること、つまり、むやみやたらと開業資金が大きくならないように、しっかりとコントロールしていくことが重要なのです。

2 借入はプロに頼んだほうが有利に進められる

日本銀行の金融緩和政策が続いている間の限定ではありますが、確かに医師は有利な条件で借入ができる状況です。

しかし、先生ご自身が銀行に直接相談に行かれることはお勧めしません。お付き合いのある銀行の担当者も、「ときどきドクターが直接融資相談に来ることもあるのだが、正直困る」とこぼしていました。それは事業計画書や履歴書など、銀行側が必要としている情報を持たずにいらっしゃる場合が多いからです。ここは借入に慣れたプロに任せたほうが賢明です。

銀行は、先生の自己資金力、担保、診療科、事業計画などの諸条件はもちろん、開業サポートを行う会社の信用度なども見極めて条件を提示してきます。

金利だけではありません。昨今は、メガバンクでファイナンス会社が保証人となって低金利で融資してもらえる仕組みも出てきました。

こうした仕組みをすべての人が利用できるわけではありません。銀行側からすると、融資後の経営状況が読めないからです。先生の開業をサポートする会社の過去の紹介実績により、提示される条件は異なります。過去に開業コンサルティングを行った中で1件も返済に困る医師がなく、銀行から見て安心して返済してもらえる先には特別な条件が提示されるのです。ここは金融に強いプロの力を利用しない手はありません。

3 知っておくべき開業資金借入の基礎知識

「借入はプロに任せろ」と言っても、先生ご自身が知っておいたほうがよいと思う金融機関や制度もあります。借入の際、実際に利用するかどうかはケースバイケースです。

①日本政策金融公庫

日本政策金融公庫は、法律に基づいて2008年に設立された財務省所管の特殊会社です。勤務医の先生方にとってはなじみがないでしょう。もともと支店が少ない上に、預金などを扱っている銀行などとは異なる特殊な金融機関だからです。

メリットは、個人でも医療法人でも固定金利で借入ができることです。クリニックの開業であれば、無担保で上限2000万円の融資が受けられます。保証人は不要で、不動産などの担保があれば、金利の優遇を受けることができたり、追加で借入をすることも可能です。

また、デジタルX線撮影装置や電子カルテなどといったIT関係の資産を取得した場合や、女性が開業する場合には、通常よりも安い金利を適用してくれる優遇金利も設定されています（2018年現在）。

②信用保証協会と信用保証制度

「信用保証協会」は、中小企業・小規模事業者が金融機関から事業資金を調達する際に、保証人となって融資を受けやすくなるようにサポートする公的機関です。この信用保証協会が先生の保証人となって銀行借入ができる制度があります。信用保証協会は47都道府県と4市（横浜市、川崎市、名古屋市、岐阜市）にあり、各地域で開業時の保証人の役割を果たしてくれます。

2018年現在においては、無担保・無保証で金融機関から借入ができてしまう環境ですが、リーマンショック以後、担保や保証人がしっかりしていないと、開業の借入は難しかった時期もありました。

自己資金が潤沢にあったり、担保が十分にある場合は、信用保証協会を使わなくてもよいのですが、当時も勤務医がそれだけ多くの自己資金を貯蓄できる給与がもらえておらず、十分な自己資金を持って開業する先生のほうが例外的で、自己資金があまりないのが普通の開業でした。こうした開業では、信用保証協会も併用するのが常識となっていたのです。このように借入は景気情勢、ひいては日本銀行の政策金利に大きく左右されています。

保証協会に保証人になってもらうためには、保証料を支払うことになります。保証協会自体は、法律に基づいて一般社団法人として運営されていますから、非常に安い保証料（信用保証料）で保証人になってもらえます。銀行では「保証付融資」と呼んでいます。

担保となる不動産がなく、保証人もいない場合に借入できる金額は、２０００万円が上限となります。ただし、都道府県によりこの上限金額や期間についてそれぞれ独自の判断基準を持っているので、開業するときに取引しようと思う金融機関に相談してください。保証付融資を受けることは難しくありません。町中の普通の中小企業や個人で起業しようとする人たちに融資をする制度ですから、診療所の開業であれば、間違いなく借入はできます。

図3　信用保証制度の仕組み

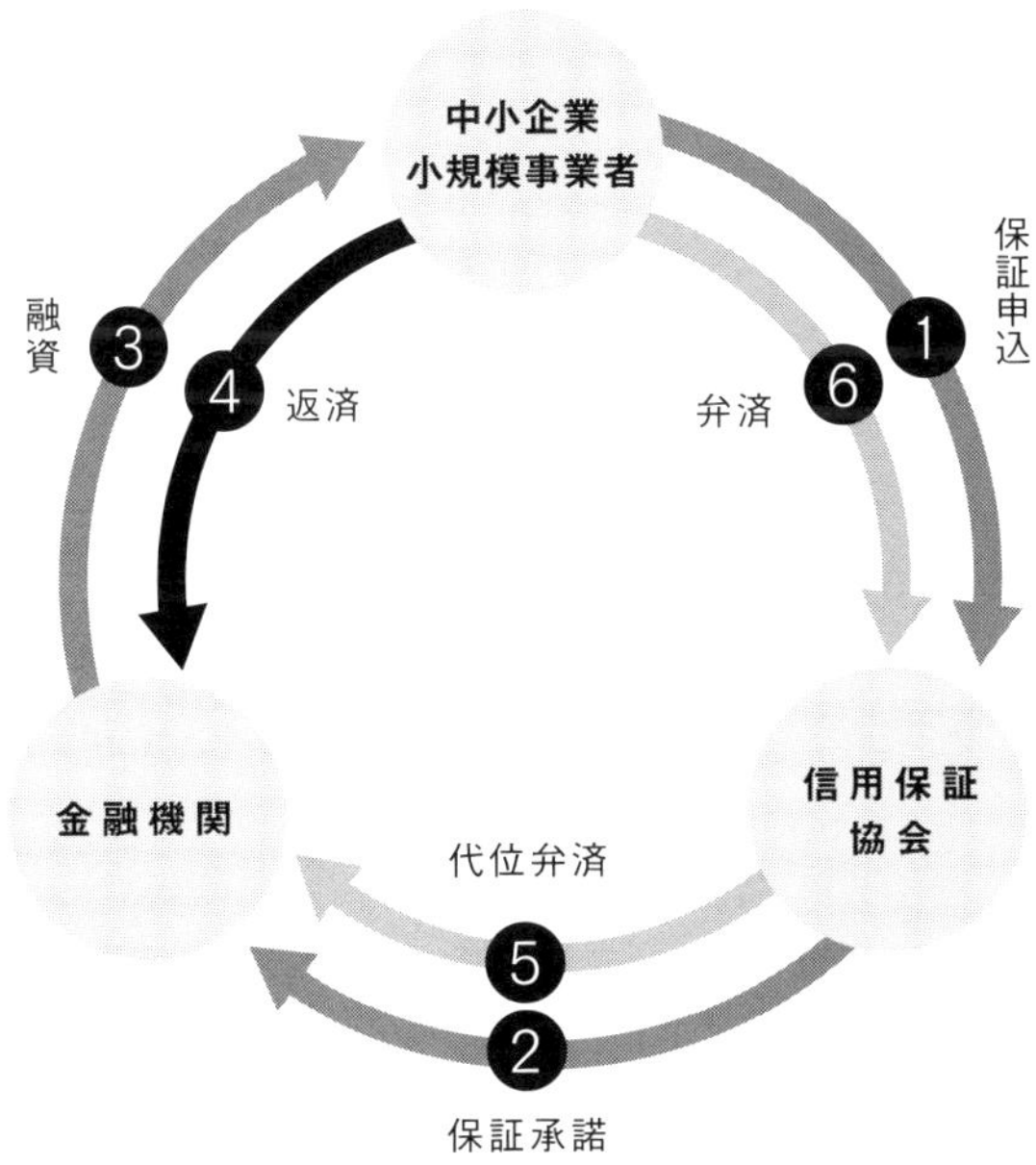

借入は長めの期間で行うことをお勧めします。借入期間が長いと保証料も高くなってしまいますが、繰り上げ返済をすると保証料は戻ってきます。開業した後、患者様が思った

より集まらないということはあり得ます。長めに返済期間を取っていれば、返済に困ることは起こりにくいでしょう。保証料は融資されたお金の中から支払います。保険だと思ってください。安全と安心を買うための保証料です。

都道府県や市区町村によっては、開業の際に利息や信用保証料の一部を補助してくれる制度がある地方公共団体もあります。これも、地域によってバラバラですので、信用保証制度を検討される場合は、お近くの金融機関に相談してみてください。

③福祉医療機構

開業資金の借入には、銀行から融資を受けるだけでなく、さまざまな制度や補助金を活用することができます。その中のひとつに「福祉医療機構」があります。これは、福祉と医療の向上に取り組む独立行政法人です。医療貸付事業も行っており、非常に金利が安くて固定金利なので、条件に合致する先生はぜひ活用してください。

無床診療所の場合、診療所不足地域における新設の場合のみ、建築資金の融資を受けることができます。まずは、福祉医療機構のサイトの「診療所過不足検索」で診療所の開設場所が融資対象になっているかを検索してください。

例えば、全国一番の医療過疎県の埼玉県ではすべての地域が診療所不足地域なので、融資の対象となります。東京都だと23区内でも墨田区、江東区、大田区、杉並区、北区、荒川区、板橋区、練馬区、足立区、葛飾区、江戸川区は対象です（2018年現在）。それ以外は診療所が過剰ということですから、開業そのものを慎重に検討することをお勧めします。

郊外や地方で開業する場合、福祉医療機構での資金調達をひとつの選択肢としてご提案します。しかし、デメリットもあるため、メリットだけ見るのではなく、デメリットも考慮して選択することをお勧めします。

メリットは、金利が安いこと、そして固定金利であることです。

デメリットの1点目は、手続きが非常に面倒であることです。直接申し込むことができないわけではないのですが、原則として銀行を通しての申込（代理貸し）となります。加えて、銀行自体も消極的です。なぜなら、優良融資先であれば、銀行は自分で融資をしたいからです。この傾向は小さな地方銀行になるほど強く、地域寡占の地方銀行しかないような地区では代理貸しなので、銀行のメリットが少ないと言い切るところもあります。

デメリットの2点目は、借入を繰り上げ返済した場合、違約金が発生することです。信用保証協会の保証料とは真逆の考えになりますので、福祉医療機構を使うかどうかは慎重に選択する必要があります。ビルの一室を借りて開業するテナント開業（一般的に「ビル診」と呼ばれます）の場合は、繰り上げ返済したり、開業時に高かった金利を医療法人化して非常に低い金利に借り換えしたりするなどの方法があるので、使わないことが多いと言えます。

それに対して、脳神経外科やベッドを持つ産科診療所の開設などでは金額も大きくなり、金利をかなり負担することになります。そう簡単に繰り上げ返済をすることもないので、多少手間がかかっても福祉医療機構の借入を検討すべきでしょう。

④リース会社

銀行からいくら借入ができるのかは、診療科・競合・自己資金・担保・事業計画によって変わってきます。大まかに言えば、5000万円以内なら、比較的借りられる確率が高いですし、1億円を超えるとなるとさまざまな条件をクリアしなければなりません。かなりの医療過疎地となれば、1億5000万円前後の借入ができることがあります。ただし、過疎地開業で1億円を超える借入を検討するなら、福祉医療機構の借入を検討すべきだと考えます。

そこで、銀行借入では足りない分をどう資金調達するのかということになります。一般内科を含む多くの診療科で、資金調達コストを抑え、かつ無担保・無保証人で調達できる資金を多くして、多めの運転資金を確保するためには、リースの活用はひとつの選択肢となります。

リース会社は、お金を貸すのではなく、医療機器などを貸してくれる資金調達方法です。先生が選んだ医療機器や設備や備品などを、まとめてリース会社が購入してくれます。先生は、リース会社に買ってもらった医療機器などを借りるのです。一般的に、医療機器の減価償却期間（税法上、使い物にならなくなるであろう期間）は5年と定められています。その都合上、リース期間も5年が一般的です。

しかし、現実的に医療機器が5年で使えなくなることはあまりなく、7年くらいは使い続けられることが多いのが実情です。従来は、リース期間は5年契約とし、その後、再リース契約を結んでそのまま医療機器を使い続ける方式が多く取られていました。

近年は、開業スタートから損益分岐点を超えるまでの期間が長引くケースが増えてきており、初めから7年間のリース契約をすることが増えてきました。そのようにすることで、月々のリース料を低く抑えることができるからです。

これは銀行借入の期間を長めに取ることと同じです。同じ金額を5年で返済しようと思うか、10年で返済しようと思うかで毎月の返済金額は異なってきます。10年で返済する場合は、月々の返済額が、5年で返済する場合の半分で済むのです。

ひとつだけ注意点があります。銀行融資の場合は、長めに借りておいて、資金に余裕ができればどんどん繰り上げ返済をしていけますが、リースでは繰り上げ返済ができません。厳密に言うと、違約金を支払えばリース料をまとめて支払って契約を終了できますが、リースを使い続けるより違約金を払うほうが損するようにできています。ですから、リースの場合、期間を適正に設定することが重要になります。事業計画を綿密に策定し、十分な安全を確保した上でリース期間を設定する必要があるということです。

脳神経外科、神経内科、整形外科など、導入する医療機器や設計工事費が高く、装備が大きくなる開業においては、リースの活用は必須となるでしょう。精神科や皮膚科など開業費用が５０００

万円以下で収まる場合は、リースを使うことはあまりないと思われます。しかし、皮膚科でレーザー機器を開業時から導入する場合などでは活用することがあるかもしれません。

ちなみに、精神科については、開業ラッシュが続き、2011年頃からリース会社によっては、電子カルテや什器備品の数百万円のリースでも受け付けてもらえない事例も散見されるようになりました。場所によっては開業過多になり、返済が危うい開業が出てきており、実際、延滞（返済が滞る事態）や民事再生（裁判所への申し立てで、リース会社への返済金額が減額される事態）が増えてきている事情があります。

第3章

クリニック開業［実践］ガイダンス

ここが決め手！

コンセプトの練り方とパートナーの選び方

或るドクターとコンサルの会話——3

Dr.間　お金の面での不安はなくなりました。でも、開業するならタイミングや縁も大事だと思うんです。人事のタイミングもあるし、良い物件と出会えるかどうかも大事だと思います。もちろん早く開業できればそれに越したことはありませんが……。

椎原　先生、開業したいなら、まずは決心することです。

Dr.間　はい。開業したいと思っているのでこうして相談しています。

椎原　誰にも言う必要はありません。先生の心の中で、「退職はだいたいこのくらいの時期で○年頃に開業したい」と決心していただくことが大事なんです。

Dr.間　でも、開業場所も決まっていないうちから退職時期を決めろと言われても……。

椎原　良い開業場所を探すためにも、退職時期を明確にする必要があるんです。

Dr.間　え？　それはなぜでしょうか？

椎原　良い場所を見つけることは、とにかく手間のかかることです。いつ開業して、いつ契約してくれるかわからない医師のために、誰が本気で良い場所を探してくれるでしょうか。それに、時期が決まらないのであれば不動産交渉ができません。

Dr.間　そう言われればそうですよね。

椎原　ところで、先生にとっての良い場所ってどんな場所なんですか？
Dr.間　それは、患者さんがたくさん来てくれる場所です。
椎原　私もそれは重要だと考えます。他にはありますか？
Dr.間　……。
椎原　先生、多くの医師が〝開業場所探し〟から準備を始めて、戻れなくなって失敗していきます。場所探しから始めると、「良い場所」ではなく、「広めの場所」を探すことになるケースが多いんです。
Dr.間　どうしてですか？
椎原　あれもこれもと、必要な医療機器が増えていって、その機器を置くための広いスペースを探すことになりがちなんです。ですから、本格的に場所を探し出す前に考えてほしいことがあります。
Dr.間　それは何ですか？　ぜひ教えてください。
椎原　わかりました。では説明していきましょう。

1 何よりもまず開業時期を具体的に決めることが肝心

私が開業を検討している先生と話すとき、第一にお話させていただくことは「まずは決心してください」ということです。「何を寝ぼけたこと言っているんだ」「開業しようと思っているからこの本を読んでいるのに」と思われた先生も多いと思います。

実際、勤務されている200名以上の医師から「たぶん私の周りの勤務医も、半分くらいは開業のことを考えていると思いますよ」と聞かされました。そのうち確かに100名強の先生方を開業から医療法人化までコンサルティングさせていただきましたが、ごくわずかな例外を除いて、「良い物件が見つかったら」「医局人事のタイミングが来たら」といった待ちの姿勢の先生方で開業後に成功した事例をあまり見かけません。

クリニックのコンセプトも場所も決まらないのに、「開業するつもりです」と宣言する必要はありません。ただ、「退職はだいたいこのくらいの時期で○年頃に開業したい」という〝決心〟をしていただくことが非常に重要なのです。

「良い場所が決まったら開業したい」というような気持ちでは、決して良い場所の情報が回ってきません。医薬品卸でしたら、年間300施設以上のクリニックを開業する会社もあるわけですから、開業予備軍なら1000名以上フォローしている計算になります。

その中で、「良い物件があったら開業を考える」と言う医師に優先して情報提供するでしょうか?「すぐにでも開業したい」「医局人事からは離れているので3ヶ月前に院長に話せば退職できる」など、内装工事や医療機器の売上がすぐにでも確定できる医師を優先して〝良い場所〟の情報提供をするはずです。

開業コンサルタントの場合、コンサルティング契約を締結しない限り、タダで動くことはありませんから、「良い物件があったら開業を考える」と言う医師と再会することはありません。

とにかく〝良い場所〟を見つけるのは非常に手間のかかることです。医薬品卸の開業部隊の皆様も口を揃えて、「場所を見つけるのが一番大変ですよね」とおっしゃいます。

ひとつだけ、良い場所を見つけてもらう良い方法があります。それは、「自分の中でおおよその退職時期を決めること」です。退職の時期を明確にイメージして「〇年頃までには開業する」と決めることが非常に重要なのです。医局の都合や親の病気など思わぬことが起こり、時期がずれることはやむを得ません。決して無理にはお勧めしません。

しかし、退職の時期を心の中で決められないようでは、不動産の交渉を始められません。退職時期を決めなければ不動産仲介会社が本気で動きませんし、不動産オーナーも賃貸契約が8ヶ月以上先だったら、時期が決まったら申込書を入れてくださいとけんもほろろで、相手にしてくれません。

良い場所で開業できるかどうかは、人生の大きな分岐点です。開業される多くの先生は、都市部またはその郊外で開業されます。競争はどんどん厳しくなっており、開業に良い場所も、開業を決心して積極的に活動している先生に取られ続けています。「良い場所を持ってきた業者で開業する」などと言っていたら、医薬品卸にも後回しにされてしまいます。積極的に動いている先生のほうが、医療機器も早く決めて開業してくれるからです。

開業時期を決めると、不動産会社の力の入れ方が断然違います。開業時期が見えていて、不動産物件をすぐに決めてもらえる見込みがあれば、不動産仲介会社は手数料が目の前にぶら下がります。私たちにもしょっちゅう、不動産会社から空き物件情報が舞い込みます。ただし、舞い込む物件は〝良くない〟から空いていて、困っているのでとにかく埋めたい物件ばかりですが……。

それでも「良い物件があったら開業する」という状態の先生では、不動産会社がまったく動いてくれないのです。また、きちんとした開業のプロに依頼すれば「いつ頃開業したい」という明確な時期を決めるために、さまざまな相談に乗ってくれます。無理して不動産契約を決めて、医局との関係を悪くするようなことはしません。時期が決まれば、協力不動産会社が必死に、指定した条件の物件を探してくれます。

開業は、銀行融資が決まるまで周りに伝える必要はありません。内密に準備を進めるのが当然です。しかし、心の中では明確に退職時期を決めてしまうことが、開業後の成否を分ける大きな要素になるのです。「〇年頃に開業する」と決心できれば、最初に取るべき行動に移れるはずです。

2 家族の同意と理解は開業を成功させるための必須条件

開業の理由のひとつは〝家族のため〟であることが多いと思います。「独身で関係ない」と言う先生は、この項目を飛ばしてください。しかし、夫婦ともに働いていて経済的に独立しているとおっしゃる先生であれば、読んでいただければ参考になることもあるはずです。

「子どもの学費を出せるようになりたい」とおっしゃる先生は多く、お子さんが私立の医学部に進学する可能性が出てきたので、勤務医のままでは学費を支払えるか不安だとおっしゃいます。この場合、配偶者の思いも同じことが多く、開業に反対されることはないでしょう。ただ、開業というものがどんなものかわからないから不安だと、本音では思っていらっしゃる場合があります。ですから、配偶者にも、開業の注意点とリスクに関して、それを限りなくゼロに近づけるための方法を理解してもらえれば安心ではないでしょうか。

そのほうが、先生自身も安心して開業に取り組めると思います。開業した後も、家族が協力してくれれば助かることがいっぱいあります。また、家族には負担をかけたくないというのであれば、開業前からその対策を講じる必要があります。それを含めて〝家族の同意〟はとても重要です。家族の理解と同意は、開業してから大きな差として出るので、絶対に必要なものです。

私は、配偶者が反対する場合、その配偶者のご希望を伺いながら、家族の説得を行うこともあります。開業で失敗する原因はどこにあるのか、リスクはどのようにして限りなくゼロに近づけるのか、開業して家族が安心安全で、先生が経済的なゆとりと時間のゆとりを持つには何を行えばよいのかなどをご家族の理解できる範囲で説明します。日本の厚生労働省の施策、病床削減や医療費削減の話、直近の医療費から見える先生の置かれるであろう環境の話もさせていただきます。

大所高所の話は共感を呼べませんが、先生がそのようにお考えになる環境があることだけは理解しようとしてくれます。先生の主観で行動されているだけでなく、社会環境が開業へと誘っているのは否定できない事実ですから、ここを理解してもらえるだけでも、先生の考えが一時的な感情や独りよがりの思い込みでないことを受け入れてもらえるのです。

大切なのは、やはり先生の情熱です。今のままでは情熱が維持できないことと、開業すればそれが大幅に改善されること、リスクはコントロール可能で、そのために専門家の活用も考えていることなど、心配しなくてもより豊かな生活が約束できることを伝えてください。自分でも１００％自信がない。初めての開業ですから、それはそうでしょう。しかし、腕に自信があって、周りがそれを適正に評価せず、現状では情熱が持てないことくらいは伝えられるでしょう。

3 生命保険で開業のリスクマネジメントができる

開業する場所を借りる場合、連帯保証人を付けてほしいと言われることがあります。たいてい配偶者で足ります。「家内は専業主婦で収入がないけど保証人になれるのですか？」と聞かれることがありますが、たいてい可能です。

でも、「妻（夫）が保証人になっていて先生が亡くなった場合、どうなるんだ？」という心配はご夫婦ともにあることでしょう。答えは生命保険で備えるのです。それも、開業で負う借金やリース、家賃支払いに撤退費用をちょうどまかなえるだけの掛け捨ての生命保険があればよいのです。

勤務医時代に契約した生命保険が、開業時の借金の金額や期間まで想定していることはないでしょう。私が拝見する限り、借金をカバーできない契約が多いと思います。勤務医時代は、住宅ローン以外の借金を想定しておらず、住宅ローンにはだいたい団体信用生命保険という借金に見合う生命保険が付いています。ですから、開業用の借金の保証がないのが普通です。

「死亡した場合はわかった。でも、がんとか難病とか事故とか、働けなくなったらどうなるんだ？」という心配もあります。確かに医師である以上、さまざまな病気や怪我をされて働けなくなってしまう患者様を見てこられたことでしょう。これについては、病気や怪我により開業医として働けなくなった場合の収入を一定額補償してくれる所得補償保険でカバーします。

「そうか、所得補償保険なら入っている」と安心された先生、期間を確かめてください。勤務医が普通契約しているのは1年ものの所得補償保険です。契約金額はいくらでしょうか？　私は開業時の借金をカバーするだけの金額で契約されている先生を見たことがありません。勤務していればそんな高額な補償が不要だからです。必要なのは、1年ものの所得補償ではなく、借金の期間に見合うだけの団体長期所得補償保険です。

注意してほしいのは、開業医向けの団体長期所得補償保険を積極的に勧めていない、もしくはその種の所得補償保険がない損害保険会社があることです。医師会の保険を扱っている損害保険会社もあります。その会社は、医師会の1年ものの所得補償保険とのセットで団体長期所得補償保険の契約を勧めてきます。

団体長期所得補償保険は、免責期間が1年近くあります。その免責期間中に就業不能となり、少しでも回復して一時的に働いた場合、その後の補償はなくなってしまいます。これでは役に立ちません。

開業時の資金（借入やリース）のことを理解していて、保険にも詳しい専門家を紹介してもらうことをお勧めします。先生に万が一があっても、怪我や病気で働けなくなっても、保険でカバーできるとなればご家族も安心です。きっとご家族の理解も得られることでしょう。

4 開業を成功へと導くコンセプトの固め方

「まずは決心」、そして「家族の同意」が開業手順のスタートですが、家族に説明するために、ひとつ重要な作業があります。

それは、どんなクリニックを開業してどんなことをしたいのか、そして、どんなことはやりたくないのかを明確にすることです。

自分で何を診療し、何を病院と連携するのか、他の診療所との連携は取らないのか、在宅診療は行うのか行わないのか、1日どれくらいの人数の患者様を診療するのか、最終的にどれくらいの状態の患者様まで受け入れるのか、どのような患者様に来ていただきたいのか。要は、自分がどのような診療スタイルを取るのかを考えていただきたいというお願いです。

60代近くなると、若いときのように無理をすれば、先生ご自身の健康を損ねますし、QOLが低下しては、何のための開業かわからなくなります。スタート時にはがむしゃらに働かなくてはならないから、そんな悠長なことは言っていられないという方もいらっしゃるでしょう。しかし、しっかりしたコンセプトがなければ、かえって患者様の信用を得られない時代になってきています。

現在の都市及び郊外では、「内科・外科・小児科・皮膚科」とまとめて標榜する開業が、最も患者様の評判を取れません。内科は一般内科の標榜でもよいのですが、専門性を打ち出したほうが、患者様の評判を取りやすくなってきています。

例えば、内分泌内科の先生が、ついでに小児科を標榜しても、バリバリの小児科専門医には予防接種や急激な症状の変化の対応などで勝てることは少ないと思います。かえって、小さな子どもが診療所内で騒いでいると、高齢の糖尿病の患者様は嫌がります。自分の孫はかわいいのですが、最近の若いお母さんの躾や子どものわがまま放題を高齢者は良しとしないのです。待合室で、若いお母さんと糖尿病の高齢者のお互いに対する嫌悪の気持ちで、両方の患者様を診療所から遠ざける結果となります。

やりたい診療、やってあげたい診療からスタートするとき、ひとつ気をつけなければならないことがあります。「やりたいこと」に「やりたくないこと」が潜在的に埋もれていないかチェックすることです。

例えば、昨今は、病院から在宅、健康保険から介護保険への流れができています。ですから、内科開業の場合、在宅診療をどのように取り組むのかを決めておかなければなりません。機能強化型在宅療養支援診療所は理想ですが、初めから医師3名が揃うことは少ないと思います。

しかし、将来は取り組みたいと思われた場合、そこに至るまで1人で在宅に取り組むことが可能でしょうか？　多少の苦労はつきものとは言え、やはり交替で在宅に取り組まなければ消耗してしまいます。

内科開業でも、在宅に取り組まないと決めることもひとつの選択です。365日24時間拘束されるのはQOLを下げることになると考えるのであれば、在宅に取り組まずに成功する戦略を立案すればよいのです。

コンセプト固めでは、次の6点を明確に決めましょう。

1 診療時間を何時から何時にして、いつを休診日とするか？
2 診療で取り組むことは何か？ 取り組まないことは何か？
3 やりたいことを明確にイメージし、その中に潜在的にやりたくないことが埋もれていないか？
4 やりたいことは、開業スタート時からなくてはならない必須事項か？ 軌道に乗ってからスタートすることはできないか？
5 何をもって成功とするのか？ それを達成したらその先に何を目指すのか？
6 通勤時間、家族との時間をどのように考えるのか？

これらのことを決められれば、家族に説明もできます。どんな患者様に来てほしいのか決まってきますし、無駄な医療機器を購入することもなくなります。おのずとどのような地域で開業したほうが先生の力を最大限に活かせるのか決まってきます。導入すべき医療機器が決まってきますので、確保すべき物件の広さも決まってきます。

繰り返しますが、「開業のコンセプト」を固めることは、開業の成否を決める一番重要な項目です。家族の将来、先生の医師としての満足度など、優先して大切にしたいものをきちんと描くことから始めることをお勧めします。

そして、それに合った患者様が多くいる場所でライバルが少ない場所はどのあたりかを調査し、必要な医療機器や理想のクリニックの広さなどを順に決めていけば、「開業のコンセプト」が固まるはずです。

5 開業のコンセプト固めではQOLを重視する

人によって開業の成功の形は違います。しかしこの本では、医師としてのやりがいを十分に感じながら、経済的にも時間的にも余裕が持てる開業を目標とし、それを「勝ち組開業」と呼ばせていただきます。

例えば女性医師で、「家族の生活と医師としての診療の充足は突き詰めたいが、過大な装備をして大きな借金をしたくない。一番は時間のゆとりで、勤務医時代より経済的に豊かであればなお望ましい」といったコンセプトを固めれば、何をすればよいか自然と固まります。

朝は、お子さんと一緒に食事を取り、学校に行くのと一緒に自宅を出るというのも開業医ならできる選択です。朝の9時から診療を開始する必要はありません。もっと遅くてもよいですし、逆に、朝、出勤前の患者様に対応し、夕方の16時で診療終了。この時間なら夕方に駆け込む患者様もいないので、早い時間に家に帰れます。そして、家族と必ず一緒に食卓を囲むという選択肢もあります。実際、これで大成功されている先生もいらっしゃいます。

家族との時間や個人の生活を優先したいのであれば、自宅と診療所の距離はなるべく近くにしたほうがいいですが、絶対に自宅と診療所は一緒にしないことです。先生が診たい患者様が自宅の近くに少なくてライバルもいるなら、転居も考えます。転居によってお子さんが幼稚園を変わるのは困るというなら、開業時期をお子さんが小学生に進学するタイミングにすることも検討します。つまり、理想の開業場所で通勤や通学で苦にならない自宅選びから着手することになるのです。

開業にばかり目が行って、先生や家族のＱＯＬをおざなりにしてはいけません。「開業のコンセプト」固めは、先生や家族が安心で心豊かな質の高い人生を実現するための重要な作業です。私は、これがクリニック開業を成功させるための最重要項目だと思っています。

お子さんが高校生になって手が離れたので、今のうちに思いっきり医療に取り組み、年齢とともにペースダウンしていきたいので、当面は稼ぐことを中心に考えたいというのも立派なコンセプトです。稼いだお金で高校生のお子さんに家庭教師をつけてあげることが、お子さんの未来を広げることになるかもしれません。高校生くらいになると、親とできるだけ多くの時間を過ごしたいというお子さんは少ないでしょう。

掃除など家事の一部は、ハウスキーパーさんにお願いするほうが合理的なこともあります。先生がお風呂を一生懸命掃除するよりは、一生懸命診療して稼いだお金で、掃除のプロ（専門会社やハウスキーパーさん）にお願いするほうが、お風呂を綺麗にするという目的達成のためには合理的な選択となることでしょう。稼いでいれば、料理するよりお子さんが喜ぶ高級焼き肉店での外食なども選択できます。日本の海水浴にはついてこないお子さんでも、ハワイに家族旅行となれば喜んでついてきてくれるでしょう。

総合的に考えて、今は稼ぐことを優先したいというコンセプトは、地域にとっても患者様にとってもありがたい話です。先生は、一生懸命に診療をして、患者様から高い評価を得る行動を取ればよいので、先生個人の時間と家族との時間のバランスを決めれば、すぐに開業に向けたスタートが切れます。

先生方にとって、どのような診療を〝行わない〟のかを決めるのは非常に困難だと思います。病院勤務であれば簡単に行えるような医療行為を行わないことは、開業を迷うひとつの原因でもあるでしょう。また、せっかく勉強し、研鑽してきた医療技術から離れることに寂しさを覚えられることでしょう。診療所でも、設備があれば行える医療もあるでしょう。

しかし、その設備を導入して採算が合うのか冷静に考える必要があります。導入する設備も必要十分なものに絞り込まなければなりません。あったほうがいい医療機器をすべて導入すれば、経営的に破綻することは明らかです。

経営で大事なことは利益を出すことです。診療報酬を無理せず上げて、不要なコストを下げることが必要です。無駄に品質の高い医療機器を購入することは不要なコストを上げることに直結します。また、広すぎるクリニックもコスト増に直結します。

確かに高額医療機器が必要な診療科目もあります。例えば、地方で脳神経外科を開業するならMRIは必要でしょう。

しかし都市部など画像診断センターが近隣にたくさんあるような場所での脳神経外科開業では、購入をしない選択が合理的です。

6 開業は人を使う経営者になることだと自覚する

前述のように、コンセプト固めにおいて、やりたくないことを決めることは重要です。でも開業するなら、ひとつだけ覚悟をしておいてほしいことがあります。

それは、スタッフの採用と管理です。これは「やりたくない」と思っても避けることはできません。どんな診療科のどんなクリニックでも、スタッフを管理するストレスがゼロということはあり得ません。

残念ながら、開業を選択することは、経営者になることであり、従業員の管理のストレスは軽減することはできても、ゼロにはならないことだけは覚悟してください。

採用するスタッフが増えれば増えるほど、管理が大変になります。また、辞めるスタッフも出てくるので、採用をときどき行うことになります。

スタッフの退職は、経営の痛手となりますので、スタッフが退職しないように考えなければなりません。勤務医時代にほぼ考えなかった、スタッフの気持ちを常に考慮し、言動を慎むことをしなければなりません。

勤務医時代、患者様の治療に真剣に取り組まないコメディカルがいたら、叱ればよいし、それでも改善しなければ看護師長や事務長に言えば、周りが気をつかってすべてを整えてくれたはずです。同じ気持ちで、スタッフを叱り飛ばせば、看護師は次の日には退職してしまうかもしれません。看護師なしで診療できる診療科は限られているので、すぐに採用活動に入ることになります。

しかし、再募集をかけても応募はなかなか来ません。看護師紹介会社に依頼すると、数十万円の紹介料を取られます。それでも、クリニックに適した看護師がすぐに見つかることは稀です。

従って、スタッフには言いたいことの半分も言えない覚悟が必要です。ただし、それでは診療ができないので、何とか理解してもらう努力をし、協力をお願いすることになります。

開業で成功するためには、スタッフが患者様の評判を取ることが必要です。成功の鍵のひとつは、優秀なコメディカル（スタッフ）が握っているのです。

私の経験では、スタッフは結構自分の要望を言ってくるものです。「休みを取りたい」「給与を上げてほしい」「スタッフを平等に扱ってほしい（先生が一生懸命に公平に対応していてもクレームが来ます）」などはよくある要望ですし、優秀な人であればなおさら、いろいろと希望を言ってくるものです。

こういった人を上手に使うことも〝経営者〟の仕事です。院長には〝経営者〟としての自覚が求められているのです。

7 成功を大きく左右する開業の相談役の選び方

「コンセプト固め」が大事ということは理解していただけたと思います。しかし、医師が個人でコンセプトを固めると言っても、初めての開業で、理想や希望はあるものの、「果たして患者様のニーズはあるのだろうか？」「患者様が思う通りに集まるのだろうか？」「独りよがりのコンセプトになっていないだろうか？」などといったことに関しては、統計数値や経験に基づいたアドバイスが必要になります。

その意味で、「コンセプト固め」をするために、最初に選択すべきは「誰に開業サポート頼むか」ということで、開業の相談役選びをすることになります。

①定番のMRに安易に漏らしてはいけない

まず先生方が一番声をかけやすいのが、MRさんです。特に医局に所属している場合、開業の相談を大っぴらにできることはないでしょう。そうなると、情報源は親しくしているMRということになります。

でも、安易にMRに漏らす前に少し考えてほしいのです。MRさんは、他の医師に先生が開業するかもしれないと漏らすことは絶対ありません。その点では安心ですが、医局に配属されているMRは病院専門であって、クリニック開業に詳しいということはありません。

とはいえ、病院に配属されるMRはMRの中でも特に優秀な人たちですから、当然何とか先生の要望に応えしようとしてくれます。しかし、先生のためにどこか紹介できるとすると、だいたいが医薬品卸さんになってしまいます。

医薬品卸会社はこのチャンスを狙ってすべての病院にネットワークを張り巡らせています。MRは医薬品卸大手4社から、開業する医師がいたら紹介してほしいと強く要請されています。医薬品業界では、医薬品メーカーより医薬品卸のほうが力を持っています。どこの国内メーカーもなかなか新薬が開発できず、ジェネリックや合剤の発売ばかりしている中で、医療品卸がどこの薬の販売に力を入れるかで製薬メーカーの売上が左右されるからです。この側面を医師に見せることはありません。

ですから、医師自身が薬の販売のための取引材料にされているなどということは、夢にも思わないことでしょう。

ＭＲも医薬品卸さんが医師を無事開業させていることは知っています。ですから、開業するかもしれない可能性を感じたとき、どこからともなくＭＲからの情報で、医薬品卸の開業部隊が近づいてくるのです。世の中の40％近くの新規開業医がこのルートで〝普通の開業〟をしています。大都市部及びその周辺での開業は、医薬品卸さんがかなりの勢力を持っています。ＭＲさんの情報網に他の業者が勝てないからです。

彼らは経験値もありますし、失敗を避けなければ評判を落としますので、精神科以外は、撤退や倒産は今のところほとんどありません。一定レベルの安定経営まではたどり着けるでしょう。もちろん、大成功されている先生方もいらっしゃいます。私が分析するに、ラッキーだった場合と先生自身が経営センスを持っていた場合と両方あるように思いますが……。

ＭＲさんとパイプを持っているのは医薬品卸だけではありません。大手調剤薬局もＭＲに対して情報提供を求めています。

昨今、上場調剤薬局会社が医療モール（診療科が異なる複数のクリニックと調剤薬局が1つの建物や敷地に集まった医療施設のこと）でのクリニック開業を推進しています。後述しますが、医療モールにより最もメリットを受けるのは調剤薬局です。医科クリニックの場合、医療モールにはメリットとデメリットがあり、慎重に検討する必要があります。

医薬品卸や大手調剤薬局などの無料コンサルティングまたはサポートを受ける場合は、先生みずから動く必要はありません。彼らがほとんど手伝ってくれます。多少開業費用は高くなるかもしれませんが、とにかく反対意見を聞かなくて済みます。先生が思った通りに忠実に動いてくれるはずです。

これらが、多くの医師がたどっている〝普通の開業〟です。でも、この本を手に取っている先生は、最初から〝普通の開業〟を目指しているわけではないでしょうから、MRさんに安易に漏らすのは待ってほしいのです。

MRさんは悪意があるわけではありません。知らないだけなのです。私のお客様で、すでに大成功しているクリニックの院長が、無料コンサルティングを使って開業した医師を紹介してくれました。この医師は、業者さんの支援について良い点も悪い点もわかった上で、後輩の医師にアドバイスしていました。「俺たち医者なんて、奴らの前に出たら目の見えない子羊だぞ！」と強力にアドバイスされていたのが印象的でした。

それから、あまり多くはありませんが、病院に出入りしている医療機器メーカーに声をかけるのも問題です。紹介できるのは、医療機器商社ですし、医療機器商社に開業支援をしてもらえば、その会社との価格交渉はできないに等しくなります。高コスト開業の決定です。みずからオオカミの群れの中に飛び込むようなことは避けるようお勧めします。

②悪徳コンサルタントを見分ける簡単な質問がある

開業コンサルタント会社は、玉石混交ですから、インターネットで「困猿《コンサル》」などという書き込みを見たら、参考にするにとどめていただければ幸いです。しかし、コンサルタントと名乗っていながら、医師に不当に高額な医療機器や内装工事を売りつける困ったコンサルタントがいるのも実情です。バックマージンを取ることを主たる目的とし、関連会社とグループを形成することで、利益を上げているのです。

悪徳でなくても、多くのコンサルタント会社に、医療機器商社や内装・建築会社がバックマージンを払うから案件を紹介してほしいと営業してきます。彼らは先生にモノを売るプロ集団でもあります。できるだけ多くのモノを買ってもらい、できるだけ多くの利益を上げるのが仕事です。開業するときになって、先生自身が勉強して一生懸命に取り組んだとしても、百戦錬磨の営業マンに対抗する方法は医師の側にはないのが実情なのです。残念ながら、これが開業マーケットの現実です。

医師の負担を過分に増やすことなく、コンサルタント会社がコンサルタントフィーをもらうことによって収益を上げることは、適正利潤に収まっていれば正当な経営だと考えます。しかし、医師に負担がかかっても、値段をつり上げ、バックマージンを最大化する契約を結んで、クリニックではほとんど使わないような機能がついた高級医療機器の購入を勧めるようなコンサルタントもいるのです。

悪徳コンサルタントかどうかを見分けるには、次のような質問をすれば判別できます。

1　医師が好きな業者を連れてきてもよいか？

2　コンサルタントが推薦する会社以外に発注してよいか？

3　複数の会社に見積もりを取ってもよいか？

悪徳コンサルタントはコンサルティング料金で事業を成り立たせているわけではないので、あれこれ言って何とか自分のひも付き業者を選ばせようとします。セカンドオピニオンは徹底的に排除します。

何人かの医師から、悪徳コンサルタントの営業姿勢を教えていただきましたが、恐ろしいことに、クリニックがオープンしてしばらくすると、携帯電話の番号が変わって連絡が取れなくなる人もいるそうです。同じコンサルタントとして悲しくなる現実です。

コンサル料が有料でも50万～100万円ぐらいの設定なら間違いなくバックマージンで成り立っています。バックマージンではなく、コンサルティング料メインで事業を成り立たせているプロなら300万円前後のフィーは取るはずです。

コンサル料が安くても、大きな利益を業者に取られてしまい、その分、高コストの開業になる場合もあるので注意が必要です。金額にして総コストの差は1000万円以上になる場合があります。

③過疎地では地域のやり方に従うこともやむを得ない

建設関連会社（設計事務所、ハウスメーカー、地場ゼネコン）が、クリニックの開業場所の選定から、医療機器購入、当然建築までコンサルティングをしている地域もあります。郊外や地方での開業では、建設関連会社も選択肢の中に入ってきます。

良い面はデザイン性の高いクリニックをつくってくれること。注意点は、大型開業になってしまうことです。実際、開業費用（運転資金を含む）が2億円を超えるような小児科や一般内科の開業があります。

そのくらい開業費用が高くなっても、過疎地になると十分やっていける現状があります。決算届の数字を見ると、地方には年間の診療報酬が2億数千万円の一般内科などが存在することがわかります。普通にしていても年間1億5000万円はくだらない診療報酬が上がるので、医療機器も建築費用もすべて高いし、民間事業では考えられないような金額の設備になるのですが、倒産や撤退などとは無縁の世界です。

見切れないほどの患者様がいるため、無診察処方が行われている実例も数多く見ました。農繁期など、全件診察をしていると待ち時間が長くて、薬の服薬を止めてしまう患者様が出てくるそうです。断薬を防ぐためにもある程度はやむを得ないと伺いました。

検査機器なども自前でひと通り揃えないと、診療が成り立たないそうです。都市部のように、病診連携が必ずしもできているわけではなく、自前で一定の検査をしてエビデンスをつけて病院に紹介しないと、患者様をきちんと検査せずに戻してくることもあるというのです。そうなると重装備の開業になるのはやむを得ません。医療機器の会社にとっては、まさに〝おいしい開業〟となるわけです。

地方では、建設会社を中心に、税理士事務所や医療機器商社、医療廃棄物会社（兼産業廃棄物会社）などがグループを組んでいます。地場ゼネコンが1社寡占している地方では、相見積もり（複数の業者に声をかけて競争してもらい、それぞれの業者から見積もりを取ること）を取ろうにも取りようがありません。

外部からの業者が入ると、水道工事も電設工事もどこも仕事を受けてくれない地域もあります。郷に入っては郷に従うしかない地域もあるというのが現実でしょう。

④プロのコンサルタントは開業後の経営まで見据えている

とにかくセカンドオピニオンでもよいから、誠実な専門家に相談されることをお勧めしたいです。そこで、誠実で専門性の高い開業コンサルタントを見極める質問を覚えていただければ幸いです。それがこの質問です。

「御社とコンサルティング契約をした際に、業者選定や提携の縛りはありますか？」

多くの場合、縛りがあるというのは前述の通りです。なかには縛りがないという会社もわずかながら存在します（しかし、医薬品卸やハウスメーカー、調剤薬局、リース会社など大手企業にこの質問は意味を成しません。すべての業者と取引があり、どこを選んでも約束された利益が上がるからです）。

そのときは、次の質問をしてください。

「選んではいけない業者など、注意点はありますか？」

合理的なアドバイスがあれば合格です。

誠実なプロのクリニック開業コンサルタントは、どこの業者をどのように使っても一切制限はありません。業者さん同士がひも付きの場合は、みんなで仲良く先生を支援し、それぞれが最大利益を達成するように動きます。プロの開業コンサルタントは、それをさせず、100％医師に寄り添って、徹底的にコストダウンをさせるのです。それができれば、開業コストは3割下がります。

プロのクリニックコンサルタントは、開業費用が高くなれば経営を圧迫することをよく知り抜いています。開業のときから、開業後の経営のこともしっかり考えているのです。

クリニックの開業はゴールではありません。しかし、開業準備であまりに数多くのことで決断を迫られ、開業がゴールのように見えてしまうことがあります。これは多くの医師がハマる落とし穴です。

第4章

クリニック開業［実践］ガイダンス

開業場所の探し方

安易に決めない！

或るドクターとコンサルの会話――4

Dr.間　インターネットで自分のコンセプトに沿った良いテナント物件が見つかったんです。診療圏調査の数字も良かったので、ここなら患者さんに来てもらえる良い場所だと思うのですが、椎原さんはどう思いますか？

椎原　ちょっと待ってください。「良い物件だと思うので、ここで開業したい！」という進み方はとても危険です。

Dr.間　掘り出し物だと思うのですが……。

椎原　不動産の世界では、「掘り出し物」はセールストークです。掘り出し物の物件は残念ながら存在しません。そもそも不動産会社が、患者さんの評判を取るための条件を知らないので、クリニックに最適な物件を見つけられることはあり得ないのです。まして、インターネットに出ていたとなると、なかなかテナントが決まらない物件である可能性が大です。

Dr.間　確かに、いい物件だったらすぐに借り手が決まることは想像できます。

椎原　競合クリニックについてはどうですか？

Dr.間　診療圏調査の結果では、競合も少ないので、いけるんじゃないかと思ったのですが……。

椎原　診療圏調査の数字は、あくまで目安として考えてください。競合が少なくても、もしかしたら、地域で圧倒的に支持されているクリニックがあるのかもしれません。競合の中身をよく調べましょう。

Dr.間　そういう可能性もあるかもしれません。

椎原　それに、その物件がクリニックとして機能するのかどうか、チェックしないといけませんね。

Dr.間　クリニックとして機能するとは？

椎原　例えば、排水や電気容量など診療に必要なスペックはクリアしているのでしょうか？物件選びの段階から、おおまかな内装図面を想定しつつ物件を選定していく必要があるんです。

Dr.間　なるほど。

椎原　良い物件の探し方には、いくつかのポイントがあります。まずはその物件、ひとつひとつ検討してみましょう。

Dr.間　ぜひお願いします。

椎原　わかりました。では説明していきましょう。

1 診療圏調査の結果に一喜一憂してはいけない

都市部を中心に、開業が急増して過密開業地区となっている地域があります。東京都の世田谷区や目黒区などがその代表で、クリニックの撤退が普通にあります。同じビルで3回入れ替わった事例もあります。ですから、開業に良い場所を探そうと思ったら、まずライバルが少ない場所、すなわち一般診療所不足地区を第一選択とするのがよいと思います。過密開業地区は、前出の「福祉医療機構」のホームページで調べられます。ただし、診療所不足地域ならどこでも競合がないというわけではありません。当然同一地域内でも過密地区と不足地区が存在します。

開業候補地の代表的な評価指標としては、「診療圏調査」があります。診療圏調査とは、開業候補地周辺の人口構成や競合施設の状況から、1日あたりどれくらいの外来患者数が見込めるのかを把握するもので、事業計画を立てる際の見込み医業収入の参考となります。

診療圏調査は、医薬品卸さんや医療機器メーカーの担当者など開業支援を行っている業者に頼めば簡単に入手できますので、先生方にとっても馴染み深いのでしょう。よく「診療圏調査の数字が悪かったから、良かったから」というお話をされる先生がいますが、診療圏調査の結果はあくまでも基礎資料であり、目安でしかありません。

例えば、生活動線の問題があります。その地域にはその地域なりの生活動線が存在します。「線路の反対側には行きにくい」とか、「駅からは多少離れているけど、人気のスーパーマーケットがある」などで、これらの情報は、診療圏調査の数字からは見えません。必ず現地へ行って診療圏調査の数字に裏づけがあるのか確認する作業が必要なのです。

私は人の流れを見るために、昼と夜に現地を訪れて街並みを確認します。その街にどういった人が住み、働いているのか、どういった医療機関があるのかなど、総合的に判断していくのです。

また、競合についても、単純に競合施設数が多い少ないでは判断できません。同じ内科といっても、外科の専門医が内科を標榜している場合もあります。高齢で引退間際の院長がやっているクリニック、逆に地域で圧倒的に支持されているクリニックもあります。「内科の競合が○軒ある」という単純な話ではありません。競合の数ではなく、自院のコンセプトと比較し、本当のライバルとなるクリニックがどのくらいあるのか、内容を精査していくことが大事なのです。

2 開業場所の選定にはスピード感が必要になる

慌てて開業する必要はありません。ただ開業には、小さなことを含めるとかなり多くの決断が必要となり、その判断にスピードが求められる場合があることはお伝えしておきます。

私の講演に研修医が参加されることがあります。断りはしませんが、まずは医師として、どの分野で専門性を持つのかを決めて一人前の医師になることが先だと思います。

診療科にもよりますが、開業適齢期は35歳から45歳くらいではないでしょうか。この年齢だと、開業後3年くらいはがむしゃらに頑張り切れると思います。医師としてもひと通りの経験と知識を持ち、医師仲間からも患者様からも一人前と思っていただけるのではないでしょうか。

45歳を過ぎてからの開業は、焦る必要はないのですが、開業するのであれば無駄な1年の先延ばしはもったいないと思います。開業すれば、家族との時間が持てるようになりますが、お子さんが中学生以上になると、むしろお子さんのほうが独り立ちのための準備を始めてしまいます。また、遅くなればなるほど、医師として一番脂の乗った時期を逃してしまうことになります。

開業で成功するためには、〝良い場所〟の確保が重要な要素です。しかし、これまで述べたように〝良い場所〟を確保するためには、コンセプトを確立し、家族の同意を得て、心の中で退職時期を固めることが必要です。同じ診療科であっても、医師の目指す開業スタイルは異なるし、得意分野も異なるので〝良い場所〟は人によって異なります。

〝開業の決心（先生の気持ちの中で退職時期を決めること）〟もないまま、〝良い場所〟を探すこと自体、本末転倒です。不動産を借りてくれる時期が決まっていない人に、不動産仲介会社も貸し主も真剣に取り合うわけがありません。コンセプトが決まっていなければ、どんな物件をどこで探してよいのかもわかりません。

不動産は〝縁もの〟と言われるように、すぐに見つかる場合もあれば、なかなか見つからないこともあります。最長6ヶ月くらいかかることもあります。ただ、〝良い場所〟と思われる物件情報が出てきたときには、できるだけ早くその物件を見に行き、住民の構成やライバルの状況などを確認していただきたいと思います。

国内景気はあまり良くないように言われていますが、不動産に関してはリーマンショック前の様相に似てきました。〝良い場所〟が数週間後に一般企業に取られてしまうことが起こっています。リーマンショック後、しばらくは〝良い場所〟は簡単に見つかりましたし、1ヶ月くらい検討していても横取りされる心配はありませんでした。しかし、不動産仲介会社が手っ取り早く手数料が稼げるなら医療機関を誘致するより、一般企業をオーナーに勧めて契約させてしまう例を目にするようになってきました。

不動産仲介会社にも誤解があって、同じ医療と言っても歯科と医科を一緒に見ています。「最近は医療でも撤退があるので、オーナーにとっては企業も医療も同じです」などと発言する担当者がいるので、「どんな科目の先生ですか？」と聞くと、ほとんど「歯科です」という答えが返ってきます。飲食から、小売店（これもかなり幅がありますが）、一般事業所、医療系くらいのくくりしかないのでしょう。不動産仲介会社がそのようにオーナーを説得してしまうので、医科系クリニックだからといって優先されることが少なくなってきました。

クリニック開業コンサルタントは、医科と歯科の違いを説明し、エビデンスを渡し、オーナーを説得してもらうように交渉を進めます。一般企業の申込が入っていたとしても、物件の仮押さえをしてほしいと伝えます。すると、必ず「仮申込」を入れてほしいと要求されます。「仮申込」は、借りる意思があり、こちら側が医師であることを伝える書類です。法的な責任が生じるものではありません。オーナーに知らせることと、不動産仲介会社を縛ることが目的です。

一般企業の場合、仮申込を受けても貸すことが心配という企業が一定数います。また、銀行借入などが決まらず、手数料が受け取れない心配もあります。その点、しっかり説明し、仮申込さえ入れれば医師は有利です。

しかし、仮申込を入れるかどうか躊躇していると、物件を押さえてくれません。過去に、2週間検討している間に、この〝良い場所〟に一般企業が仮申込を入れ、賃貸契約をしてしまったことがあります。今は、それくらい不動産が動いています。複数の不動産仲介会社に2重、3重に仮申込を入れて、早急に検討するくらいのことをやっても、法的責任はない上に、道義的責任も問われません。もともと、不動産業界は道義的責任などない業界です。ですから、法律で契約締結に際し、さまざまな規制を受けています。それでもトラブルが発生する業界です。

余談ですが、不動産契約を行う頃には借入のための金融機関への事前相談も同時に進める必要があります。銀行申込の際には、医師免許証のコピーや履歴書なども求められるので、不動産を探し始めるときには準備しておくほうがよいでしょう。

私の人生の中で、医師免許証を再発行することになった先生が2名ほどいらっしゃいます。珍しい例ではありますが、事前に確認されることをお勧めします。コピーのコピーで済ましていて、いざ医師免許証の原本を探したら、なかなか見つからなかったということもありました。銀行は何とかなっても、保健所の届け出は原本が要ります。そこで原本がないことがわかったら悲劇です。再発行のために、開業が1ヶ月遅れることになります。できることは前倒しで行い、スピード感をもって行動することが大切です。

3 開業場所は来院しやすくて診療所として機能するかで選ぶ

開業場所を先生みずから「この辺り」と決めて、不動産仲介会社を何軒も回られる事例をお見受けします。開業とは起業ですから、立派な姿勢だと思います。その地域の特性や年齢別の人口比率など、現場に足を運ぶことで見えてくることがたくさんあります。少なくとも「良い開業物件を持ってきて」という医師より、成功する確率が数倍は上がるでしょう。

問題は、先生の時間効率です。現地に足を運び、不動産情報に触れることや、地域情報に触れることは大切です。しかし、不動産仲介会社はどのような物件がクリニック開業に適しているのかという一番重要な情報をまったく持っていません。そもそも、不動産仲介会社は全国に12万軒以上あります。それに対し、移転開業を含めても、年間のクリニック開業数は7500施設ほどです。クリニックの開業物件を紹介したことがない担当者のほうが多いのです。

例えば、精神科、婦人科はどのような物件で開業すると患者様が来やすいでしょうか？

不動産取引をするためのプロとしての国家資格に宅地建物取引士がありますが、100人以上に質問しましたが、正解はゼロです。

でも、患者様の気持ちになってください。精神科の場合、精神科に通っていることを人に知られたくないと思う人が多いのではないでしょうか？　そこを配慮すれば、基本的に平屋の戸建てやテナントの1階は避けるべきでしょう。主要交通機関からのアクセスはどうでしょうか？　駅から離れた、人気の少ないビルはどうでしょうか？　鬱病の患者様は通いきれません。駅から徒歩2分以内の物件が望ましいと思います。

実際、開業される先生のご家族で鬱病の方がいらっしゃいました。2分以上離れていたり、途中にうるさいパチンコ屋さんがあったりすると通いきれないとおっしゃっていました。

私がお勧めするのは、駅近の雑居ビルの2階か3階、駅から徒歩2分以内の物件です。同じ駅に精神科がなければベストですが、仮に先行して開業している精神科があったとしても、人口が多い地域で、先行クリニックが患者様への配慮に欠けた精神科であれば十分やっていけるでしょう。

そして、該当するビルをピックアップし、ビルの1階が調剤薬局、もしくは2軒から3軒隣が調剤薬局なら、すぐに調剤薬局にこのように相談してみることです。

「精神科を開業する予定だが、処方箋を持ってくるすべての患者様の名前を呼ばず、番号で呼んでもらえないか？」「初めての患者様だったら、医薬品名と注意書きを声に出さず、指で指し示してプライバシーに配慮してもらえないか？」「内科やその他の患者様も同じ扱いにしてもらえないか？」などをお願いし、その調剤薬局がこうした要望に応じてくれるなら、その物件をすぐに押さえるべきです。まさに、良い開業場所です。

ただし、ビルに看板が付けられることは必須条件です。開業直後、精神科はインターネットで調べて来る患者様が99%、残りの1％はビルの看板を通りすがりに見てインターネットで調べる患者様です。インターネットを見て来たけれど、ビルがわからないということはよくあるので、ビルに目立つ看板が必要です。できれば、敷地内に置き看板も出させてもらえれば、なおベターです。

あとは、エレベーターがビルの入り口付近ではなく、どのフロアで降りたのか（精神科に行ったかどうか）わからない構造の物件を選びたいところです。エレベーター内の階数ボタンの横に精神科のあるフロアを表示するラベルを貼らせてもらえれば、ベストです。

電気容量もクーラーが普通に作動するレベル（今時、古いビルでも電気容量は変圧器の増設でクーラーは普通に使えるはずです）で十分です。精神科では医療機器は、レセコンか電子カルテしか使わないはずですから。広さは20坪から25坪は欲しいところです。しかし駅に近くてベストな条件が揃っていれば、広さは抑えめにしないと家賃負担が大変です。精神科は撤退が増えていますから、これくらい必死に良い場所を探さなければ、勝ち組開業にはなりません。

産婦人科も同じような配慮が必要です。ただし、産婦人科はコンセプトによって開業場所が異なってきます。特に、妊婦健診を積極的に行う場合、幸せそうな妊婦さんとそうでない患者様の待合を上手に分離する必要があります。アウスをやるかやらないかでも必要な広さが異なります。不妊治療を行うとなると数倍の広さが必要になります。レントゲンなど特別な医療機器が必要なクリニックなら、電気容量は要チェックです。産婦人科ならレントゲンを入れることはまずないので、電気容量も普通の容量があればそれほど気にする必要はないでしょう。

電気容量や排水などがクリニックとして機能するかどうかは重要なファクターです。これらは内見時に確認していきますが、先生自身が良し悪しを判断することは難しいと思います。信頼できるコンサルタントなど専門家に見てもらうことをお勧めします。

4 インターネットは基礎情報の収集手段として利用する

不動産物件情報も、なかなか契約が決まらない物件については、インターネットで一般の方が見ることができるようになってきました。しかし、医療機関向けと言うよりは一般の店舗物件として出されている上、なかなか借り手が決まらない物件以外、業者同士で見られる専用サイト以外には掲載されることはほとんどありません。

さらに、一般の人が見られるサイトに情報を掲載する場合には、貸し主（オーナー）から契約を切られないようにするためという仲介業者側のウラ事情もあります。不動産仲介契約には、「一般媒介契約」と「専任媒介契約」があります。オーナーは「一般媒介」では複数の仲介業者と自由に契約できますが、「専任媒介」では仲介業者1社にすべて任せることになります。ほとんどの場合、クリニックの開業に使える店舗物件（不特定多数の人が出入りする規制に適合した物件）は、貸し主（オーナー）と仲介業者が地元で古くからの付き合いがあり、「専任媒介契約」で不動産物件の仲介をするのが一般的です。

仲介業者にとって嬉しいのは専任媒介契約です。なぜなら必ず媒介報酬が入るからです。仲介業者に有利な分、オーナーに細かく報告したり、広告したりする義務があります。当然、一生懸命借り主を探すのですが、なかなか見つからない場合もあります。そうなると、オーナーは、複数の仲介会社に頼んだほうが借り主が見つかりやすいということで、「専任媒介契約」を解除し、普通の「一般媒介契約」に切り替えようとすることがあります。そうなると仲介業者にとっては一大事なので、一般の人も見られるサイトに情報を掲載するなどして広く借り主を見つけにいきます。

駅前の優良物件などは、専任媒介契約を持った業者が借り主を自分で見つけ、借り主から家賃1ヶ月分相当の仲介手数料を取り、貸し主からも広告料などの名目で同額の手数料を取ることも狙います。ですから、優良物件が一般の人の見られるサイトに掲載されることはほとんどありません。インターネットどころか、不動産屋の店頭に掲示されることさえないのです。

私は物件探しのために、地場の不動産屋さんを訪問する際、自分は医師から委託されて開業物件を探しているコンサルタントであること、医師はいつ頃退職するので開業時期はこの時期になるなど、明確に説明して物件の紹介をお願いします。このくらい丁寧に説明して、ようやく「良い物件」の情報を聞けるのです。

インターネットで見つけた物件情報を握りしめて、私の所に相談に来られる医師がときどきいらっしゃいます。さまざまな理由で、ここで開業したらとんでもなく苦労する物件ばかりです。

そもそも〝良い場所〟がインターネットに転がっているということは絶対ありません。掘り出し物の物件がないのが不動産業界の常識です。医師がコンセプトも固めず、何をやって何をやらないかなどの戦略も立てず、不動産探しに時間を使うのであれば、アルバイトをするか、休みを取って体を休めるか、家族との時間を有意義に過ごすほうがよっぽど時間の価値が高まります。

ただし、インターネットを使って開業しようと思う地域にどのような物件があって、どれくらいの家賃を支払うことになるのか、基礎知識を身につけようというのであれば、時間があるときなどに見てみるのは悪いことではないと思います。

とにかく開業準備では、場所探しが一番苦労するところです。1年以上最適な場所が見つからないこともあります。そんな場合、元の基本戦略に戻ってどこかを見直す必要があるかもしれませんし、不動産仲介会社以外の情報ルートを使うこともあります。

第5章

クリニック開業［実践］ガイダンス

開業スタイル別の進め方

特性を活かす！

或るドクターとコンサルの会話——5

Dr.間　友人が医療モールで開業して、集患のメリットなどで良さそうなことを言っているので、医療モールも検討してみたいと思っています。それに、先輩が戸建て開業したのですが、聞いたら開業コストが1億5千万円だそうです。私はとてもそんな開業はできません。戸建て開業は建築費用など、お金がかかりますよね。できるだけ身軽に開業したいと考えています。

椎原　堅実な開業を、という先生の姿勢は素晴らしいです。開業スタイルにはいろんな選択肢があります。モール開業やテナント開業、最近は第三者からの承継開業も増えてきています。戸建て開業はお金がかかるとおっしゃいましたが、戸建て開業というとどんなイメージを持っていらっしゃいますか？

Dr.間　土地があって、その上に建物を建てて……。私は土地も持ってないし、まして買うなんてできませんから関係のない話です。

椎原　確かに戸建て開業はテナント開業と比べてお金がかかりますが、合理的にコストカットする方法もあります。

Dr.間　でも、建物をあまり安くつくると患者さんの評判が取れないと聞きますが……。

椎原　いえいえ、戸建て開業といっても、土地を取得して建築するという方法だけじゃなくて、いろんなやり方があります。例えば、土地は地主さんの持ち物のまま、建物はオーダーメイドで先生の希望されるように地主さんに建ててもらい、テナント開業のように保証金と賃料を払って借りるだけという開業方法もあります。

Dr.間　そんなに都合のいい話があるのですか？

椎原　地主さん側にとっても、建物を建てて貸すことは相続対策として非常に有効なので、地主さんのメリットも大きいのです。また、地主さんから土地を借りて、先生が自分でクリニックを建てるという方法もあります。

Dr.間　戸建て開業といっても、いろんなやり方があるんですね。

椎原　それにテナント開業にだってコストカットできる方法もあります。それぞれの開業スタイルに注意点があるので、じっくり検討しましょうか？

Dr.間　ぜひ教えてください。

椎原　わかりました。では説明していきましょう。

1 ［医療モール］向いていない診療科やデメリットもある

医療モールで開業するメリットは、調剤薬局やモールを展開している会社に聞けば詳しく教えてくれます。

簡単に触れておくと、クリニックがまとまっているので、患者様からすれば総合病院に来たようにさまざまな疾患に対応してもらえるように見えることです（しかし、実際はモール内ではお互いがライバルという側面もあるため、それほど診診連携ができていないのが実情です。患者様が期待するほどの機能はないでしょう）。

広告も集中して行うので、先行して開業しているクリニックがあれば、後から出るクリニックは患者様を集めやすかったりと、メリットは大きいです。たいてい調剤薬局も初めから決まっているので、個人で開業して薬局を誘致してもらうなどの苦労もありません。駐車場や駐輪場が広く取られていたり、駅に近かったり、直結している物件などもあります。このようにメリットはいくらでも聞けると思います。

精神科、肛門科、婦人科などはマイナス作用もあります。クリニックに入ること自体を他の人に見られたくない患者様にとっては、モール内のクリニックは入りにくいと感じるようです。

成功している肛門科もあります。患者様からすると肛門科よりも胃腸科のイメージが強く、ついでに一般内科の薬や花粉症の薬などを処方してもらう患者様がいるようなクリニックです。その中に、肛門疾患の患者様が混ざっていても初診の問診だけ気をつけてあげれば患者様は取れます。

しかし、精神科だけはマイナスしかありません。

婦人科でも妊婦健診などに積極的に取り組み、アウスはやらないと決めていらっしゃるクリニックであれば、性感染症の患者様やピルの処方を希望する患者様も、それほど抵抗なくクリニックには入れます。

ただし、モールには恐ろしいデメリットもあるので、そこをお話ししておきましょう。

まず、調剤薬局の管理薬剤師はサラリーマンで、なおかつ専門家であるとの意識が高く、プラセボ効果を狙った処方や、副作用よりその患者様には効果が期待できると思った処方に否定的な発言をすることがあります。実際、それが原因でモールを出ていった医師を多数見ています。

整形外科で、高齢者の患者様に寝つきが悪いと訴えられたとき、入眠剤を処方することなどがありますが、薬剤師が「入眠剤が処方されていますね。精神薬です。寝つきが悪いですか？」などと大きな声で説明し、副作用をことさら強調して説明したため、患者様から不信感を抱かれてしまったというトラブルを見ました。それも一度ならず、注意しても何度も繰り返すので、その整形外科の医師はモールの近くにテナントを借りて出ていってしまいました。

他のクリニックでも、医師の考えた処方に否定的な感想を漏らしたりするなどのトラブルがあり、もう1軒クリニックが出ていきました。そうなるともう止められません。半数のクリニックが出ていって、残ったクリニックはシャッター通りの商店街の中に残されたようになってしまった事例もありました。管理薬剤師は、退職したのか人事異動かわかりませんが、途中でいなくなったものの、もう後の祭りでした。

管理薬剤師に困った問題があったときには、開業時に手伝ってくれた薬局側の本部へ冷静に、的確に要望を伝えることが大切です。管理薬剤師に話をしても、改善されることはまずありません。本部を間に入れて話すことが早い改善につながります。お互いにメリットの出る話ですから。管理薬剤師に問題があった場合に、連絡役になる人を立ててもらうことを開業前に実現させることが重要です。

また、モールの中の医師が、全員人柄がよく社交的で専門性が高いということもありません。気難しく内向的な医師が、同じモールで複数いたりすると最悪です。

たまたま、患者様の希望で軽い皮膚疾患の薬を処方したことを聞きつけた皮膚科医が、内科医に怒鳴り込んだ事例がありました。積極的に皮膚疾患に取り組んでいるわけではないのですが、患者様からついでに薬を出してほしいと言われたとき、皮膚科に行ってくださいとは言えません。この場合、皮膚科医がおかしいのですが、誰も面と向かって言うこともできず、医師同士のコミュニケーションも取りにくくなっていきました。

この場合も、調剤薬局が、皮膚科医に他の医師が皮膚疾患の治療薬を出していることをこぼしたのが原因でした。調剤薬局は、薬で稼いでいるわけではなく、処方箋の管理料などで稼いでいるのです。処方箋1枚と、処方箋2枚では大きな差になってしまいます。医師から見れば、患者様からついでの処方を頼まれたときに、処方せざるを得ないのは当然です。もしも事前に、本部担当者から管理薬剤師にきちんと口止めして他の医師に愚痴などを漏らさないように指導してもらえるようなパイプが構築できていれば、状況も変わっていたでしょう。

また、子どもの患者様が風邪のときに、耳鼻科に行ってしまうこともあったり、花粉症の季節に、花粉症の患者様がかかりつけの皮膚科で花粉症の薬を処方してもらったり、患者様の取り合いになってきて雰囲気が悪くなることが多々あります。

患者様は、鼻水が出ているから耳鼻科だと思っているだけで、風邪が全身症状だから小児科とは思わないお母様もいるのです。もともと、12月頃は小児科がだんだん混んで待ち時間が長くなるので、まだ花粉症の時期ではなく、それほど混んでいない耳鼻科に行くのはやむを得ないことだと思います。

このような場合に、モールの中の医師同士がお互い様でうまくやれればよいのですが、気難しい医師や、内向的で感情的な医師がモールにいたりすると、ぎくしゃくした関係がその後も続き、医局を離れて人間関係の苦労とはおさらばと思っていたら、とんでもない人間関係に巻き込まれてしまったなどということもあり得ます。

つまり、内科、耳鼻咽喉科、小児科、整形外科ではモール内で多少の競合はあると言えますので、最初から単独でも患者様を集めるくらいの気持ちで開業に取り組まれることをお勧めします。患者様を集めて周りの医師に紹介できる立場になれば、関係も悪化しません。モールだろうが、単独での開業だろうが、5年もすれば経営力によって患者様の評判は取れます。

患者様は、医療技術の差を専門的に評価する力を持っていません。医療技術よりはスタッフの管理能力やインターネットなどの広告媒体での情報発信力で、患者様の評判に違いが出て医業収入に大きな差が出ることもよくあるのです。実際、花粉症の時期なのに患者様が増えない耳鼻咽喉科などもモールで目にしてきました。患者様の評判を取れない医師は、モールにいるほうが不利に作用するのです。

モールで開業して有利な診療科は、眼科や皮膚科などの医師です。バッティングが少なく、初期の立ち上がりが有利に作用します。

できるだけ、モール内のトラブルに関与せず、どの医師とも等距離で、モール内のスタッフや薬局などのスタッフにもきちんと挨拶を交わしましょう。自院のスタッフにも、挨拶だけはきちんと行う、距離感をもって内輪話に入らない、院内の話を外部に出さないといったことをしっかり指導することが重要です。

2 「テナント開業」ありがたい借り主として強気で交渉できる

東京などの都市部で開業するときは、ビルの一室を借りてクリニックを開業します。ビルの谷間に一戸建てのクリニックをつくることはごく稀だと思います。ビルの一室を借りてクリニックを開業する方式を「テナント開業」と呼ぶことが多く、テナント開業したクリニックのことを「ビル診（ビルの中の診療所）」と呼びます。

都市部郊外での開業も、駅前などではビル診が一般的だと思います。

コンセプトにあった良い物件が出てきたら、誠実な開業コンサルタントであれば、診療所のことをよく知っている不動産会社にテナント物件情報や診療科を伝えて情報収集するはずです。依頼した医師の名前を出すことはありません。自分で現地に足を運び、さまざまな項目をチェックしてきます。

診療科によってチェックすべき項目は多少異なりますが、電気容量、排水管の位置、テナントの天井高、換気やエアコンの室外機設置場所、壊せる構築物と躯体の確認などを行います。窓の大きさや、部屋の向きなども確認対象です。

また、外から見た視認性の良さなど、看板をビルにつけたときに電線や電柱で見えにくくならないかといったことも確認し、看板設置の可否を不動産仲介会社に確認します。

この段階で、看板設置の可否を確認しておかないと、開業後に看板設置を拒否されるなどという事態になります。実際、過去にそのようなトラブルに巻き込まれた医師を何人か紹介されたことがあります。

景観上、「看板は絶対ダメ」というビルもあります。そんなビルは選んではいけません。どのような看板を出すのか、事前に図面とかイメージ写真などの提出を求められることもあります。できるだけ大きな看板を出したいので、大きめのサイズで了解をもらうようにします。

大きな看板だと品がないとおっしゃる医師もいらっしゃいますが、オシャレでセンスが良くても、患者様が見てすぐ理解してくれなければ看板の意味がありません。センスの良い小さな看板など、コンビニエンスストアやドラッグストアにはありません。どれだけセンスよく目立つかが看板の勝負です。品格を疑われるような色使いやデザインはダメですが、センスが良くハッキリ目立つ看板が良い看板と言えます。

目立つという点で、私はＬＥＤ照明の看板のほうが望ましいと考えます。その場合は、電飾看板の電源があるビルかどうかもチェックしなければなりません。

ビルも、基本的にバリアフリーの診療所を選びます。これからの時代、どんな診療科目でも階段が1段2段あるのとバリアフリーでは患者様のウケが違います。バブルの頃は、建物に権威を持たせるといって5段から6段の階段をわざとつけたビルがありましたが、今は1、2段の階段があるビルでも、階段を削ってスロープをつける工事を行うことから交渉を始めます。それが難しく、他に適切なビルが見つからなければ、1段もしくは2段の段差をカバーする移動式のスロープを購入して、インターホンで車いすやベビーカーの患者様に外から呼んでもらい、移動式スロープをスタッフが設置する対応を取ります。

ビル診開業での注意点は、保証金とフリーレントです。

一般的に、クリニック開業に適したビルだと、保証金を10ヶ月くらいに設定して募集をしていることが多いと思います。飲食店なら開業も多い分、倒産や夜逃げもありますから、保証金10ヶ月は妥当ですし、もっと長く設定したほうがよいかもしれません。歯科医院も一般の店舗と撤退率は変わらないかもしれません。

しかし、精神科に撤退が増えているとはいえ、堅実にきちんと開業すれば、医科のクリニックの撤退はあり得ません。診療報酬が低くなったといえども、厚生労働省では普通に診療所が経営できなくなるほど点数を引き下げているわけではありません。撤退や倒産が一般企業より少ないのですから、合理的な保証料は多くても8ヶ月分もあれば、貸し主のリスクはゼロになると考えてよいでしょう。そこに保証会社がつくことも多く、連帯保証人がいなくても貸し主が損失を被る可能性はほぼゼロです。

ですから、たとえ募集条件に保証金10ヶ月と書かれていたとしても、誠実なコンサルタントに交渉してもらい、保証金は6ヶ月〜8ヶ月以下に抑えるべきです。不動産仲介会社も保証金の金額を減らしたとしても、手数料が減るわけではないので、合理性が高いと思えば貸し主を説得してくれることでしょう。

次に「フリーレント」ですが、一般の店舗がテナントに入る場合は、契約と同時に家賃が発生するのが普通です。そこからきちんと家賃をもらっておかないと、店舗閉鎖時に家賃の未払いが発生し、保証金だけでは構築物の破棄で損失が生じてしまうことがあるからです。

しかし、クリニックがテナントに入るということは、貸し主にとっては棚ぼたのようなありがたい話です。クリニックは、経営が厳しくなっても貸し主に迷惑をかけるほどどうしようもなくなることはまずあり得ません。まして、きちんとコンセプトを決め、戦略を立てて物件選定をする開業であれば、失敗はゼロと言えます。

つまり、家賃は今後20年から30年は途切れることなくきちんと支払ってもらえて、クリニックを閉鎖するときは、きちんと原状回復して返してくれるわけで、こんなにありがたいことはありません。先生も、引退時には多額の預金や金融資産を手にしているので、契約通りに家賃を支払いながら取り壊し作業を進めることができるのです。

また、飲食店がテナントになると臭いや油汚れなどでテナントの価値が下がってしまうことがあります。しかし、クリニックが入居してくれれば、テナントの価値は上がります。

確実な家賃収入が見込める優良な借り主が入っている上に、公共的な意味合いもあるクリニックが入居するということは、貸し主が他のテナントに対して、少し強気な交渉ができる環境になるからです。

それだけありがたい借り主なのですが、借り主の医師は診療を始めるまでは収入がゼロです。そして、内装工事の設計には時間がかかり、内装が完成してやっと保健所に開設届が出せます。保険診療が始められるのはその翌月です。保険診療を開始しても、収入の7割ほどは診療をした翌々月にならないと現金になりません。不動産賃貸契約をしたからと言って、数ヶ月は1円も入らない状況で準備を進めなければなりません。

そのような事情を貸し主に理解してもらえれば、内装工事の着工直前まで、家賃の支払いを免除してくれる「フリーレント」という契約で賃貸借契約が成立することが一般的です。ただし、駅前の一等地では、他にも優良テナントが入りそうなビルの場合、フリーレントがあまりないということもあります。最長で3ヶ月しかフリーレントを行わないという物件もありました。ここは、開業コンサルタントに前面に出てもらい、フリーレントを勝ち取るようにしてください。貸し主との人間関係が悪くなりますから、医師みずから仲介業者を通してフリーレントの交渉はしないことをお勧めします。

また将来、新規開業自体が非常に難しくなり、クリニックを継承する事案が増えると予想されています。そうなると、貸し主側にとってはずっと優良テナントが入り続けることが約束されたことになります。

そのような事情も、コンサルタントから仲介業者に伝えてもらうようにしてください。コンサルタントは開業時にしか前面に出てきません。その後、そのコンサルタントとの付き合いを継続していたとしても、貸し主にそのことはわかりません。先生には、「コンサルタントが大分無理をお願いしてしまったようで申し訳ございませんでした」とおっしゃっていただければ、貸し主には先生が〝いい人〟に映ることでしょう。

コンサルタントは黒子なので、嫌われることや都合の悪いことを言ったり、行ったりしなければなりません。それをこなしてこそプロとして信頼していただけるのですから。

3 ［戸建て開業］3つの形態の長所・短所を理解して進める

戸建て開業の場合は、次の3種類の選択肢があります。それぞれに特徴がありますので、注意してください。

1 戸建てをテナントのように借りて開業する（建て貸し開業）
2 土地を借りて建物を自前で建築する（事業用定期借地権）
3 土地と建物を自前で用意して開業する

①建て貸し開業：地主さんに建ててもらってテナントとして入居する

郊外の開業では、テナントが少ない地域があります。かといって、土地もなく資金もない場合、土地と建物を買う時代は終わりました。こうした場合は、地主さんにクリニックを建ててもらい、テナントとして入居するという「戸建てテナント開業（建て貸し開業）」ができるようになっています。地主さんに、先生の思った通りの診療所を建築してもらい、土地と建物を一括して先生が借り上げる方式です。

地主さんにとってもメリットがあります。郊外の場合、マンションやアパートなどは建築から10年もすると建物も少し古くなり、多少家賃を下げても空き部屋がなかなか埋まらないという状況が発生しています。地主さんにしてみれば、空き部屋の多い賃貸物件は、利益を生まず、修繕費用がかかり、経営の苦しい賃貸物件となってしまいます。そこで、アパートを一棟ごと借り上げて家賃を保証する（一括借り上げ）業者が出てきました。

しかし、一括借り上げしてもらっても、アパートが古くなると借り上げ家賃を引き下げられ、実質、賃貸経営が成り立たなくなる事例なども出てきました。

近年、よほど駅に近いなどの条件の良い土地でなければ、居住用賃貸を敬遠する地主さんが増えてきています。そんな中において、クリニックの建築はアパート建築に比べれば投資資金は非常に安いものです。また、多少高めの家賃を支払ってでも入ってくれる調剤薬局が隣接敷地で同様の建て貸しを希望されることもあり、地主さんにとっては大助かりなのが、このクリニックと薬局の建て貸しなのです。20年から30年、十分に持つ強度の建築を行えば、取り壊すまで、ずーっと安定家賃が入る空き部屋率ゼロの賃貸物件という夢のような話です。

戸建て開業の場合、建築がからむことで費用が大きくなるので、注意が必要です。あるハウスメーカーが募集する木造の建て貸し物件で、躯体を地主さんに建ててもらい、内装工事は医師持ちにしたほうが借り上げる際の賃料が安くなると提案された事例がありました。木造建築で躯体と内装を別々に工事したら建築費が高くなるのは当たり前です。このハウスメーカーが地主さんと医師と別々に注文を取り、躯体も内装も一緒に工事してしまうのが真相でした。

内装工事を医師持ちにするということは、医師の銀行借入額がその分増えるということです。賃料が安くなるとしても借金の返済は増えますので、必ずしも医師にとって得な話であるとは言い切れません。慎重に考慮すべきだと思います。

あるいは、躯体を建てるメーカーが、クリニックの工事経験がなく、内装工事は先生持ちにしてほしいといった場合もあります。いずれにせよ、躯体と内装工事を別にするということは、建築総コストが20％から30％高くなる、つまり数千万円建築費が高くなるということです。ですから、コスト管理をきちんと医師側に立って行ってくれる誠実なプロのコンサルタントを活用してほしいと思います。内装工事業者に相見積もりを取って合理的なコストに抑える努力が必要です。

家賃相場を知るためには、近隣地域での居住用物件の家賃を調べてください。もともとテナント物件が少ない地域ということは、商売で建物を借りる企業がほとんどいないということです。ですから、居住用賃貸物件を参考価格にするのです。月々の家賃相場は居住用物件の20％から30％増しくらいです（テナント物件があれば、それくらいの賃料設定になっています）。駐車場料金は近隣の相場通りで、門前薬局と折半で負担します。地主さんも、クリニックであれば空室リスクはゼロになるわけですし、居住用賃貸価格で採算が合えば、アパート・マンションを建てたのと同じですから、文句は出ないはずです。

建て貸し開業で、躯体、内装ともに地主さんに建ててもらうときのポイントは、スタート時点で賃料を先に決めてしまうことです。その後で、意匠設計（診察室、処置室、検査室、レントゲン設置場所、受付、患者様用トイレ、スタッフ用トイレ、スタッフルーム、院長室などの位置や広さなどの設計）を行い、地主さんに建物を建ててもらうのです。

賃料が決まってしまえば、先生は、できるだけ丈夫で高級なクリニックをつくってもらって困ることはありません。地主さんも、クリニック建設となると地域の人から見られる上、地主仲間に見栄を張りたいこともあり、仕上がりが高級になることはままあります。

上物の価格が高ければ、相続対策には有効です。それが家賃に跳ね返ってくることはもちろん受け入れられませんが、家賃が変わらなければ、できるだけお金をかけてもらいたいくらいです。大事なことは、ハウスメーカーや建築業者の言いなりになるのではなく、きちんと第三者の意見も取り入れることです。相見積もりを取ることによって、合理的な建設資金で建物を建ててもらえれば、地主さんも合理的な利益を上げられますし、医師も不当に高い家賃を支払わなくて済みます。

郊外や地方で、テナント物件がないような地域では、この建て貸しはクリニック開業の第一選択になると思います。

②事業用定期借地権：土地を借りてクリニックを建築する

「家賃を払うのはもったいないから自分で建てたい」と思われる先生には、事業用定期借地がお勧めです。地主さんに土地を借りて、建物は自分で建てる方法です。地代を地主さんに払って土地を借り、先生が借金をして診療所を建設し、老後はそれを取り壊し、更地にして地主さんに返却するというものです。その他にも、親が土地を用意してくれていた場合、親の診療所を取り壊して建て替えるなど、先生が自分で借金をして診療所用の建物を建てることがあります。その場合も事業用定期借地権を設定し、新規に建物を建築する事例のほうが多数派です。

人口が減少する日本において、都市部のごく一部を除いて、理論的には将来インフレ率より土地の値段が高くなることは起こりません。土地神話はとっくに崩れ、郊外では土地の値下がりが続いています。一時的に値上がりすることがあっても、普通の経済状況であれば、物価上昇には追いつかないはずです。

それは、購入したい人（人口）が減るからです。なおかつ、人口減少が続けば、企業も海外でビジネス展開することを考えるようになり、日本で不動産を持つより、購買者が増える海外で不動産を持つなり借りるなりして、使わない日本の不動産は売却して資本効率を高めるはずです。

しかし、地方ではいきなり土地購入の話を持ちかけられてしまうことがあります。先生の代はよいかもしれませんが、ほとんど買い手のいない過疎化が進む地方で、地価がだんだん安くなる割には相続税をしっかり取られる土地をお子さんに残すことは残酷なような気がします。

一方、地主さんは代々受け継いだ土地を売りたくないのが本音です。普通の借地権では、二度と貸した土地が返ってくることがないので、10年以上50年未満の事業用定期借地権設定契約をクリニックの開業では活用します。事業用定期借地権設定契約は公正証書で契約しなければならないことになっています。また、期間満了時に建物を取り壊し、更地にして地主さんに返還するほか、契約の更新ができないのが原則で、建物の買取請求もできないことが特徴です。

とはいえ、将来お子さんが継いだり、第三者に継承することがないとも限りません。「期間満了時に再設定契約を行うか否か再協議を行う」旨、条文に加えておくようにします。また借地は地主さんとお互いの信頼の上に成り立っていますので、地主さんと良好な関係を保つことも大切なことです。

事業用定期借地権設定契約では、保証金を契約時に支払います。この保証金は契約終了時に全額返金されます。利息などはつきません。保証金は地代との関係で決まってきます。建物を残したまま借り主が家賃を払えなくなった場合、地主は保証金で建物を壊します。少なくとも、建物の取り壊し費用や、埋設物の撤去費用などの金額以上で契約されます。土地代金の2割くらいが相場でしょうか。

クリニックの場合、途中で倒産とか閉鎖ということがほとんどないので、保証金を地代の6ヶ月分から12ヶ月分に抑えて、地代を高めに設定することもあります。地代は地域差が大きく、適正価格がいくらなのか判断が難しいので、地主さんと医師の双方が納得するためにも、不動産鑑定士に鑑定を依頼したほうがよいでしょう。

建物を建築する際に大事なことは、最初にクリニック内部の意匠図面などの配置をしっかり決めて、建物の総額を決めてしまうことです。途中からあれもこれもと設計の修正をして追加工事が発生し、建築費用が増えてしまわないようにしなくてはいけません。建築費用の総額を超えないことを絶対条件に進めてください。

設計については、テナント開業の場合と変わりません。クリニックに慣れた専門の設計士または設計施工会社を選定することになります。戸建て開業は、思い通りの設計をしてもらえるので、使い勝手のいいクリニックができます。設計士の経験によるところが大きいので、その選定は複数人と面談して慎重に決めてください。

図面を作成し、建築確認申請を行うと2ヶ月くらいで建築確認が下ります。その間に、建築会社の選定を行います。平屋建てであれば、着工して4～5ヶ月でクリニックは完成します。

クリニック引き渡し後、開設届を保健所に提出し、およそ1ヶ月後にはクリニックとして開業できます。

③戸建て開業では建築価格に気をつけなければならない

戸建て開業において、どちらの場合も気をつけるのが建築価格です。

今、一番儲かる分野として各ハウスメーカーなどが診療所建築の受注に力を入れていて、とんでもなく高額な建築価格がまかり通っています。開業コストが1億5000万円から2億円などということが普通にあります。特に、親御さんの資金力を活かせる場合など、2億円程度のコストが普通になっています。

私が考えるに、きちんと設計を行い、相見積もりを取ってコストダウンを計れば、30％のコストダウンは理論上可能です。

しかし、残念ながら地方でも僻地に近い場所になると建築はひとつの地場産業になっていて、談合が当たり前のように行われています。参加業者に均等に業務を割り振るという性質もあるので、排除することが相当難しいのが実情です。地方に行けば行くほど、この構造によって建築費用が高くなります。建物と造成費用で2億円のクリニックなどが普通に存在します。

医師側としても、高齢者が多くライバルも少ない、その上人件費も安いので、全国一律の診療報酬であるがゆえに、利益が上がって、建築費が高くても十分経営が成り立ってしまうのです。本来なら医師の手元に資金が残るはずのものが、ハウスメーカーや建設会社に吸い取られ、借入金も大きくなることから、銀行にも利益を吸い取られる構造になっています。

実際にあった事例で、木造の平屋建てで、建築費の坪単価（地主さんと医師の合計金額）が135万円を超えるような案件に出くわしました。ここ数年、建築ラッシュで、資材や人件費が値上がりしていることは事実です。でも、木造の平屋建てで坪単価100万円を超えることは実際にはありません。

しかし、ハウスメーカーのクリニック建築坪単価は120万円から130万円というような異常な価格が全国で普通にまかり通っており、深刻な問題だと考えています。重量鉄骨づくりでも似たような値段になっています。仕切りが自由に変えられるとか、リハビリ室が広く取れるとか、従来工法（木造の通常の建築方式）と異なり、空間に柱の数が少なく建築できるなど、当たり前のメリットを説明して坪単価で30％以上高く発注させるのです。

願わくば、地方で開業する医師自身が、しっかり知識を身につけ、言われるがままの金額を疑ってかかってくれれば幸いです。都市部で開催される開業セミナーなどに足を運び、ノウハウの一部でも吸収して、ご自身が祭り上げられないことが重要です。

確かに、地方に行けば診診連携も難しいので、自身のクリニックで検査ができるように医療機器の重装備もやむを得ないと思います。相見積もりを取ろうにも取りようがないこともあるでしょう。特に建築費は交渉してもなかなか値段が下がらないのが現実です。

しかし、それでも極力外部のチェックを入れて、なるべく開業費用を下げていく努力をしていくことが大事なのです。30％以上割高で開業するとなると、一生に一度の開業とは言っても、あまりに大きな金額です。くれぐれも神輿に乗せられることなく、合理的な判断をしていただきたいと思います。

4 「承継開業」第三者から診療所を引き継ぐときの注意点

近年、親子などの親族間ではなく、まったくの第三者から診療所や医療法人を有償で譲渡されて開業する「第三者承継」の事例も出てきました。新潟市医師会などでは、医師会をあげて診療所の承継に取り組んでいます。内科診療所ではまだ実績はほとんど出ていないようですが、マイナー科系の診療所の譲渡実績は少しずつ出てきているそうです。今後、ますます承継開業が増えてくると考えています。

クリニックの譲渡を受ける医師にとっては、開業コストが低いことと、ゼロから始めるのではなく、最初から一定の患者様がいて、損益分岐点を超えているところから経営をスタートできることが最大のメリットです。譲渡する側の医師も、誰も診療所を継承してくれなければ、患者様を他の医療機関に紹介し、スタッフを解雇し、医療機器と内装（または建物）を廃棄しなければなりません。これには膨大な労力と費用がかかります。

このように承継開業は、譲渡する側、される側双方にメリットがあると言えますが、注意すべき問題点もあります。

1点目は、診療所の譲渡価格の計算が確立されていないことです。一般企業同士のM&Aであれば、譲渡価格の理論的算定は技術的にほぼ確立しています。買収側と譲渡側の内部事情や外部環境の評価で調整はされますが、その価格が半分になることもなければ倍になることもありません。

しかし現状、診療所の譲渡価格は、医師同士が納得した金額で譲渡されることになっていて、ケースバイケースです。その譲渡金額は、年間の総診療報酬を元に計算される金額に対して、一定の数字を掛けて計算される事例が多いように見受けられますが、口約束でトラブルになるケースも少なくありません。

また、医療法人の資産状況がよくても、院長個人に借金があるケース、院長が長年働いてくれたスタッフに多額の退職金を支払うことを約束しているなど、表からは見えないウラ事情が隠れていることもあります。当事者間での話し合いで譲渡金額を決めるのではなく、公平な金額を医療機関の承継に慣れた専門家に計算してもらうことをお勧めします。

2点目は、引き継ぎに医師同士がかなりの努力を要することです。患者様は最終的には院長についているものですから、新しい院長にすべての患者様が信頼を寄せてくれるかは流動的です。単純にクリニックを売買して終わりではなく、双方の医師が協力して新医院へ移行することによって、ようやく患者様も安心してくれます。

そのためには、数十年かけて築いてきた自分の城を他人に明け渡すのは、簡単なことではないという前院長の気持ちを理解することも必要でしょう。

さらに、スタッフの問題もあります。スタッフを承継後も継続して雇用する場合、スタッフには新院長の考えのもと、新しいルールで仕事をしてもらわなくてはなりません。「前のやり方はこうだったから」などと言われては困ります。かといって旧医院のスタッフに辞めてもらうにしても、次の職場を斡旋したり退職金を支払ったりと、なるべく円満に辞めていただく配慮が必要です。

また、承継開業では、旧医院が「医療法人」なのか、「個人診療所」なのかによって、手続きが大きく変わります。「個人診療所」の承継は、仮にまったく同じ建物・同じ名称・同じ職員を引き継いだとしても、手続き上は旧院長の診療所を廃止し、新たに新院長によるまったく別の診療所を開設することとなります。

その他にもカルテとレントゲンの画像データ（フィルム）の引き継ぎの問題もあります。医師法にはカルテとレントゲンの画像データ（フィルム）の保管義務が定められています。紹介先の診療所や患者様から万が一、過去の病歴や治療について問い合わせがあった場合、記録を探して回答しなければなりません。カルテの保管義務は5年間、レントゲンデータは2年間です。

このように、いくつかの開業スタイルがあり、それぞれに特徴があります。気をつけるべきは、いかにコストを合理的に抑えるかです。メリット・デメリットを十分理解して無駄なコストを発生させないことです。

第6章

クリニック開業［実践］ガイダンス

医療機器の購入の仕方

衝撃の格差！

或るドクターとコンサルの会話――6

Dr.間　開業場所探しについては、だいぶつかめてきました。そうそう、開業するんだったら、絶対に入れたい機器があるんです。値段が気になるので、馴染みにしている営業マンに聞いてみようと思っています。

椎原　先生!!　ちょっと待ってください！

Dr.間　どうしたんですか？　急に慌てちゃって……。

椎原　これは絶対に注意してほしいのですが、医療機器の営業にさりげなく価格を聞いたり、開業情報を仕入れようとしてはいけません。

Dr.間　え？　どうしてですか？

椎原　「これから開業しようと思っていますよ～」と言いふらして歩いているようなものじゃないですか。

Dr.間　あっ、そうですね。

椎原　営業マンにうかつに接触してはいけない理由は2つあります。1つ目は先に医療機器ありきで、医療機器ができるだけ入るような広めの物件での開業が進んでしまう可能性があることです。

Dr.間　なるほど。

椎原　広めの物件ということは、その分、賃料などの固定費が高くなるということです。固定費とは患者さんが来ても来なくても毎月定額で出ていくお金ですから、無駄な固定費の上昇は避けたいところです。

Dr.間　はい。もう1つは何でしょうか?

椎原　機器の卸価格が決まってしまい、どんなに交渉しても値段が下がらなくなってしまうんです。

Dr.間　え?　それは何なんですか?

椎原　「仕切り値」という商習慣です。医療機器は交渉の仕方次第で、かなり開業資金の節約ができます。当然、先生のほうが私より機器のことは詳しいでしょうし、譲れないところもあると思います。だからこそ、注意してほしい点がたくさんあるんです。ここが高コスト開業になるかどうかの分岐点です。

Dr.間　それは大事そうですね。ぜひ教えてください。

椎原　わかりました。では説明していきましょう。

1 医療機器会社にうかつに接触すると異常に高い価格になる

医療業界のウラ側には恐ろしい商習慣があります。「仕切り値」という制度です。医療機器の場合、それほど多くの企業があるわけではありません。ですから、独占禁止法違反にならずにエンドユーザーである医師に売り渡す価格が確定してしまうのです。それはどの段階でしょう？　実はメーカーの営業さんに会った瞬間から決まってしまうのです。

ですから、医師がこのメーカーと決めて、メーカーの営業に会ってしまうと終わりです。どんなに交渉しても、最終的な購入価格が決まって、決して値段が下がることがありません。「実際に安くなった」という反論もあるでしょうが、それは初めに高めの見積もりをして、交渉で安くなったように操られているのです。その場合も高めに決められた最終的な売却予定価格は動きません。

医療機器の値段を下げさせようと思ったら、まずは、メーカーにも商社にも会わないことをお勧めします。「じゃあどうやって交渉するんだ！」と思われることでしょう。それをこれから説明していきます。

それを売ることをビジネスにしている人に会ったら、相手は会社組織ですから〝利益の最大化〟が最優先目的です。「できるだけ高く売る」「できるだけ利益を多くする」ことを最優先にせざるを得ません。もちろん担当者は先生のために頑張るでしょう。しかしどんなに頑張っても組織ですから、必然的に限界があります。「いつもお世話になっているので特別に……」とは言いますが、これは他社と競争をしないための殺し文句と思ってください。

実際にあった事例ですが、X線発生装置であれば単純撮影の一番安いものは100万円強で買えます。それを私が知り得る限り最高価格で買った先生がいらっしゃいます。その先生の叔父さんが、大手電機メーカーの役員をしていたそうです。その紹介で、その子会社のX線発生装置を購入したのですが、価格は700万円です!

たぶん、叔父さんはX線発生装置の種類も仕切り値の実態も知らなかったと思います。メディカル部門の役員は親会社の役員から、常に利益の最大化を求められます。これは時代が変わっても同じです。むしろ、グローバル化が進み、企業間競争が世界的に厳しくなる中で、利益の最大化は生き残りの絶対課題となっています。

メディカル部門の役員は担当に「よろしく」程度のことは伝えたと思われます。しかし、現場は値引きで厳しく責められ、常に利益の最大化を求められます。競争が厳しくなる中、利益の上げられない社員は出世の道が断たれます。至極当然の結果として、企業体として最大収益を実現すべく信じがたい高価格でX線発生装置を販売することになってしまったのです。

購入した先生はとても満足していらっしゃいました。「どうだ、こんな価格でレントゲン買えないだろう」と得意気でした。購入してからあれこれ言っても始まりません。先生と親戚の人間関係はお金では買えませんし、それくらいの金額なら診療で取り返せますから、「たしかに、そうですね」と相槌を打つにとどめました。

開業後10年もすれば、レントゲンの買い換え時期が来ます。管球を交換することも考えるでしょうが、日本では管球が100万円くらいします。メンテナンス対象外となってしまいますが、インターネットでアメリカから輸入すれば数万円で交換部品は購入できます。

先生も開業後にそのような実態がわかり、他社のレントゲンの性能や価格を検討されたと思います。開業から10年以上経ちますが、その先生からレントゲンの話が出ることはなくなりましたし、私もわざわざ傷に触れるようなことはしません。

ここでおわかりのように、メーカーを先に決めるようなことをしては「仕切り値」が高くなるだけです。メーカー同士で競争させなければ決して値段は下がりません。

例えば、耳鼻咽喉科に仲の良い医師がいたら聞いてみてください。診療ユニットはどのメーカーがよいのかと。ほぼ全員A社とお答えになるでしょう。耳鼻咽喉科の診療ユニットはA社がトップシェアを握っています。シェア2番手のB社とは圧倒的な差があります。またC社もユニットをつくっていますが、かつて耳鼻咽喉科の医師からその名前を聞かされたことはありません。

やむなく、A社とB社で競争してもらいます。心の中でA社が欲しいと思っていると全部態度に出てしまうので、必ず念を押します。「A社が欲しいと思われたら、B社のほうに関心を持ったふりをしてください。そもそも、あまり触れたことがないでしょうから何でも質問してください」とすべての耳鼻咽喉科の開業を希望する先生にお願いします。結果がほとんどA社に決まるなら、タダのはったりだと思われるでしょう。しかし複数社にプレゼンをしてもらうと、市場シェアとは異なり、B社が案件を取ることが一定の割合で生じます。

実際にB社を選ぶ先生に伺ってみると、今まで慣れていたから同じ物がよいと思っていたけれど、開業となって比べてみると値段の違いに比べて機能がそれほど変わることはないとおっしゃいます。そうなるとかなりの比率で、私の扱う開業案件においてA社が負け続けることが起こります。そうなるとA社も真剣になって、多少販売価格を下げて契約を取りにきます。本体金額をあまり落としたくない事情があるので、いろいろオプションをタダでつけてくれたりします。

先生方は、業界で一番シェアを取っている医療機器メーカーの製品を購入希望されることが多いのですが、ここは駆け引きです。一番欲しいメーカーとはそれほど交渉を詰める必要はありません。ライバル社との価格交渉を真剣に進めてください。

開業案件で先生方に直接面談できないとなると「仕切り値」が勝手につくことはありません。またライバル会社の営業には会っているけど、自社は排除されているとなると、上層部から必ず販売できるように担当に圧力がかかります。値引きの稟議も通りやすくなります。

大型の医療機器などは、購入価格によって開業費用が大きく左右されます。上手にコストカットできるようにコンサルタントを利用することをお勧めします。

2 必要な電力容量と医療機器の寸法はあらかじめ調べておく

大きな電気容量が必要な医療機器（ＭＲＩ、ＣＴ、Ｘ線発生装置など）を導入する可能性がある場合、安全に使用するために必要な電気容量の合計は調べておくほうがよいでしょう。今やさまざまな医療機器の情報がインターネット上で閲覧できるようになっていますので、先生ご自身で大きな電力が必要そうなものだけを調べるという方法もあります。しかし、面倒なので、医療機器商社から見積もりを取るときに調べてもらうほうが簡単でしょう。

さすがにＭＲＩ導入ということになると、必要電力容量を満たしているテナントはそう多くないと思います。もし満たしていたとしてもＭＲＩの冷却のために別電源を引くことを検討する場合もあります。

古いビルを借りる場合など、変圧器の増設をこちらの費用でまかなわなければならないこともあります。新しいビルであればエアコンを動かしたり、医療機器を操作したりするのに必要な２００Ｖの動力電源が十分に取られているものもあります。

また、レントゲンの照射距離やエコー、オートクレーブ、ファイバー、ファイバー洗浄機など、少しかさばるもののサイズなども調べておくことをお勧めします。パンフレットをもらっておくだけで十分です。これも、クリニックの設計に慣れている設計士であれば、だいたいの機器の寸法などは知っています。少なくとも、念のためにこちらで医療機器の名前や形式番号を控えておいて、それを渡すだけで足ります。

過去に、歯科診療所や動物病院の設計は何度か行ったことがあるが、医科の設計が初めてという設計士が主導して、眼科のクリニックの設計を行っていた事例があります。

医師は、開業の成功経験があって医療法人化も成し遂げ、過去には分院設立も行った実績がありました。さらなる事業拡大で第二分院として、自身の専門外の眼科クリニックの開業を目指していました。しかし設備の概要はわかるものの、眼科医ではないので、医療機器の配置や診療の動線がわかりません。分院長を引き受ける眼科医も加わって設計を行っていましたが、一向に意匠図面が完成しませんでした。

着工予定日になっても図面ができず、フリーレント期間が終了してしまいました。都心で山手線内のかなり家賃の高い場所でしたので、私にSOSが入りました。

すぐに、提携している設計士を連れて訪問させていただいたところ、医療機器の理解がないために電源の引き込みが図面に反映されていませんでした。眼科医も医療機器の操作はわかっているものの、みずから機器の設置に立ち会った経験がなかったため、あり得ない意匠図面が10パターン近くあり、白旗を上げざるを得ない状況に陥っていました。

ここから、新しい設計士のもと2ヶ月半で引き渡しまで終えましたが、保険診療の開始は開設届を出した1ヶ月後です。開業日から保険診療を始めることができません。開業日を遅らせることもできないので、仕方なく自由診療を先行して始めましたが，約3ヶ月分の家賃をドブに捨てるハメになりました。

立ち上がりの赤字分を本院と第一分院の黒字で相殺する予定が、単なる赤字になってしまいました。総額で2000万円近くを無駄にした事例です。

3 本気で相見積もりを取ると医療機器は定価の半額以下になる

「医療機器は定価があってないようなもの」と言われています。値段が下がるのは常識です。どこまで下がるのかは、医療機器の種類によってさまざまです。新商品として発売されたばかりのときは、なかなか値引きしないのは車と同じです。

しかし、割引率は車とは桁違いです。まず、定価の半分以下になるのは常識と思ってください。下手をすると10分の1前後の駆け引きになります。前に述べたように同じ国内電機メーカー子会社のレントゲンも、実際に120万円から700万円の値幅がありました。もっとも700万円は異常値で200万円くらいが上限だと思いますが……。

過去にMRIを購入したとき、価格が定価の10分の1くらいになったことがあります。このときは1・5テスラのMRI購入に、国内メーカー2社、外資メーカーも3社と面談し、最初から2回戦勝負と宣言し、他社を見ながらの値引きは許さないので、同時に入札してもらうという条件で交渉しました。

当時、定価が9億円から9億9000万円で、先生が欲しいメーカーの定価は9億9000万円でした。先生が勤務していた大学病院で使っているMRIと同じメーカーです。大学病院に医療機器を納めた営業担当からは個別に必死のアプローチがありましたが、先生には「コンサルに価格は任せている」と全部断ってもらいました。

欲しいメーカーにひと言漏らしたくなった気持ちは強かったと思います。しかし、漏らしたら最後、そのメーカーの提示価格が一番高くなってしまうのです。業界の「仕切り値」の法則を耳にタコができるくらい説明させてもらいました。

プレゼンでは各社、膨大なプレゼン資料とチャンピオン画像（一番綺麗に撮れた見本用画像）を持ってきて、他社の機種との性能の違いを強調していました。先生は、心の中で欲しいメーカーが決まっていましたが、一切出さずにニュートラルなふりをして全社のプレゼンを聞いていただきました。私も必ず同席して正式に紙で見積書を提出してもらいました。

面談では各社だいたい1億6000万円が限度と言っていましたが、第1回目の見積もりでは、先生の第一希望メーカーは1億2000万円で出してきました。この時点で、最終入札を3社に絞り込みました。

最終ラウンド前、第一希望のメーカーから私に電話が入りました。値頃感の確認でしたが、そのメーカーが過去に出した最安値を調べ上げ、「御社の最安値でも勝てないかもしれません」と伝えました。営業担当は「1億円ですか？」ととぼけていましたが、私は最安値が8000万円であるとの情報を持っていました。最終入札でこのメーカーは「値引き9億1000万円の8000万円で、先生お願いします。これが限界です」と正直に出してきました。

最終入札で3社が出してきた最終価格はなんと9000万円、8000万円、7850万円でした。結果的には、第一希望のメーカーに決定しましたが、最後までニュートラルなポーズで通した結果の値下げ幅に、先生も驚かれていました。

「椎原さん、これお笑い番組とかクイズ番組じゃないですよね。9億9000万円に対して値引きが9億1000万円だったら、定価の意味ないじゃないですか」とおっしゃっていました。しかし、メーカーは真面目も真面目、笑いを取るためにやっているんじゃないんです。これが「仕切り値」の怖さなのです。

なぜ、定価があるのか？　それは、国公立病院が高く買ってくれるからです。私が知る限り、その価格は2倍以上です。大学付属病院も似たようなものです。高額医療機器はすべてのメーカーを並べて、ニュートラルな姿勢で相見積もりを取ることです。劇的に価格は下がりますし、ニュートラルに各社を比べてもらえれば、価格も含めて、第一希望と思っていないメーカーの良さに気づくこともあるでしょう。

私の手がける案件では、消化器内科の先生に朗報があります。

経鼻内視鏡の国内シェア70％のA社の「仕切り値」が、劇的に下がっています。原因はB社です。2013年頃までは、A社の対抗馬はC社でしたが、操作性が悪いという評判で、A社は強気の値段を出していました。そこにB社が非常に力を入れて営業した結果、かなり多くのクリニックでB社が採用されました。A社が立て続けにB社に負けた結果、A社も本では書けないような値段を出してくれるようになったのです。

4 相見積もりはメンテナンスや消耗品なども含めて取る

すべての医療機器に言えることですが、購入価格だけで交渉するとメンテナンス料を引き上げられます。消耗品が要る場合、消耗品の価格を引き上げてきます。必ず複数の業者に「価格＋メンテナンス料」で相見積もりを取ってください。消耗品や試薬などが必要な機器については、それも同時に合算で見積もりを取って、セットで交渉することをお勧めします。

実例をご紹介します。同じ整形外科の医局の先輩から紹介を受けた後輩の医師が、医療機器商社さんに開業のサポートを依頼した事例です。面倒見の良い先輩で、医療機器の価格など事前に後輩に教えていました。その後輩の先生は、開業準備を進める中で細かい仕様も先輩と同じレントゲン一式を発注しました。価格交渉をシビアに進めた結果、より安く購入できたそうです。

私はその先輩医師から後輩を紹介され、医療法人の設立の相談でお伺いしました。医療法人設立の際には、予算書作成のために確定申告書を2期分お預かりします。確かに、医療機器は安かったのですが、レントゲンのメンテナンス料は紹介元の先輩の倍支払っていました。さすがに、お互いメンテナンス料までは目が届いていなかったようです。

医療機器商社の説明は、先輩と後輩のメンテナンス内容が異なるからという説明でしたが、ご本人同士で契約書を確認した際、差がなかったようです。本体価格は安くしても、メンテナンス価格で江戸の敵を長崎で討たれてしまいました。

私はそれぞれメンテナンス料をもっと下げるように交渉に入りました。その結果、先輩も後輩もより安い金額になりました。私は、その先輩と同じ医局の別の医師を知っていたので、さらに同様にメンテナンス料交渉を進めました。当然、メンテナンス料は下がり、次々に交渉が伝播していったようです。

この経験を通じて、私も法人設立のコンサルティングを受けた際に、医療機器だけでなく、消耗品や試薬の価格を細かく調べると、とんでもない差があることを知ることができました。スタートが肝心で、まず最初に購入する医療機器の価格だけでなく、付属品、メンテナンス料、消耗品、試薬などの値段をキッチリ交渉して、どこのメーカーにするか競争原理を働かせることが非常に重要だと知りました。

また、数年経ったら、あらためてメンテナンス料や消耗品や試薬なども交渉すべきです。エコーなどは壊れる部分がほとんどなく、プローブをぶつけて壊してもメンテナンスで修理してくれるわけでもなく、交換で別料金がかかります。プローブの価格をコンサルタントから収集しておけば、交換時に支払う金額はわかります。それにメンテナンス料が高いからプローブの交換価格が安くなるということはありません。ですから、基本として、メンテナンスがあまり必要ない機器は最低メンテナンスにしておくべきです。

5 消耗品などは医療用ネット通販をフル活用して購入する

医療機器に付随しない医療用消耗品、圧舌子、ガーゼ、テープ、グローブ、マスク、ディスポーザブル用品のほとんどは、インターネット通販で安価に購入可能です。どうしても医薬品卸でなければ購入できないもの以外は、消耗品もインターネット購入をお勧めします。

クリニックでは、ティッシュペーパーやボールペン、クリアファイルなどは業者さんからもらえるので、購入することはあまりないでしょうが、はさみや洗剤、トイレットペーパーなどは自前で購入するしかないと思います。これも、同じ通販サイトを利用すれば、格安で購入できます。

当面実現しないでしょうが、ヤマト運輸や佐川急便、楽天やメディカル・アスクルなどが医薬品などを扱えるようになれば、医療費は相当削減できるはずです。今の時代、問屋がある業界はほとんどありません。流通が簡素化され、直接取引が増えているからです。

開業医の先生方が、医師会を通して医薬品や医療用消耗品をインターネットで購入できるようにし、宅配便業者にその流通網を担当してもらえるように政策提言なさる日が来ることを願っております。まず、開業時にできることは、医療用インターネット通販をフル活用することです。

6 医療機器や備品の購入はタイミングと購入先を慎重に決める

開業当初から、押すな押すなの大盛況クリニックができることはまずありません。

勤務先病院の周辺には、すでに大先輩方が患者様を連れて開業されています。病院の周辺に開業の余地はまずありません。

従って、多少ゆかりのある場所か、まったく縁のない場所で開業することになります。患者様は、最初は数名から十数名ということが多いでしょう。そのとき、開業当初から医療機器をフルセットで持つ意味があるのでしょうか？

代表的なものにレントゲンがあります。糖尿病内科であれば、健診をやる時間があったら患者様を診療していたほうが単価が上がります。「健診するにはレントゲンが必要だから」というのは業者さんの営業文句です。実際、糖尿病内科を開業して5年も経つと、レントゲン室は物置と化してしまいます。特定健診ができるほど時間の余裕がない上に、特定健診の手間を考えたら糖尿病の患者様を診療したほうがお互いによいからです。

糖尿病内科は高齢者が多いので、インフルエンザの患者様にも来てほしくないのが本音です。うるさいので小児の患者様も敬遠したいくらいです。合併症の患者様は診るけれど、喘息や単なる高血圧の患者様は専門医療機関へ紹介します。代わりに、糖尿病の患者様が紹介と口コミで集まり、レントゲンは無用の長物となっていきます。だったら、最初からレントゲンは入れずに、レントゲンを置ける場所と電源だけ確保してみるのも方法です。肺炎を疑うなら、呼吸器科の先生に紹介状を書いて診診連携を取ったほうがよいでしょう。

皮膚科の開業となると、レーザーの購入を勧められます。「先生、3台構成が標準です」とお決まりの営業トークを展開しますが、疑問に思われる医師も多いです。

私は、レーザーなし、もしくは入れても炭酸ガスレーザーくらいで十分対応できると思います。初めから3台構成にするのは業者さんの都合で、患者様のニーズではないからです。

開業した先生ならおわかりの通り、最初からそれほど多く患者様は来てくれないのです。徐々に増えていく患者様のニーズをくみ取るうちに、レーザーが第一選択になる治療があるから装備を考えるのです。開業した後、業者さんの勧めに従って3台購入したものの「便利ではあったけれど、リースの支払いも大変だったし、なければないで後から入れるという選択もあったな……」と気づかれる先生も少なくないでしょう。

患者様は通ってくださるうちにいろいろなニーズを投げかけてくれるけれども、来院のきっかけは、かゆみ、腫れ、ただれ、痛みやその他の保険適応の疾患です。通われているうちに、さまざまな肌の気になる相談を受けるようになり、自由診療が増えていくものです。

脱毛のニーズもなくはないですが、エステの激安攻撃で安い自由診療を大量にこなすくらいなら、リスクの少ない保険診療を中心に患者様を増やし、それから先生が本当に欲しい機器を購入していけば十分に評判も収益も取れるようになるはずです。

患者様が1日20人から30人しか来ない時期は、レーザー機器のリース代を支払っていても利用することがあまりありません。患者様がせめて1日40人くらいになってからとか、患者様が減少する冬前に購入するとか、タイミングを見て購入してもよいのではないでしょうか。

7 最初から医療機器をフル装備しないことが開業の必勝パターン

開業当初から医療機器をフル装備しないこと。これがクリニック開業で早期に損益分岐点を超えるための必勝パターンです。開業時のコストの抑制で、特に開業当初からなくても後から導入可能な医療機器は、十分に患者様を集めて、損益分岐点を超えてからとする戦略です。

皮膚科で、将来レーザーは複数台欲しいと思われた場合、レーザー機器を置くスペースと電源を十分に確保しておけば、後の電設工事を省略することができます。後から工事するとなると、壁を壊して工事をし直すことになります。壁紙の色が変わっていると、全部の壁紙を貼り替えることもあります。工事費用も大変ですが、場合によっては診療を休む損害も出てきます。

スタッフルームも、スタッフから不満が出ない程度の広さでつくっておいて、余裕ができたらマンションを借りてスタッフルームにするという方法もあります。マンションのない地区でも、クリニックは1階、診療科によっては2階、3階になることが多いでしょう。1階のテナントは一番賃料が高いのが普通です。2階、3階とだんだん安くなり、4階以上はほぼ同じ値段になるはずです。ビル診の場合、4階以上に空きが出たら、そこを借りて院長室とスタッフルームを確保する方法もあります。

追加投資という考え方さえ身につけておけば、開業当初から無駄な投資をすることなく、合理的なコストで開業することができます。なお、院長室やスタッフルームなど診療をしない場所の拡張には保健所の届け出が不要です。レントゲンの追加導入の場合は、保健所への届け出が必要になります。

8 診療机・クランケ椅子・待合椅子に高価なものはいらない

医療機器商社は、診療机やクランケ椅子、待合椅子なども併せて提案してくれます。しかし、診療机も患者様用の椅子も医療用である必要はありません。とにかく、「医療用」と名前がついただけで、割高な値段になることだけは覚えておいてください。

私がお勧めするのは、一般企業で使う机の新古品です。何なら中古でもよいと思います。一般の企業だったら定価6万円前後のものを40%引きくらいで購入しています。

私の会社では中古の机を買っていますが、来社された先生方に「これ中古です」と申し上げても「開業当初は、これで十分だね。中古品でこれだけ綺麗だったら問題ないよね。どうせ開業して5年もすれば全部中古品だから」とおっしゃいます。

でも、先生の椅子だけは投資です。ほぼ1日座って診療されるので、機能の高いものを購入してください。組み立てや調整をしてくれますので、新品のほうがよいと思います。1日の大半は椅子に座って診療をされるので、椅子の性能は重要です。疲れ方が違います。アーロンチェアでも、コンテッサでも高機能で疲れにくい椅子を投資と思って購入されることを強くお勧めします。私も、会社ではアーロンチェア、自宅の書斎ではコンテッサを使っています。疲れにくいからです。

待合室の椅子も、つくり付けの椅子を備え付けるとなると費用がかかります。10年も経たないうちに、椅子の表面が擦れてきて張り替え工事などを行うことになります。表面の張り替えだけでも数十万円かかります。

私が、通常お勧めするのはホームセンターの椅子です。医療用より安価ですし、お好みの色や形が選べます。古くなったら、捨てて新品の椅子を揃えると、いつまで経っても綺麗な待合室が維持できます。医師が、待合室の椅子をゆっくり見ることは少ないと思いますが、待合室の椅子が擦れていたり、汚れが目立ったりしていると、綺麗に掃除して消毒していても患者様の評判は落ち気味になります。

クランケ椅子は、アスクルなどのインターネット通販がお勧めです。こちらも医療用を買うより大幅なコストカットができます。種類がいろいろあり、実際に使われている先生からも好評です。産婦人科や美容皮膚科では少し高級感がある椅子を購入しますが、それも通販かニトリで十分です。クランケ椅子は、機能が十分でデザインが普通であれば誰も文句を言いません。

細かいようですが、求められる機能と品質と価格のバランスを取ることが重要です。業者さんの言われるままに購入せず、求められる機能と品質と価格のバランスを取りながら、ちょっと手間をかけるだけで100万円以上のコストが削減できます。開業となると大きな金額が動くので、細かなものはお任せになりがちです。「給与や貯金から100万円多く出してください」と、普通に言われたら怒りますよね。でも「先生、医療用の備品のお見積もりです」と言われると、100万円以上高い出費なのに、なぜか妥当に見えてしまうのです。

投資すべきところは思い切った決断をしてください。そして業者さんが出してくる提案と価格について、すべてを真に受けないようにしてください。購入するタイミング、購入するモノの機能や価格など、しっかり見極める心構えを持っていただくだけで、クリニック開業では30％以上のコストダウンが可能なのです。

余談ですが、医療機器や電子カルテにばかり目を向けていて、机の発注が遅れて床の上に電子カルテを置いていた事例がありました。机と椅子は真っ先に搬入してもらうことをお勧めします。

9 電子カルテはメンテナンス料や保守内容もセットで検討する

たまに、先生ご自身が電子カルテメーカーに早いうちにコンタクトを取られていることがありますが、電子カルテの選定は、開業場所が決まってからで十分です。今まで述べてきたように、先に取り組むべき課題が山ほどあるからです。

ただ、病院用の電子カルテとクリニック用の電子カルテは異なりますし、機種も非常に多いので、何を重視して選んだらよいのかわからないといったこともあるでしょう。クリニック用の電子カルテメーカーも、勤務医時代にはあまり馴染みのない会社が多々あると思います。

まずはクリニック用の電子カルテを複数社にデモンストレーションしてもらい、操作性やデザインを見比べることになります。ここは先生の好みで選んでくださって結構です。

その次に価格ですが、必ず本体の購入価格とメンテナンス料、保守内容をセットで検討することがポイントです。本体価格は安いけれどもメンテナンス料が高いメーカーもあります。保守内容もさまざまです。電子カルテの価格は、メンテナンスやスタッフへの教育、故障時の対応など、総合的なサービスを含んだ価格です。

そもそも、電子カルテは先生にとってもクリニックの運営上でも、日々の診療に欠かせないシステムであることは言うまでもないでしょう。これを単に安いだけで決めては、競合クリニックに勝てません。

開院前に、インストラクターがスタッフに操作説明してくれるのは必須です。質の高いインストラクターをしっかり活用して、開院前に十分なシミュレーションをすることをお勧めします。万が一、電子カルテが止まった場合のシミュレーションも行ってくれます。

保守が薄い場合は、何か問題が起きたときに、基本的にすべて医師みずからが解決するしかありません。診療報酬やパソコンの知識も必要となります。一応、サポート会社はありますが、技術的な相談にしか乗ってもらえません。もちろん診療報酬改定時の電子カルテのデータ更新なども重要です。保守が薄い場合は、先生ご自身がやることになります。パソコンに強い先生は自分でやると割り切って、ここで節約される場合もあります。

また、最初に選んだ電子カルテ業者を永遠に使い続けなければならないわけではありません。各社のデータが入れ替え自由になれば医師にとっては便利なのですが、電子カルテメーカーの都合で他社の電子カルテにデータ移行するサービスは行っていません。しかし、まったく別の新興企業がデータ移行サービスを行ってくれます。

昔は、一大決心をして電子カルテを入れ替えたものですが、現在は気軽に入れ替えができます。電子カルテが古くて使いにくくなったら、デモンストレーションを見て、操作性を確認し、購入価格とメンテナンス内容とメンテナンス価格を見て決めれば足ります。購入価格だけで交渉するとメンテナンス料が引き上げられるのは前述した通りです。

第7章

クリニック開業[実践]ガイダンス

ライバルに勝つ!

ホームページのつくり方・運営の仕方

或るドクターとコンサルの会話——7

Dr.間　椎原さん、おかげで開業場所が決まりました。

椎原　コンセプトに沿った〝良い場所〟が見つかったみたいですね。ところで先生、クリニックのホームページはどうされるんですか？

Dr.間　もうホームページですか？　ずいぶん気が早いですね。

椎原　いえいえ、ホームページは大切な集患のツール、クリニックの生命線です。そのために、開業準備とホームページ制作は上手にシンクロさせて進める必要があるんです。

Dr.間　？？？

椎原　先生はどんなホームページが良いホームページだと思いますか？

Dr.間　当然、なるべく綺麗で見栄えの良いものがいいと思います。

椎原　もちろんホームページは、患者さんの目に留まる綺麗なデザインであることは大切です。でも、どんなに綺麗なホームページでも患者さんに見られないホームページでは意味がありません。

Dr.間　それはそうですね。

椎原　そのためには、Google などの検索エンジンに良いサイトだと判断されて、検索したときに、クリニックが検索結果の上位に表示されるように、時間をかけて準備していく必要があるんです。

Dr.間　なるほど。でもWEBは門外漢だし、知り合いのWEBデザイナーに頼もうと思っています。

椎原　そのお知り合いの方は、クリニックのサイト制作や管理の専門家ですか?

Dr.間　何件かのクリニックのサイトをつくった実績はあるようです。とても綺麗にできていました。

椎原　では、そのお知り合いの方は、スタッフ採用に長けていらっしゃいますか?

Dr.間　個人で独立しているWEBデザイナーなので、スタッフ採用は経験がないと思います。

椎原　ホームページは集患対策とスタッフ採用に非常に重要なツールです。クリニックの経営を左右する患者さんとスタッフへの訴求効果を分析しながら更新し続けなければなりません。それと、法令の改正でホームページの広告規制もできました。

Dr.間　スタッフ採用に関わる上に、法律の規制までできたんですか? ぜひ、詳しく聞かせてください。

椎原　わかりました。では説明していきましょう。

1 開業場所が決まったらクリニック名を考える

開業場所が決まったら、クリニック名も決めましょう。「ずいぶん気が早くないか?」「他にやることがいっぱいあるだろう!」と思われる方が多いと思いますが、それは普通のクリニック開業の手順です。

〝勝つクリニック〟を本気でつくるためには、ここが大きな試金石になるはずです。クリニック名を早めに決めるのは、ホームページのドメインを取得するためです。患者様集めから、スタッフの募集に至るまで、クリニックのホームページは経営に直結する時代が来ています。

まず、クリニック名を決めるのは、それにふさわしいドメインを取るためですが、それだけではありません。ネーミングの戦略が必要となります。

苗字が佐藤だから、わかりやすく「佐藤クリニック」というネーミングも今までは通用しました。しかし当然ですが、「佐藤クリニック」はお勧めできません。「佐藤クリニック」で検索するとかなりの数の佐藤先生が出てきますし、場合によると、他の佐藤クリニックもしくは佐藤医院と間違われる可能性があるため、保健所で受け付けてくれない場合があります。たとえ保健所で通っても、今度は医師会で訂正協力を求められることがあります。

ろです。

「佐藤クリニック」は極端な例にしても、名前を使うのか、使わないのかは、判断の分かれるところです。

私の関わった例では、2代目のクリニックで診療科目も親と同じ、その地域では知られているクリニックだというなら名前はすでにブランドですから、苗字を使わない手はありません。また、親が学校の校長だったという先生もいらっしゃいました。ちょっと珍しい名前だったので、地域の人はその先生に教わった人もいるし、校長先生として多くの人が知っている。これも立派なブランド戦略なので苗字を使いました。

ありふれた苗字の場合、フルネームをクリニック名にするという手もあります。地元の人は、ほとんどの人が知っているので、良い選択だと思います。「○○胃腸科・内科クリニック」など、診療科目や専門、地域名を入れたネーミングも患者様にとってわかりやすく、GoogleやYahoo!で検索したときに優位に立ちやすい名前です。

ただし、医師会によっては名称が取り合いになって紛らわしいので、地域名や診療科目を入れたクリニック名を禁止している場合もあります。同様の理由で、保健所で受け付けないケースもあります。

クリニック名を決める際には、検索エンジン対策（SEO対策）に詳しく、地域の医師会情報や保健所の受付に詳しい方に相談することをお勧めします。ネーミングは重要な経営戦略のひとつです。できれば、開業後の経営戦略も一緒に考えてくださる方と相談しながら決めるとより評判が取りやすいでしょう。

クリニック名が決まったら、その名称に近いドメインを取得しましょう。１日でも早いほうが有利です。Googleが検索順位を判断する基準として、ドメインの古さがひとつの基準になっています。それだけ長い期間運営されていたサイトだと評価されるからです。

2 成功を左右するホームページの制作はプロに任せる

繰り返しになりますが、患者様集めからスタッフの募集に至るまで、クリニックのホームページはあらゆるクリニックの経営に直結する時代がすでに来ており、今後は一番お金をかける分野になっていきます。

それを安くするために、知り合いに頼むのは安易すぎます。駅の看板にお金をかけるくらいだったら、サイト作成にお金をかけてください。駅看板の１００倍くらい効果を発揮します。私が10年前に取ったアンケート調査でもその差は明らかです。

ホームページを知り合いに頼もうと思っている先生、今やクリニック広告の第一選択はスマートフォンに対応したホームページです。

医療情報にアクセスするために、スマートフォンを使って医療情報サイトや医療機関のサイトにアクセスする人が増えています。クリニックのサイトを管理しているとアクセス数が年々増えていることが見て取れます。

これはホームページを見にきた人がどんな端末でアクセスしてきたかがわかる「アクセス解析」からも明らかです。特に小児科や婦人科ではスマートフォンからのアクセスが80％以上というところも珍しくありません。

しかし、医療機関でスマートフォンに対応したサイトを持っているところはそう多くはありません。小児科などの順番待ち予約システムのついでに、スマートフォン用サイトがあるくらいです。試しに、先生のスマートフォンで医療機関のサイトを見てください。スマートフォン対応していないところも多いことがご理解いただけると思います。

現状、多くのライバルクリニックはホームページの有効活用にほとんど無関心です。とりあえずつくっておく、綺麗な見栄えであればよい、わかりやすければよいというレベルです。ここで大きな差がつくのです。

ホームページ制作者が、前述の「アクセス解析」（アクセスする人の行動の分析）に基づいて、対策を提案できて医療の専門性を持っているか、よく判断してください。

患者様がどのようにスマートフォンを使ってクリニックにアクセスするのか？　どのような検索方法を使うのか？　キーワードの組み合わせは何が1番なのか？　押さえるキーワードは何か？　看護師はどのようにして転職先をスマートフォンで探すのか？　どうすれば、看護師にクリニックのサイトにアクセスしてもらえるのか？　看護師はどのような条件を重視してクリニックを選択するのか？　医療事務はどうか？

クリニックが評判を取れる勝ち組になるのか、普通のクリニックに沈んでしまうのかは、サイト制作業者の選択にかかっています。客観的にクリニック用のホームページの制作・運用で高いノウハウを持った会社はあるはずです。

できたら、患者様目線のノウハウを持った、クリニックの経営に詳しい企業を選ぶ必要があります。アクセス数だけでなく、それがどれだけレセプトに結びついているのか解析できなければ長期的な成功はあり得ません。

さらに、2018年6月より、ホームページも医療広告の対象になりました。意外に思われるかもしれませんが、これまでホームページは医療広告の対象外でした。それは、医療広告の定義に「認知性」（見る意図はないけれども、目に入ってしまう状態）が含まれているからです。ホームページは、あくまでユーザーが知りたい情報を調べた結果、たどり着く媒体であるため、これまでは医療広告とは見なされていませんでした。

ところが、美容医療を中心に、インターネット上の情報をきっかけとしたトラブルが増え続けていることから、ホームページも医療広告の対象に含まれることになったのです。

この結果、体験談や患者様の声、キャンペーンなどの値段を強調した表現、治療前後の写真（ただし、補足説明が十分であれば可）などは掲載できなくなりました。どれも患者様の興味を引きやすい内容でもあるため、規制を知らなければホームページへの掲載を勧めてくる業者も考えられます。ホームページ制作をする際には、制作側が医療広告に精通しているかもどうかも見極める必要があるでしょう。

3 ホームページの制作は開業準備の進度に合わせて進める

ホームページ制作と開業準備は、上手にシンクロさせる必要があります。

勢いよくホームページは90％完成したけど、クリニックの見取り図面もできていないようでは、その後の更新速度が低下してしまいます。徐々にトピックを作成し、その間に開業に関してさまざまなことを決めていかなければなりません。開業後のことも考慮して、無理のない更新速度で制作を進める必要があります。

ほとんどのホームページ制作業者は短期間で制作することでコストを抑え、自社の利益を最大化します。しかし、クリニックにとっては、開業のスピードに合わせて準備期間（8ヶ月から1年6ヶ月ほど）をかけて作成してもらう必要があります。短期間で作成され、その後の更新がほとんどなければ、管理されていないホームページということで、検索エンジンからの評価が下がります。制作会社の都合でスケジュールを決めるのではなく、クリニックの開業準備に合わせてホームページ作成をしてくれる業者を探すことが重要です。

「クリニックの開業準備に合わせて制作期間を9ヶ月（実際の準備期間）取ってくれますか？」と聞いて、「もちろんです」と答えてくれる業者なら合格です。

ただし、レンタルサーバーとドメイン登録はすぐに行ってください。ホームページのデザインは後回しでも、まずは文字だけのサイトでもよいのでホームページ制作に取りかかり、期間をかけて内容を充実させていくことです。

4 スタッフ募集の成否は開業前のホームページで決まる

開業の手順を考えてもらえばわかりますが、オープン前は患者様集めより、スタッフ募集です。ですから、サイトづくりはオープニングスタッフ募集のために行うことになります。

スタッフ募集時に完璧なクリニックのホームページが完成していて、スマートフォンにも対応していれば、採用は非常に楽になります。ほとんどのライバルは、スタッフ募集時点どころか、クリニックのオープン時までに完成していません。スマートフォン対応が終わっていない（そもそもスマートフォン対応するつもりもない）クリニックが大量にあります。

スタッフ募集の入り口はスマートフォンでの勝負です。今や55歳以下の人なら、たいていスマートフォンを持っています。子どもとの連絡に必要で、子どもから持つように勧められるからです。40歳以下なら、普通に使っています。お母さん同士の連絡も、スマートフォンが普通に利用されるようになりました。今やスマートフォン以外の携帯を使用しているのは、60歳以上の年代の人に限られつつあります。

クリニックに勤務する40歳以下のスタッフを集めようと思えば、最初のアクセスはスマートフォンから行われます。そして、より詳しい情報をパソコンで集める人もいれば、そのまま全部スマートフォンだけという人もいます。

産婦人科や小児科、皮膚科などは、スマートフォンで若いスタッフを集められるかどうかで開業後の成否が決まってきます。糖尿病内科や整形外科、泌尿器科であれば若いスタッフにこだわる必要はありませんが、それでもスマートフォンを利用する人のほうが多くなってきています。

目標は優秀なスタッフの採用です。普通のクリニックは労働条件が書かれている程度の募集広告しか出しません。こちらが取る対策は、「ぜひ、働いてみたい」と思ってもらえるホームページ制作ということになります。ここで手を抜いてしまうと、いざ採用活動を始めても、看護師の応募が1人もない場合もあります。看護師の採用はそのくらい難しいものなので、そうならないように、しっかり開業前にネット戦略を立てることが肝要です。

5 開業前から患者様に響くトピックをアップする

クリニック名が決まってドメインを取得しても、それだけでは意味が薄れます。できれば、1ページだけでもよいので診療科に関する情報をアップすることです。

これが開業する前から効果を発揮するのです。ほとんどのクリニックは、スタッフの採用が終わって一段落した頃からホームページの開設準備に取りかかります。広告の一部と思っているからです。確かに広告の一部ですが、クリニックの内覧会（クリニックのオープン前に近所の方にクリニック内を見学してもらうイベント）のお知らせを配る頃には、ホームページが完成していなければ患者様に検索してもらえません。

ホームページの中身のつくり込みの手順は、患者様に読んでもらいたいコンテンツづくりから始めることになります。過去に、執筆を依頼された文章などがあったら、それを書き直して、できるだけ400字から800字くらいにまとめてください。それ以上長くなると、スマートフォンではかなり読みにくくなりますし、パソコンでもスクロールしないと読み切れません。せめてパソコンでも2スクロールくらいで全部見られるように文章を作成します。

専門性の高い事柄をそんなに短く表現できないことは当然です。コツは、診療科別の「主訴（症状）」から書いてみることです。患者様の「なぜ？」に一番近いところからトピックをスタートできるからです。器官や臓器の説明から始めると、教科書のようになってしまい、患者様の「治したい」からは遠いアプローチになってしまいます。

先生方も、知りたい情報から離れた所から始まっているホームページだったら、すぐ別のページに移動してしまうでしょう。

患者様も同じです。すぐに知りたい情報が見られるように、患者様が知りたいコンテンツづくりをすることが必要なのです。

例えば、耳鼻咽喉科では「耳に水が入った」ことに関するトピックが患者様を集めるために重要です。一般的に耳鼻咽喉科では、夏場は患者様が減ります。でも子どもがプールに行って耳に水が入ってなかなか出ないとき、心配されて検索する親御さんは非常に多いのです。外耳を傷つけないようにするアイデアを掲載すれば、これで口コミが取れます。お母さん同士で情報を広げてくれるのです。

このトピックには、実際に耳に水が入ったような感じが続く内耳の炎症や耳管の炎症など、疑われる疾患も呼び込むことができます。わかりやすく説明し、詳しく知りたい方のためにより深い情報を別ページに表現していくのです。

実際、茨城県のひたち野うしく駅近くで耳鼻咽喉科の開業コンサルティングを行ったことがあります。ホームページにこのトピックを掲載していたら、開業当初、高齢の女性が息子さんの勧めで水戸からこのクリニックに来られたことがありました。水戸からひたち野うしくまでは、電車に乗って片道1時間近くかかります。間にはいくつもの耳鼻咽喉科があります。それでも息子さんが水戸に住まわれる母親の耳の状態を心配し、選んだのがこの耳鼻咽喉科だったのです。

多くの人が知りたい応急処置などを記載することは、アクセス数を伸ばすことにつながります。Google側が良いサイトだと判断して、上位に表示してくれる可能性が高くなるからです。上位表示されるとクリックされる可能性が高くなり、結果として来院患者様を増やす効果が期待できるのです。

開業前のまだ秘密の段階、場所が決まったばかりの状況でも、開業後を見据えて「病気」や「治療」のトピックを作成することはできます。患者様から聞かれればいくらでも話せるんだけど、書くとなるとまったくトピックづくりが進まないという先生がいらっしゃいます。

その場合は、医療従事者でないご家族や若い人に協力してもらってください。インタビューというとお互い緊張してしまうので、何でもよいから質問してもらうようにすると、良いトピックができ上がります。

若い人だと、「先生はどうして医師になろうと思われたんですか？」など、素晴らしい質問をしてくれます。自分で話したことを録音して書いてみてください。人に聞かせる必要はありません。そういったトピックが、患者様にウケますし、採用しようと思う医療事務さんや看護師さんの心を打ちます。

「なんで、この場所で開業されようと思ったんですか？」といった質問にも意味があります。きっと「実は、この近くで育ったから」とか、「前にこの近くの病院に勤めていたことがあって、なかなか連携できる良いクリニックがなくて、患者様が困っていたから」など、いろいろあるでしょう。

また、「何でこの診療科を選んだのか？」というのも良いトピックです。患者様としては聞いてはみたいけど、とても恐れ多くてそんな突っ込んだ話はできないと思っているからです。

私は、トピックづくりのとき、必ずこの質問をします。ある産婦人科医は「人が道に倒れていたとき、まったく何もできない医者にはなりたくなかった」と答えてくださいました。さらには「生命の誕生に妊娠から立ち会える」とか、「他の診療科だと、人間が老化する中で自然に起こる疾患を治療し続けても、最後は老化や病気に勝てなくなることがある。産科は、母体と胎児を守ることが主な仕事だから。おめでたいことに向けて努力して結果が出せるから」など、それぞれの診療科でさまざまな個性あふれる感動的な話を聞かせていただきました。

ぜひ、患者様から親しみを持ってもらうために、そんなトピックも作成することをお勧めしたいと思います。「自分を美化しているから嫌だ」とおっしゃるなら無理は言いません。でも本音なんですから、患者様は尊敬してくれるし、親しみを持ってくれます。ファンをつくることもひとつの仕事です。

6 患者様がどんどん吸い寄せられるトピックとキーワード

芸能人が何らかの病気になったとメディアで報道されると、一気に検索が増えます。例えば、「進行性乳がん」というワード。テレビでこの疾患が取り上げられた瞬間からインターネット検索は一気に増えます。また、クリニックのホームページに、その疾患の検査などについて記載があれば、一気にアクセス数が増え、患者様が増加します。

パニック的な受診行動を狙おうと言っているわけではありません。患者様がさまざまな検索をしたときに引っかからなければ、ホームページはないのと同じです。日頃から、患者様目線でコンテンツを作成しておくと検索してもらえることが増えるので、そういうコンテンツづくりが重要だと強調したいのです。

例えば、「乳がん」のトピックは婦人科クリニックのホームページでも取り上げておくことをお勧めしたいと思います。患者様の目線では、「乳がん」は外科領域と思われる人より、「産婦人科」領域だと思っている人のほうが多いのです。産婦人科クリニックに「乳がん検診を受けたい」と問い合わせてくる患者様は多く、ホームページのトピックに「乳がん」のキーワードの入ったコンテンツがあれば、かなりのアクセスがあります。

都心では、「乳腺クリニック」とかなり専門特化したクリニックが開設されるようになったため、まっすぐそちらに行く患者様が多いでしょう。それでも、産婦人科クリニックに「乳がん」のトピックを入れると2つの効果が期待できます。

1つは「乳がん検診」は外科領域であり、産婦人科では普通検査できないことを知ってもらえ、医療事務さんの問い合わせ対応が減ります。もう1つは、若い女性は「子宮頸がん」の検査をしたほうがよいことを関連トピックによって知らせ、受診を促せることです。ついでに「子宮体がん」のトピックも作成しておくと読んでもらえます。

患者様がどのようなキーワードでどの診療科に行くのか、それを知ってキーワードを設定し、トピックを作成する必要があります。

消化器内科では、普通に「上部内視鏡」や「経鼻内視鏡」などと表記されることが一般的です。しかし、患者様が「経鼻内視鏡」と検索することは稀です。普通は「胃カメラ」で検索します。「胃カメラ　苦しくない」とか、「胃カメラ　つらくない」などと検索することもあり、医師が思っているキーワードが患者様にとっては何の役にも立たないことがあります。最近は、半ばこのことは常識となりつつありますが、未だに「上部内視鏡」と表記したまま何年も情報更新をしていないホームページもあります。

「眠れない」は精神科のプラチナ・キーワードですが、一般内科でも「眠れない」のトピックを作成してもよいかもしれません。特に、新規オープンのクリニックは間口を広くして、まず知ってもらう、受診してもらうことが重要なので、このようなトピックを作成するのも方法です。高齢者で不眠を訴える患者様が精神科に行かず、一般内科に行かれることがあるからです。

何でも患者様を取り込めばよいというものではありませんが、「お気軽に受診してください」とひと言添えておくだけで、不眠には触れず、高血圧の受診をしてくれる患者様がいたりするのです。そこから先は、医師の判断により自院で治療するのか、他院を紹介するのかを判断していただきたいと思います。

都心では、睡眠時無呼吸症の専門クリニックが開設されたりしていますが、郊外ではなかなか成り立たないでしょう。テレビなどでも放送されますが、「睡眠時無呼吸　専門」などのキーワードで検索する患者様は多くいらっしゃいます。「眠れない」から、呼吸器内科のクリニックにたどり着く患者様もいらっしゃいます。

「長引く咳」は、呼吸器内科だったら必ず押さえたいキーワードですが、思わぬ患者様が大量に押し寄せるようになった循環器内科・呼吸器内科があります。オープン前から少しずつトピックを積み上げた結果、「長引く咳」で、風邪のお子さんが大量に押しかけるクリニックになったのです。

たまたま、インターネットでお母さんが検索した結果、数名の風邪のお子さんが来院され、咳を止める処方をされたそうです。お母さんが「すごい先生だ」とママ友にメールしたところ、小児の患者様が一気に増え、冬場になると外来患者様が１００人を超えるクリニックになりました。当然、普通の喘息や循環器の患者様も増加してくれるようになってはいきましたが、２名の医師で、外来

200人のクリニックになってしまいました。お母さんの口コミがあっという間に広がった事例のひとつです。

患者様を集めるトピックは、流行っているクリニックのホームページを見ればわかります。アレンジして、徹底的に参考にするのが成功への近道です。丸写しでは品格を疑われますが、そもそも保険診療をベースにした標準治療を行えば、トピックが重複するのが普通です。

また、他のクリニックに掲載していないようなトピックがあれば、試しにつくってアクセス解析を見てみましょう。患者様のアクセスが増えるということは、患者様が検索するキーワードであるということです。反応が少なければ、削除すれば済む話です。

「耳に水」が耳鼻咽喉科の患者様に受けるトピックだったり、「痛くない大腸検査」が大腸肛門科や消化器内科の患者様にウケるトピックだったりと、こうした経験則と統計によって評判の取れるキーワードとコンテンツはつくられていくのです。

スマートフォンしか見ない人もいるかもしれませんが、一定の割合でパソコンでも見られています。数年前ですが、私に説得されて、とりあえずホームページを持った整形外科がありました。問診票をダウンロードできるようにしたところ、何人かの新患患者様がダウンロードした問診票を持って来るようになったのです。

翌月から、院長のホームページに対する意気込みが変わりました。高齢者の多い整形外科なので、ホームページを見て来院する患者様が多いとは思っていなかったのですが、アクセス数やページでの滞留時間などから、かなり多くの人がその整形外科のホームページを見ていることは把握していました。だから、問診票をダウンロードできるようにすることを提案したのです。

サイトを作成したら、アクセス解析も必須です。どのようなキーワードでどこから来るのか、直帰率（一旦ホームページに来たもののすぐに他に出ていってしまった人の率）、滞留時間などを分析することもＳＥＯ対策を行うために重要です。

前に述べた「耳に水」のキーワードも、ホームページのアクセス解析から重要であることが理解できたのです。

妊婦健診の補助などは地域によって異なります。母子手帳と一緒に妊婦健康診査受診票、いわゆる「補助券（妊婦チケット）」が交付されるのですが、自治体によって助成内容や費用は異なります。東京都などは市区町村によって差はないようですが、県によっては市区町村ごとにバラバラな所もあるのです。

ホームページにはこのような注意を記載しておいたほうが患者様に親切で、トラブルも少なくなります。一般的なＳＥＯ対策からは外れるかもしれませんが、患者様に親切なホームページづくりという点では重要なことです。

7 ネット上で目立つためにホームページはまめに更新する

クリニックのホームページには、つくりっぱなしのサイトが大量にあります。そこで逆に、情報更新をきちんと行うサイト管理を目指していけば、患者様に対して親切なホームページがつくれ、インターネット上では圧倒的な勝ち組になっていけます。

ホームページの情報更新頻度が高いほうが検索エンジンから高い評価を得られます。ですから、コンテンツをアップしていく際にも、5つのトピックを一度にまとめてアップするより、5回に分けてアップすると更新頻度が高いと見なされます。開業場所が決まり、退職の話を公にするまでは、病気や治療の情報（開業後に患者様に見てもらう情報）を少しずつつくってはアップすることを継続することをお勧めします。

いよいよ退職の話もついたとなれば、堂々と名前も出して医師が書いていることをGoogleにも認識してもらい、コンテンツを増やしていくことになります。

忙しくてトピックをつくる時間が取れないときは、経歴などを1行増やし、トップページにお知らせを掲載しておけば、一応更新と見なされます。

現在、Googleはサイト内のテキスト情報をある程度把握し、内容を識別しています。昔から、ファイルを更新すると更新日時がわかりますから、放置されたサイトなのか、情報更新されているサイトなのかは識別していました。更新が頻繁（と言っても、最低月に一度くらいで、毎日更新する必要はありません）にされていると、クリニックのサイトとしては価値が高いと判断されて上位表示されていきますし、「クローラー」と呼ばれる、世界中のありとあらゆるサイトを巡回して内容を回収し、結果をデータベースに反映してくれる検索ロボットが、更新をきちんと発見してくれるので、スタッフの募集情報を掲載した際、きちんと検索に反映されるようになっていきます。現在Googleでは、月に90回まで「クローラー」を呼ぶことが許されています。

ですから、情報戦略をきちんと立てて、開業前からホームページに情報を追加し、更新を行って検索エンジンから高い評価を水面下で取り続けているクリニックと、開業してからのんびりサイトづくりを始めるクリニックでは、スタート前から勝負が決まっているのです。

さらにホームページをしっかり構築し、適切な運営をしていくと、医療事務の業務量の軽減につながります。クリニックには患者様からさまざまな問い合わせがありますが、院内広報でホームページがあることをしっかり伝え、患者様に見ていただくように促すことで、問い合わせがある程度抑制できます。

院内掲示も大切ですが、ホームページを見てもらえるような工夫をすることで、院内掲示と同じ内容を伝えることができ、問い合わせが減るのです。完全予約制のクリニックでは、予約専用電話回線と一般電話回線を分けて、予約回線でのお問い合わせはご遠慮いただき、一般回線かホームページの閲覧を促すことなども考えられます。

「お知らせ」の項目をしっかり更新すれば、「インフルエンザの予防接種がいつから始まるか」といったことや、診療時間、臨時休診の問い合わせなどは減らすことができます。

順番待ち予約システムを導入するクリニックなどでは、混み具合の問い合わせがなくなります。ただ、メールの活用は慎重に検討していただきたいと思います。行き違いや、トラブルの発生が懸念されるため、メールでの対応は慎重にすべきだと考えます。

このようにクリニックのホームページはかなり活躍します。一般の企業が必死に活用しており、歯科医院は経営の存続をかけてホームページの運営を行う時代になっています。医科クリニックだけが例外でいられる時代は終わりました。

8 クリニック開業と同時に検索トップになれる方法

〝勝ち組開業〟を目指すなら、開業と同時に、複数キーワードでのトップを狙いに行きます。「○○市　○○クリニック」と、地域名とクリニック名で検索したとき、開業前に検索トップが取れていなければ、急いで問題点をチェックして対策を打つべきです。医師会に加入される場合は、医師会のホームページからもリンクを張ってもらうと効果を期待できます。自院のサイトにリンクを張ってもらうことも、検索エンジンからの評価を高めるからです。

都道府県の医療機能情報提供サイトからも、リンクを張ってもらえることがあります。反映されるまで時間はかかりますが、開業と同時に医療機能情報提供制度に基づき、都道府県担当者あてに、医療機能情報の報告を行ってください。その際、ホームページに向けてリンクを張ってもらえる手続きについても聞いてください。中には、リンクは有料のところもあります。まずは無料のところのみで構いません。

また、院長のブログも有効です。ブログをやっていらっしゃれば、そこからリンクを張るのもお勧めです。しかし、ブログで歴史の浅いものは、検索対象外になっていますので、そこからのリンクは意味が少ないと思われます。ブログがない先生は、無理して今からブログを書く必要はありません。しかし、Facebookくらいはやっていらっしゃいませんか？　やっていなければ、アカウントだけ作成されることをお勧めします。そして、ホームページ制作業者に依頼し、クリニック専用Facebookページを作成してもらい、そこからリンクを張ってもらい、その上で院長も管理者として追加してもらいます。

付け焼き刃的な対策は、かえって順位を下げる結果になりかねませんので、くれぐれも気をつけてください。きちんと診療し、真面目に経営していくことが第一です。クリニック情報を勝手に掲載するサイトもありますので、普通にしていれば被リンク数は増えていきます。

大切なのは、クリニックがオープンしてからも、きちんとお知らせを記載したり、トピックを増やしたり、更新を怠らないことです。

そして問題は、スマートフォン対策です。Googleは、スマートフォン対応を推奨していますが、スマートフォン用サイトがあるからといって上位表示するとは言っていません。しかし、スマートフォン用サイトでも検索順位の競争が起こることは間違いないところです。

さらにスマートフォンの進化はまだまだ進むでしょうし、通信規格も世界で統一される方向になってきました。Googleも、検索結果はスマートフォンに判断基準を変えて表示することを伝えています。アップルが一人勝ちする時代は終わりに向かうかもしれませんし、ますます寡占化が進み、スマートフォン用検索がGoogleでなくなる可能性もあります。

検索トップを目指すのは、勝ち組のクリニックだけです。勝ち組同士のトップ争いにおいて、一番重要なのがコツコツとした内容の充実です。一度にお金をかけて大量にコンテンツをつくるのではなく、毎月1つでも2つでもトピックを増やし、何かが話題になってアクセスが急に伸びたときには関連コンテンツを増やして、閲覧数と滞留時間（トピックを読んでもらう時間）を増やす工夫をすることです。王道を進むことが一番の検索エンジン対策になります。

開業は、スタートラインに立つことです。開業してからが本番です。開業と同時に、インターネット戦略だけでなく、さまざまな広告戦略も考え続けなければなりません。例えば、動画制作も有効なプロモーションのひとつになります。

第8章

クリニック開業［実践］ガイダンス

効果のある広告の出し方

無駄はしない！

或るドクターとコンサルの会話――8

Dr.間　集患対策としてホームページが重要ということはわかりました。しかし、インターネット対策だけで十分なのでしょうか？　地域の人の目に触れて知ってもらうことも大事ですよね？

椎原　例えば、どんな広告が必要と考えてますか？

Dr.間　駅構内の看板や電柱広告などは定番ですよね。

椎原　先生が日頃ご利用なさる駅の看板で、クリニックの名前をいくつ覚えていらっしゃいますか？

Dr.間　だいたい乗る場所が決まっているので、開業を決めてから意識はしていますが、３つぐらいですね。

椎原　開業を意識される前は、ほぼ見ていらっしゃいませんでしたよね。普通の患者さんも、駅のホームではスマートフォンを見ているので、駅の看板はほとんど見ていません。

Dr.間　確かに若い人から中年層くらいまでは、駅でスマートフォンを見ている人が多いような気がします。

椎原　電柱広告も、今は車社会になっている上に、電柱の地中化工事も進んでいて、さらに、歩きスマホが問題になるぐらいですから、電柱広告を意識している人はほとんどいませんね。

Dr.間　定番の広告は、すでに時代遅れなんですね。

椎原　「○○整形外科にはこちらのバス停が便利です」といったバスの音声広告などは、今でも効果は期待できます。郊外や地方に行けば、渋滞する場所や必ず信号で止まる場所の野立て看板も一定の効果はあります。定番だからと言って安易に決めるのではなく、開業場所の特性を考える必要があります。

Dr.間　費用対効果をしっかり考えてみるということですね。

椎原　そうです。広告の出し方によって、開業後に月30万〜50万円くらい広告費に差が出てきます。定番だからと安易に決めるのではなく、しっかり検討してみませんか？

Dr.間　ぜひ、聞かせてください。

椎原　わかりました。では説明していきましょう。

1 費用が無駄になるやらないほうがよい広告

広告を出す際に大事なことは「費用対効果」を把握することです。新規の患者様に「何でクリニックを知って（見て）来院されましたか？」とアンケートを取ることをお勧めします。高い費用を払っているのに、実はそれほどの広告効果がないものもあります。

次に挙げる広告を全部止めることで、月額30万円から50万円くらいの広告費の削減ができます。すでに出してしまっているクリニックでは、なかなか削減する決断がつきにくいものです。また広告を出していることを忘れてしまって、そのままになっているクリニックも多く見受けられます。これからオープンするなら費用対効果をしっかり見極め、効果の少ないものは関わり合いにならないことです。

①駅看板

駅の看板の広告主は圧倒的に医療機関です。定番とも言える駅看板ですが、最大のネックは費用が高いことです。看板の制作料だけで30万円以上するはずです。月々の広告料も5万円はくだらないと思います。郊外の各駅停車しか停まらない駅はもう少し安い場合もありますが、ＪＲのターミナル駅だと半年で３００万円以上します。

これだけの費用をかけて患者様は何人くらい来てくれるでしょうか？　ゼロということはないでしょうが、年間で数人程度なはずです。コストと診療報酬を考慮すれば、必ずコスト倒れです。

では、なぜ他のクリニックは駅看板を止めないのでしょうか？　答えは簡単です。効果測定をしないからです。また将来的には、都心部の駅看板は徐々にデジタルサイネージ（表示と通信にデジタル技術を活用して平面ディスプレイ情報を表示する映像広告）に置き換わっていくことでしょう。そうなると、広告料を支払ってくれる大手企業向けの広告媒体となり、郊外の駅でのみ駅看板が残ると思われます。

②電柱広告

クリニック広告の定番と言えば電柱広告です。クリニック開業の際、営業されることも多いですし、感覚的に電柱広告は出したほうがよいと思っている先生も多いように思います。

私は、都市部であれば基本的に電柱広告は出さなくていいと考えています。広告の効果が見込めないからです。クリニックの建物に看板をつけられないとか、曲がり角の目印に必要な場合を除き、電柱広告は不要です。先生ご自身が電柱広告をどれだけ覚えているでしょうか？　少し都心から離れると移動に車を使うことが多くなります。そうなると電柱に目を留める人などほとんどいないことになります。

電柱広告を出す場合は、出す場所が大事です。クリニックの目の前の電柱広告くらいは、良い目印になるので、確保してもよいかもしれません。

クリニックの置き看板は、敷地内に置かないと撤去を促されます。置き看板が目立ちにくい場合など、電柱広告は1本だけ役に立ちます。また、奥まったところにあるクリニックなどでは、曲がり角に目印として1本確保するのも方法です。

広告会社はよく電柱広告を30本から40本まとめて出すよう提案してきますが、場所と効果を考えるべきです。

例えば開業直後に、駅からクリニックまでの道なりに複数本出すのはよいかもしれません。それでも出しっぱなしではなく、きちんと管理をして一定の時期が来たら見直しをして必要最小限のものだけを残すべきです。

③消火栓広告

消火栓の印の赤いポールに広告スペースがあります。医療施設やサービス業などの店舗への誘導としての利用が多いようです。消火栓広告自体が赤く目立つため、無意識に視界に入ると言われていますが、実際は電柱広告より高い位置に広告スペースがあるため、患者様への訴求力はあまりありません。

④電話帳広告

先生、電話帳は使っていますか？ 現在、電話帳を持っている家庭はごくわずかです。インターネットでいくらでも検索できるからです。パソコンもスマートフォンも持っていない高齢者は、電話帳を使っていることがあります。それでも、電話帳で調べて新しくできたクリニックに行く人は、ほとんどいません。その年代の高齢者は、今まで通っているクリニックに通い続けるのです。

医師も高齢化して医療も古くなっているかもしれませんが、高齢の患者様にとっては慣れた治療が安心でよいのです。不満を持つ高齢者は、口コミで別のクリニックに行ってしまいます。口コミの発信源はインターネットも使える人です。NTT各社はｉタウンページに掲載されるから、広告効果があると主張しますが、ｉタウンページを見られる人は、直接クリニックのサイトに行っています。

2 効果が期待できるやったほうがよい広告

ホームページを持っているからといって、広告費を一切支払わなくてよいということではありません。コストをかけずにどのような広告を打つかは、広告戦略においては重要なポイントです。ここでは、費用もそんなにかからず宣伝効果も高い広告を紹介します。

①インターネット広告

インターネット広告は効果が期待できます。診療科目にもよりますが、ネット広告の出し方によって検索数が増えることはわかっています。

しかし、せっかく広告費を払っても肝心の自院のホームページの内容が患者様の期待に応えられる内容でなければ、読んでもらえません。ホームページ制作は、ノウハウと実績を持っている業者を選定して依頼するべきで、医師が片手間で対応することは難しくなっています。

②クリニックカード

クリニックカードとは、クリニックの情報を記載したカードです（次ページ参照）。クリニック名、電話番号、住所、地図、診療時間、診療科目、診療の案内などを記載した印刷物です。大きさは名刺の大きさ2枚分を横向きに倍にしたもので、名刺くらいの厚さの紙を利用します。口コミの取りやすい診療科では、意外にこうした紙媒体も活躍します。

クリニックの受付カウンターなどにも置いておき、患者様に自由に持ち帰ってもらえるようにしましょう。

カードホルダーは、できれば透明なアクリル製で、カードが見えやすいように立てられる容器を

クリニックカードの例

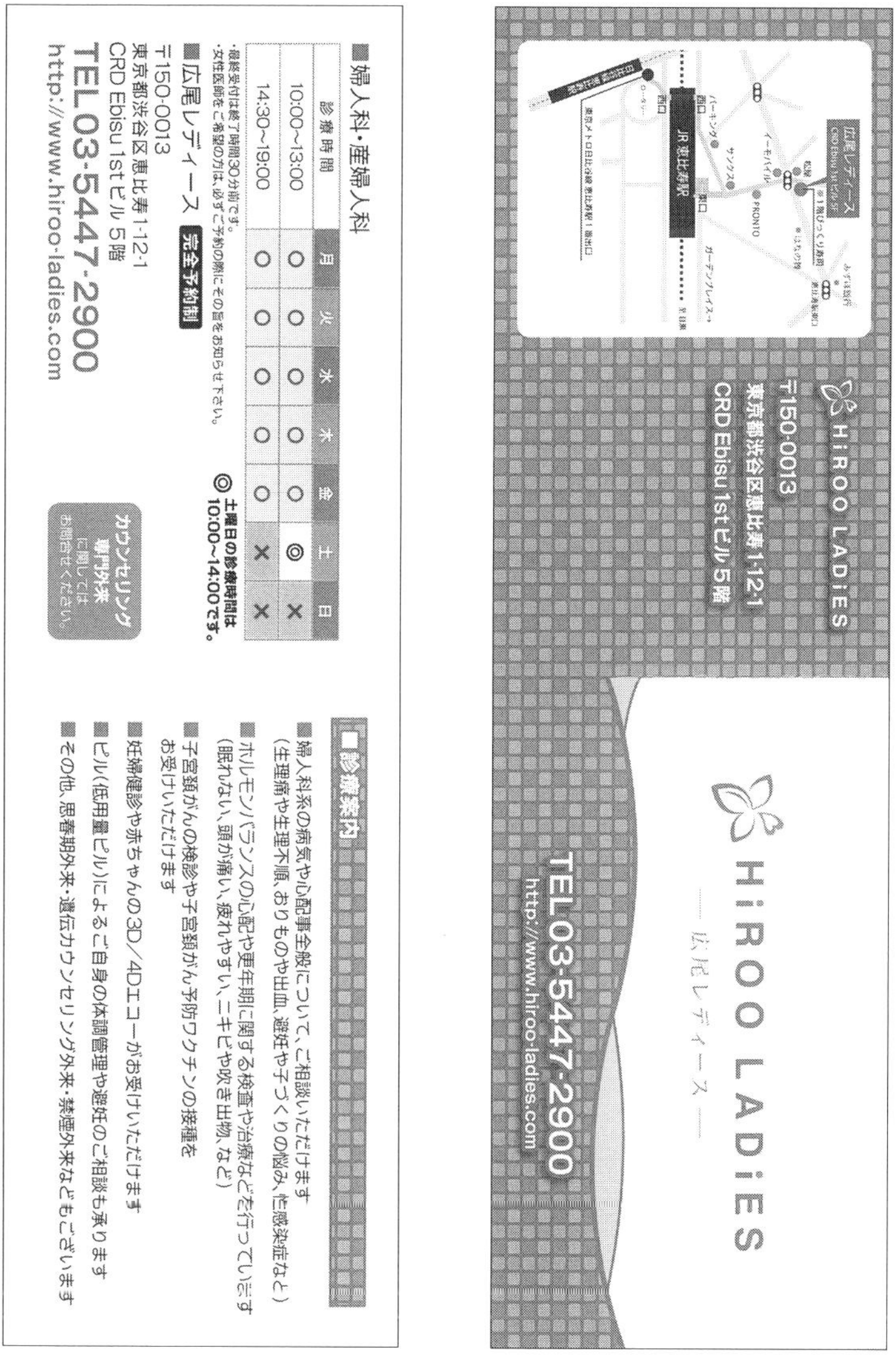
HiROO LADiES
— 広尾レディース —
TEL03-5447-2900
http://www.hiroo-ladies.com
HiROO LADiES
〒150-0013
東京都渋谷区恵比寿1-12-1
CRD Ebisu 1stビル5階
JR恵比寿駅
■婦人科・産婦人科
診療時間 月 火 水 木 金 土 日
10:00~13:00 ○ ○ ○ ○ ○ ◎ ×
14:30~19:00 ○ ○ ○ ○ ○ × ×
◎土曜日の診療時間は10:00~14:00です。
・最終受付は終了時間30分前です。
・女性医師をご希望の方は、必ずご予約の際にその旨をお知らせ下さい。
■広尾レディース 完全予約制
〒150-0013
東京都渋谷区恵比寿1-12-1
CRD Ebisu 1stビル 5階
TEL03-5447-2900
http://www.hiroo-ladies.com
カウンセリング専門外来に関してはお問合せください。
■診療案内
■婦人科系の病気や心配事全般について、ご相談いただけます
(生理痛や生理不順、おりものや出血、避妊や子づくりの悩み、性感染症など)
■ホルモンバランスの心配や更年期に関する検査や治療などを行っています
(眠れない、頭が痛い、疲れやすい、ニキビや吹き出物、など)
■子宮頸がんの検診や子宮頸がん予防ワクチンの接種をお受けいただけます
■妊婦健診や赤ちゃんの3D/4Dエコーがお受けいただけます
■ピル(低用量ピル)によるご自身の体調管理や避妊のご相談も承ります
■その他、思春期外来・遺伝カウンセリング外来・禁煙外来などもございます

使用してください。そして「ご自由にお取りください」という案内書きを忘れずにつけましょう。

新規の患者様には、診察券と一緒にクリニックカードも渡してしまいましょう。「こちらが診察券になります。こちらはクリニックのご案内です」と言って手渡しすれば、「要りません」と言う方はまずいらっしゃいません。

出口にも台を置いてそこにクリニックカードを置くようにします。テナント開業であれば、エレベーターの前にも置いておきたいところです。敷地内の出入り口に置き看板を設置するのであれば、そこにもクリニックカードのホルダーを付けて、通行人にも自由に取っていただくようにします。

「そんなにいろいろな場所に置かなくてもいいのでは?」と思われた方もいらっしゃるかもしれません。しかし、これだけやっても決して無駄にはなりません。クリニックカードは若い人も持っていってくださいますが、何と言っても高齢者に威力を発揮する広告媒体です。高齢者の方は自分のために持っていったカードを、茶飲み話のような折に、知り合いに手渡してくれることがあります。

デザイン作成には多少費用がかかるかもしれませんが、1000枚作成しても1万円前後で印刷できます。クリニックカードは、ホームページの次に費用対効果が高い媒体です。

③バス音声広告

毎日、通勤や通学で使うバスの音声広告は値段も手頃で効果があります。毎日同じ放送を聞いているとさすがにクリニック名を覚えてくださいます。診療科目も一緒に伝えられますし、一番近い停留所でバスの中で案内放送してもらえば足りるので、効果も測定できます。駅前のクリニックなどでは、その駅に到着するすべてのバスで広告をしてもよいくらいです。

難点は、申込をしたらすぐに広告が開始されるわけではないこと。年に2回くらい音声広告の再制作の時期があります。バス広告をする場合、開業場所が決まったらすぐ申し込みをすべきです。広告料も路線や地域により幅がありますが、年間20万円前後です。その後、継続してお願いすることになるので、毎年、価格交渉を行ってください。私の顧問先では、7年後に年間2万円弱まで下がっている事例もあります。

④電車ステッカー

これは値段によります。関東都心部ですと、東武線、京成線などは広告費が安いので電車のドアステッカーは検討の余地ありです。小田急線、京王線、東急線などは月額100万円以上かかるので、普通のクリニックでは高すぎます。

電車ステッカーを出すにしても、近隣からしか患者様の来ない一般内科や小児科では必要ありません。大腸肛門科や神経内科など、かなり広い範囲から患者様を集められるクリニックに限ります。開業前にやる必要はありませんし、その余裕もないと思います。損益分岐点を超えて（診療報酬が経費より多くなって利益が出て）から、検討すれば足ります。

⑤院内広告

やたら掲示物が多いのが、昔からクリニックの特色です。個人情報保護方針や保健所や医師会からのお知らせで掲示せざるを得ないものもあります。

プラセンタ注射やにんにく注射など、自由診療で広告したいものは、院内のデジタルサイネージか、紙媒体ならブックレット（治療法や料金表などの案内をクリアファイル本に差し込んだもの）などを活用すると、希望される患者様が増えます。ＥＤ治療薬などは、男性用トイレの目の前にご案内を貼り付けると効果が期待できます。

第9章

クリニック開業［実践］ガイダンス

建築と内装設計の進め方

投資ポイントを見極める！

或るドクターとコンサルの会話──9

Dr.間　椎原さん! このあいだ内装設計の打ち合わせをしていたら、設計士に「フロアが狭すぎてつくり込めない」って言われました。今後の経営コストのことも考えて多少は手狭でも必要十分な広さの場所に決めたと思っていたのに、どういうことなんでしょうか?

椎原　広すぎることはあっても狭すぎることはないと思いますよ。先生、もしかしてその設計会社は病院専門の会社さんではありませんか?

Dr.間　たしかに……、見せてもらったパンフレットには、病院や介護施設が多かったけど、クリニックの実績もあるところでしたが……。

椎原　通路や裏同線の広さが病院サイズという可能性はないですか?

Dr.間　患者さんの利便性を考えて待合スペースも広く取ってもらおうと思ったら、狭すぎるという話になってしまったんです。

椎原　先生、そもそも最近のクリニックでは待合スペースは狭めにつくるようになってきているんですよ。

Dr.間　それでは、患者さんは狭い待合で立って待っていることになりませんか?

椎原　最新のクリニックは、順番待ち予約システムを導入するのが当たり前になってきていますから、クリニックの中で待っている患者さんは数組です。後の患者さんは、順番を携帯電話やスマートフォンで確かめながら、家かクリニックの近くのお店、駐車場があれば車の中で待っています。

Dr.間　クリニックの中で患者さんを待たせないようにするシステムが必要になるんですか？コストアップになりませんか？

椎原　総コストは、無駄に広い待合室を持つクリニックより安いですし、患者さんからの評判も高いのが特徴です。

Dr.間　なるほど。待合が狭くていいなら、そのスペースを他に有効活用できそうです。

椎原　設計では、診療効率も考えなくてはいけませんし、患者さんへの配慮も必要になります。加えて、手間のかかる工事の設計をしてしまうと工事費は安くなりませんから、コスト削減も考えてほしいところです。

Dr.間　ぜひ、詳しく聞かせてください。

椎原　わかりました。では説明していきましょう。

1 医療施設の設計に慣れた専門のプロを起用する

クリニック専門の設計会社または設計施工会社に出会えるかどうかは、非常に重要なファクターです。

インターネットで探しても、知り合いに聞いても、クリニック専門の設計会社に会うこと自体はそれほど難しい話ではありません。しかし、どのような専門性があるのかをしっかりヒアリングして決めてください。歯科も含めて診療所の設計経験が数件あれば「経験がある」ことになってしまいます。

それでは心もとないですから、過去に工事を行った写真と意匠図面（クリニックを上から見た見取り図）を見せてもらいましょう。十分な実績数があったり、十数件の事例が掲載されている専用のパンフレットなどを持っていればまず安心です。

しかし病院や特別養護老人ホームなどの大型の医療機関の経験値は高いものの、クリニックの設計施工については数件しかない事務所は要注意です。最初の提案図面を見れば一目瞭然なのですが、通路や裏動線がすべて病院サイズなのです。

テナント開業になると、このような設計士は、「選定したビルが診療所には向いていない」などといった残念な対応をしてきます。良い場所が見つかった以上、その診療科に十分な広さと強度、バリアフリーなどの条件は整っているはずです。これは、医薬品卸や医療機器商社でも、広すぎることはあっても狭すぎる物件に決めることはあり得ません。要は、その設計会社の能力が低いだけなのです。

さらにはクリニック専門外の設計会社ですと、裏動線のない図面を持ってくることもあります。クリニックにおいても病院同様、スタッフの動線と患者様の動線がなるべく交わらないように裏動線をつくるのが常識です。効率よく診療するためにも、医師が裏動線を通って診察室と処置室を最短距離で移動することも必要です。

クリニックの設計に慣れていない設計士は、裏動線の意味がわかりません。医師からしたら当然のことも、すべての設計士が理解しているわけではないことを知っておいてください。

プロのクリニック専門（病院設計もできる専門）の設計士であれば、限られたスペースの中に必要十分な診療スペースと受付や待合、通路やお手洗いなどをつくり込んでくれます。もちろん戸建て開業で、スペースが十分に取れる場合や、資金に余裕がある開業で広めのテナントを借りられる場合には、適正動線を取ります。

しかし、都市部やその郊外のクリニックだと家賃も高いものです。十分な廊下幅のために家賃を支払い、建設費を支払っていくこと（建設費支払いのための借金返済をしていくこと）に賛成できますか？　私が知る限り、親御さんの資金支援などが受けられるか、自己資金が十分ある場合を除き、節約できるコストは診療に支障が出ない限り、引き下げようとされる選択が第一になると感じています。

そうなると、導線の幅を我慢することがクリニックの設計の基本になります。確かに、車いすが通るのに少し不便だったり、裏動線で人がすれ違うときに窮屈だったりします。院長室を省略して主診察室を院長室代わりに使うこともあります。オペ周りも病院とは異なり、十分な広さは必要ありませんので、スタッフや裏側のスペースについては我慢できるところは我慢することが多いと思います。

プロの設計士は、5㎝単位での壁の位置移動や壁の曲線化など全体像の調整をします。医療機器のだいたいの寸法など、クリニックの設計に必要な数字も知っています。少なくとも、念のために名前と形式番号を渡すだけで事足ります。

クリニックを開業するには、図面段階で保健所と消防に事前相談に行くことが必須です。これは、設計士に行ってもらってください。先生が立ち会う必要はありません。診療所としての要件を満たしていないと開設届が受理されませんし、窓の大きさなども消防の規制があります。十分に排煙ができることと、患者様の退避路が確保されていることが必要です。

クリニックは消防から、不特定多数の人が入る店舗と同じ安全基準が求められます。産科や肛門外科など、病室を10以上持つクリニックでは、病室や患者様用の廊下などの広さや幅などにも規制があります。クリニックの設計に慣れている設計士であれば、きちんと事前に調べて所轄の保健所や消防署に出向いて、非常口などすべて頭に入れて設計してくれます。このように、クリニックの設計に慣れている設計士または設計施工会社を見つけられるかが運命の分かれ道になるのです。

2 設計会社のコンペの流れと重要なポイント

設計会社に縛りのないコンサルティング会社なら、複数の設計会社をセッティングして（先生が知り合いの設計会社を連れてきた場合は、対抗会社を1社程度紹介して）、コンペを開催してくれるはずです。

まずクリニックのコンセプトを伝えて、おおよその見取り図面（意匠図面）を引いてもらいます。診察室、処置室、受付、待合室、お手洗い、スタッフ用更衣室兼休憩室、院長室などの配置図を描いてもらうのです。

物件の図面を手配してもらい、選定した設計会社に現地を見に行ってもらってください。〝良い場所〟を選定する段階で、見るべき項目はチェックしてあるはずなので、要は現地確認をしてもらうだけです。

専門家は、壊してよい場所、構造物で壊してはいけない場所、下水管の位置などを確認して、その後の改修工事など竣工図面とのズレなどを実際に目視確認します。

クリニックのテナント開業に慣れている設計士であれば、診療科目とコンセプトを聞いて現地でだいたいのアイデアを固めて帰ります。このあたりは設計士の腕の見せ所で、先生は、でき上がってきた意匠図面（見取り図面、内装を上から見た図面）を見て、説明を聞いて本当に最終的に依頼する設計会社を決めます。

意匠図面を引くうちに、各社の提案力の差もわかってくるでしょう。初めの2枚くらいまでは無料でコンペに付き合ってくれます。意匠図面を描くにも営業や設計士が相当時間動くので、コストはかかっています。四六時中クリニックの工事ばかりやっている中堅の設計施工会社では、営業経費として無償で付き合ってくれます。

ただ、それらの費用を含めて建設価格に乗せられてしまうので、建築費が少し割高であることは我慢しなければなりません。過去の実績が30件くらいの小規模設計施工会社では、人件費程度の原価を払ってもらえないかという相談があってもやむを得ないところです。

コンペの費用を求めるところは、もともと会社全体の運営コストが低いので建築費は安く抑えられます。とはいえ、先生ご自身だけでコンペを行うなら、時間コストの削減とノウハウの活用を総合的に考えて、多少建設コストが高くても、実績の多い、クリニック専門の中堅設計施工会社をコンペに参加させたほうが無難でしょう。

クリニックのテナント工事に慣れている設計士なら、おおよその図面が固まった段階で銀行提出用の概算見積もりを出してくれます。この概算見積もりがないと、根拠のない事業計画をつくることになり、銀行側も信用してくれません。おおよその見取り図面と、概算見積もりは早めに入手するよう心がけてください。

3 図面をとことん手直ししてコスト削減を図る

設計施工会社を決めたら、工事の発注前に、何度も図面の描き直しをしてもらい、徹底的に手直しすることが必要です。工事が始まってから手直しをすると、費用が多くかかってしまうので、発注前にとにかく手直しを終えます。

テナントの場合はどうしても建物の形による制約があるので、場合によっては、診察室、処置室、受付、お手洗いの位置などの配置そのものを変えることもあります。まず、診療効率を上げるための工夫が一番です。その次に、同等の代替品で我慢できるものとできないものを分けます。また、設計士や設計施工会社の営業マンにコストダウンするためのアイデアを提案してもらいます。

私でしたら、ここで思い切ってコスト削減を行います。すでに、開業コンセプトは決まっているはずなので、無用なスペースなどつくりません。必要なスペースを確保しながら、コストを下げる工夫をいろいろしていきます。高い工事の設計をしてしまえば、どんなに相見積もりを取って競争入札をしても、工事費は安くなりません。設計の段階からコストを下げる工夫をしていきます。

まず、受付カウンター周りは、実用的になるべく直線での設計をお勧めします。「ホテルのフロントのような感じですね」などと言って高い設計を提案される場合があるので、要注意です。カウンターが緩い曲線（アールと言います）を描いている設計は、優しさがあって見た目はよいのですが、デッドスペース（家賃を払っているのに有効活用できないスペース）が増える上に、その部分と周辺工事で建設費用は1割から2割は上昇するからです。

ホテルのフロントは直線構造です。それでも、とても綺麗に設計されています。ただし、一部の診療科では、思いっきり曲線構造を取り入れ、高級部材を使います。不妊治療のクリニックなどでは、普通のクリニックの倍以上コストをかける場合もあります。自由診療で、相当高い利益が見込めるクリニックでは、今後の競争の激化に備え、設備投資で後続のクリニックを圧倒しておく必要があるからです。

とはいえ、都市部ではすでに不妊治療クリニックは相当数あり、今後も増加していきます。そうなると、アール構造を取り入れたとしても、天然石などは使わない設計を行う必要が出てきます。

工事発注までに図面の描き直しは7回から8回くらい行うのが普通です。実際に経験するまでは、設計士に必要なスペースを言えばほぼ完璧なものができるはずで、医師にあれこれわかるはずはないとお考えのことと思います。でも、初めて意匠図面を見たときは見方さえよくわからないものが、人生がかかった設計ということもあって、だんだん慣れてくるものです。

クリニック専門の設計士であれば、医師目線で説明してくれます。また、患者様目線、スタッフ目線も説明してくれます。それらのアドバイスをもらいながら、先生自身もアイデアが出てくるようになります。

ここをいい加減に行う医師を見たことがありません。自然と真剣に取り組むことになります。一度工事が仕上がったら、その後もほぼそのままの形で診療を行うことになります。棚を付けたり、カーテンを付けることはあるでしょうが、診察室の位置を動かすようなことはないはずです。

ここまでお話すると〝良い場所〟とは、患者様が来やすいという発想だけでなく、工事まで考慮して選定しなくてはならないことが、ご理解いただけると思います。普通の不動産屋さんに聞いても、クリニックの内装のことまで考えてくれません。しかし物件を決めた瞬間に内装工事の制約に及んでしまうことを忘れないでください。

クリニック専門の開業コンサルタントは物件選定の際に、現地でパイプスペースや排水管の位置を確認して、受付・待合室、診察室、処置室（診療科目によっては、オペ室、リハビリテーションスペース、回復室、レントゲン室など）、スタッフルーム、最後に院長室と、だいたいの配置を考えながら物件の選定をしていきます。

例えば、排水管はなるべく短距離で、排水管出口につなげる必要があります。このようにプロのコンサルタントは、さまざまな制約と設計の自由度を考慮して〝良い場所〟を選んでいくのです。

4 待合スペースは狭くつくる時代になっている

完全予約制または順番待ちシステムの活用によって、待合室は、10名強の患者様とご家族が座れるだけのスペースを確保しておけば足りるようになってきました。無駄な家賃、無駄な冷暖房光熱費がなくなり、コストはかなり節約できます。掃除も楽になりますし、良いことずくめです。空いたスペースで、お手洗いを男女別にすれば患者様にも好評です。

約20年近く前に開業した評判のクリニック様でも、順番待ち予約システムを導入してもらいました。多い日には1日150人の患者様が来院しますが、待合室にいる患者様は5組から6組くらいです。

順番待ち予約システムは、インターネットを利用したものから、プラスチックの番号札を利用するアナログ方式までいろいろあります。ネットを利用した予約システムも改良が重ねられ、スマートフォンを持たない高齢者が排除されないものが出てきました。従来は、どうしてもスマートフォンを持っている若い人が素早く診療の予約を取るのに対し、インターネットが使えない高齢者は朝早く来ても、一定の枠からはみ出すとネット予約の合間に診療してもらえるだけでした。

患者様に来院していただき、番号札を取るようなシステムでは、高齢者も若い方も平等に順番が取れます。しかし、自宅でも職場でもスマートフォンで予約が取れるクリニックが便利だということで、今まで内科を受診していた小児の患者様が専門の小児科に集中する傾向が出てきました。その結果として、内科は小児の患者様が減ってしまったものの、慢性疾患の高齢者の患者様にとっては静かなクリニックとなり、内科の受診が増えて診療報酬が増加する現象も起きています。

今は高齢者といえども、ひと昔前に比べれば、さまざまな予定を入れて活発に日常生活を送られる患者様が増えています。クリニック内で待ち続けなければならないクリニックから、順番待ち予約システムで一度外出して時間を有効活用できるクリニックに患者様が移動しています。

小児の患者様も高齢の患者様も混ざる耳鼻咽喉科では、どういったタイプの順番待ち予約システムを入れ、どのように運用するかで患者様の評判が違ってきます。待合室で立って待つような人が出るようでは、将来の競争激化の中で勝ち残ることはできないでしょう。

精神科や産婦人科では、完全時間予約制を導入するクリニックが増えています。一定数のドタキャンがあるのが悩みですが、その分、多少詰めて予約を取ることで診療効率は落とさずに調整することが可能になります。患者様も10分以内の待ち時間であれば、理解してくれます。

この場合は、予約の際の案内が重要になります。キャンセルの際は前もってお電話していただくことと、診察の状況によって多少の待ち時間があることを説明すれば、トラブルやクレームは少なくなります。

5 ちょっとした設計の工夫が患者様の評判につながる

患者様の中には、高齢者やお子様、妊婦さんもいます。歩くことや待合室で待つこと自体が大変な人も多いのですから、患者様がなるべく快適にクリニックで過ごせるように設計することも大事です。

初診の患者様には、問診票を書いてもらう必要があります。評判を取るクリニックは、受付で立ったまま患者様に問診票を書かせることはありません。患者様に待合の椅子に座ってゆっくり書いてもらいます。

高齢の患者様では初めて見る書式に戸惑われる方もいらっしゃいます。そのようなときは、医療事務がすぐに患者様のそばに向かえるように、受付と待合室の間に内開きと外開き両用の扉を付けることをお勧めします。スタッフが進行方向に押して進める扉です。これだけでスタッフの移動時間が短縮されます。精神科のように侵入防止を考えなければならない診療科以外では、この扉が非常に便利です。

「簡単に移動できる必要があるなら、扉を付けなければいいじゃないか」とお考えの先生、それはごもっともです。扉がなくてもいいか、待合と受付を仕切らなければならないかは、その地域の保健所に相談してください。実際に分けるように指導されることが多いのです。

若い人が多いクリニックでは、スマートフォンをいじって待ち時間を過ごす患者様が多いので、待合室の窓際や壁際にハイカウンターをつくって患者様用電源を用意するのも方法です。何よりスペースの節約になります。コンセントや配線の工事費用はたいしたことがありません。ハイカウンターでコンセントを付けておくと、高級コーヒー店のように、その場所で仕事をしたり、ラインをしたり、ゲームをしたり、患者様が待ち時間を有効時間に変えることができます。

わざわざお金を払って、電源とWi－Fiのある高級コーヒー店に行く人もいるくらいですから、Wi－Fi設置も有効な工事になります。患者様専用のパスワードを用意してあげれば、通信速度も守れます。

一見、コストを高くする工事に見えますが、スペースの節約による家賃の削減のための投資です。工事費用だけを見るのではなく、維持コストの節約につながり、患者様の評判につながるなら行うべき工事と言えるでしょう。

余談ですが、国際線のビジネスクラスでは無料でタブレットの貸し出しを行う会社も出てきました。クリニックでもタブレットの無料貸し出しを検討する時代が来るかもしれません。とはいえ、今は高齢者などスマートフォンやパソコンを使わない人も多く、雑誌などを置いておく必要も出てくるでしょう。雑誌ラックも通信販売で安く購入することができます。

戸建て開業で、ときどき吹き抜けを見かけますが、患者様の評判にそれほど影響を与えるものではありません。高い診療報酬がもらえる診療科では、エントランスの吹き抜けがあってもよいと思いますが、冷暖房費がかなりかかる覚悟は要ります。不妊治療のクリニックや産婦人科などでは導入も可というところでしょうか。

これまでコスト削減、コスト削減と、無駄なお金はかけてはいけないことを口酸っぱく書いてきました。「コスト削減」と言うと、たまに事務所用パーテーションがいいとおっしゃる先生が出てきますが、今時、お勧めできません。30年くらい前に開業したクリニックでよく見かけますが、患者様の声が漏れ聞こえたり、冷たく感じたり、患者様のことを大切にしていないと思われがちです。

何でも安ければよいというわけでなく、患者様の評判を取るために費用をかけるべきところはバランスよく投資していくべきでしょう。

壁はもともとのクロスが使えるようなら使いますが、安っぽく見えない程度のビニールクロスを貼り直すこともあります。

床材は、タイルカーペットが多く、患者様の嘔吐や靴の汚れなどで衛生が保てない可能性があれば、単層塩ビシートか長尺塩ビシートを使います。床材は、掃除の手間と丈夫さが大切になります。そのバランスがよいのが、単層塩ビシートと長尺塩ビシートと言われる素材です。診察室や処置室は、丈夫で清潔を保つためにも、長尺塩ビシートを使うのが半ば常識となっています。

照明もLEDライトにして、ラウンジのようにダウンスポットを使ったり、間接照明を使ったりして、さまざまな光の演出をします。初期投資は電球や蛍光灯より高いですが、電気使用量が少ない上に製品寿命も長いので、総コストは安くなります。患者様にくつろいでいただける、高級感のある空間をデザインすることができます。

また近年、スタッフとすぐに連絡が取れるように、クリニック内でインカム（飲食店などでよく使われる無線機＝イヤホンと小型マイクと小型無線機がセットになったもの）を活用する医師もいます。院内のどこにいるかわからない看護師を呼び出したり、受付と連絡を取ったり、院内電話さえも使う時間を省略しているのです。

飲食業と医業は違うと言っても同じサービス業です。患者様の待ち時間を減らし、スタッフの活動効率を上げるためにはインカムの利用はお勧めです。診療に邪魔だと思えば、診療時、医師はインカムを切ればよいだけです。

6 評判が取れる診療科目別の内装設計のポイント

診療科ごとに、勝つための設備の工夫を挙げていくと、一冊の本にはとても収まり切らなくなってしまいます。

そこで、地域特性、医師の専門分野や診療方針などによって、気をつけなければならない最低限のポイントをお伝えすることにします。

●精神科・婦人科・肛門外科・泌尿器科／プライバシーへの配慮が必要

精神科、婦人科、肛門外科、泌尿器科などでは、患者様の声が外に漏れないよう、壁の遮音性を考慮する必要があります。特に、精神科では、引き戸ではなく開き戸にして遮音性を高めることが重要です。ドアはスライド式だと音漏れがするので、開きドアが一般的です。防音工事までする必要はありません。BGMで、声が聞こえないようにできます。

カウンセリングを行う場合は、カウンセラーの部屋をつくっておくことで、診療効率と患者様満足度の両方を高めることができます。

また、患者様が羞恥心を持たなくても済む受付体制も必要です。高齢者には、タブレットによる問診は不向きなので、問診スペースを取ることも工夫したいところです。

肛門外科や泌尿器科では診察室で脱衣をする際、医師や看護師の前での下半身の脱衣は恥ずかしいものなので、仕切りのカーテンを診察台の周りに引くように設計することもあります。

●肛門外科・消化器内科・婦人科・泌尿器科・皮膚科／トイレへの配慮は必須

大腸検査を行う肛門外科や消化器内科では、トイレをできるだけ多く持つことが重要です。婦人科でも、患者様用お手洗いの数を複数持つと診療効率が上がります。

お手洗いが1つしかないとトイレ渋滞が起こり、患者様のお手洗いが終わるまで、医師が患者様を待つ状態が生じやすくなります。

泌尿器科は、男女別トイレの設置が必須で、尿検査後のシンクの設置も必要です。ウロフロメーター、職員用お手洗い、一般シンク、器具洗浄排水管など水回り工事が多くなります。

皮膚科も、男女別トイレの設置で評判を取れます。またパウダールームの設置も必須です。そうしないと、女性のトイレ使用時間が長くなり、こちらでもトイレ渋滞が起こることになります。

また水回り工事が多くなる場合、排水の問題で床上げ工事が必要になる可能性があります。床上げ工事をする場合、もともとの天井高が2m70㎝以上ある物件の確保が必要です。

床上げ工事の段階で、天井高が低すぎて圧迫感があるため、場所を選び直さなければならないということが起こらないように、「コンセプト固め」からきちんと戦略を持って場所を決めることが肝要です。

●消化器内科／回復室の確保を

消化器内科の開業では前述の通り、お手洗いの数も確保しなければなりませんが、加えて回復室の確保は重要な課題です。

「上部内視鏡しかやらない」では、勝てません。大腸ファイバーのリピーター患者様が取れるかどうかが勝負の分かれ目です。今は、上部内視鏡しかできないクリニックは多数存在します。経鼻内視鏡くらいでは、患者様の評判になりません。

消化器内科で勝ち組になるには、大腸ファイバーは必須です。ただし、患者様に恥ずかしさや苦痛がなく、完全に目が覚めるまで回復スペースでゆっくり休んでいただける環境も確保しなければなりません。病院のように患者様をストレッチャーの上で休ませるようでは評判が取れません。回復室の設計が勝敗を決する一要因になるのです。

回復室は、男女別に上手に隔離してあげることがコツになります。大腸ファイバーの検査時は、外来の患者様はいないでしょうから、待合の一部をカーテンで仕切って回復室にすることもあり得ます。

しかし、炭酸ガスを使うようになったといえども、大腸検査後はおならが出てしまうものです。女性患者様の不満は、回復室にいる間にカーテン越しにおならの音を聞かれてしまうことです。回復室を男女別に分けて、仕切りの壁を設けることもあります。ただ、それだけの患者様が確保できなければ無駄な投資になってしまいます。ここでも「コンセプト固め」「開業戦略」がいい加減なまま工事に入っているなら、過剰投資の危険大です。

●肛門外科／無床診療所が次世代の主流に

肛門外科は、今後無床診療所の開業が増えていきます。アルタ注射の増加と電気メスの活用で、入院しなくても済む患者様が増えていることが要因です。先行している肛門外科クリニックは、今後、ベッド維持コストが厳しくなっていくでしょう。低コストでの肛門外科の開業が増加すれば、患者様の認知も広がり、早期発見、早期治療に進んでいくものと思われます。

工事では、男女別に待合室を分けることが望まれます。診察室も男女別で分けられれば、患者様同士が男女で顔を合わせることを避けられます。肛門外科だけでの開業はないでしょうから、併せて診療を行う大腸検査に、消化器内科と同じ配慮が求められます。

●皮膚科・形成外科／処置用ベッドとそのスペースを考えて

皮膚科、形成外科であれば、処置用ベッドが必要で、患者様の処置をどれくらい行うかによって広さが異なってきます。着衣脱衣が必要になりますから、患者様の数を多く診るため、二診（2つの診療室）は必須です。患者様の脱衣着衣の時間に、医師は次の診察室に患者様を呼び込んでおいて、すぐに診療開始できるようにするのです。

ケミカル・ピーリングを希望される患者様が多いと、処置室を広く取らなければなりません。開業当初は処置用ベッドを多数置かなくても、スペースさえ取っておけば、将来、患者様が増えたときに対応が楽になります。

レーザー治療後の処置が増えた場合も同じことが起きます。女性の患者様の比率が高くなる傾向にあり、男女別のお手洗いとパウダールームの確保は重要な課題です。

手術室を持つ場合、無影灯をどのようなものにするか決めなければなりません。将来は、天井から吊す無影灯を設置したいけれども、当面はスタンド式で我慢できるなら我慢してください。将来のために、無影灯を支えるアンカーと電源だけ天井裏に配置し、塞いでおきます。開業時に、この工事をしておくだけで将来の追加工事の値段が100万円以上安くなります。将来、レーザーを追加購入する計画の場合でも、設置場所と電源の確保だけはしておきます。レーザーをそれほど入れない場合でも開業時の電源工事は数千円の問題ですから、可能性があれば確保しておきます。

内装の見た目も重要になるので、一般内科に比べると内装工事の価格は10%から20%は高くなってしまいます。パウダールームを始め、水回りも多いですし、小児の患者様のためにベビーベッドの設置工事もあります。二診、処置室、スタッフルーム、院長室など、区切る工事の数は一般内科と変わりません。

場合によって処置室とオペ室を兼用にしたり、処置室内にカーテンを設置して患者様を上手に誘導することも多いです。

●内科／2つの診察室が必須

内科は皮膚科同様、二診が必須です。高齢者の脱衣着衣や移動に時間がかかるため、医師が隣り合わせの診察室を行き来して診療効率を高めます。処置室にも医師・看護師兼用の電子カルテを置ける机のスペースを確保した設計が必要です。

●循環器内科・呼吸器内科／処置室は広めに

循環器内科、呼吸器内科は、処置室に必要な機材を置いて検査室とするため、一般内科に比べて多少広めの処置室にすべきです。

睡眠時無呼吸症の検査を行うとなると、都道府県知事の判断によりますが、検査内容次第では、原則一ベッドは確保する必要が出てきます。

現在、診療所のベッドも病院のベッドも地域医療計画に基づいた余剰ベッドがなければ、原則として申請ができません。余剰ベッドがある地域や過剰地域などがあるので、工事というよりは「コンセプト固め」と「開業戦略」に関わる問題です。

●糖尿病内科／各種検査と指導ができるスペースの確保を

すでに何度か触れてきましたが、都市部及び近郊の糖尿病内科では、レントゲン室が不要です。健診を行ってもコスト的に合わない上、そもそも時間とスペースの確保ができないので、健診は他の医療機関に譲る経営戦略が必要だと思うからです。

ここはブレずに「糖尿病内科」というコンセプトに沿った設計を優先してください。体重測定、検尿、血液検査がスムーズに行える動線の確保を設計士さんに工夫してもらってください。HbA1c、グルコース、クレアチニン、アルブミンの測定、検査データや電子カルテの入力が行えるスペースを確保し、さらに栄養指導や運動療法の指導が行えるスペースの確保が、レントゲンスペースよりも優先されると考えます。

●耳鼻咽喉科／診察室と処置室を分けるかどうかを考えて

耳鼻咽喉科については、診察室と処置室を分けることが原則です。患者様のプライバシーの確保のためです。ただし、都心のビル診では戸の設置ができない場合もあり、区分しきれない場合も現に存在します。一応、診察室の施設基準はありますが、診察室と処置室を区分しなければならない法令はないのです。

ただし、地域によっては、患者様のプライバシー保護のため、診療室と処置室の区分を指導するところもあります。コンセプト固めの段階で、開業予定地を所管する保健所に相談に行かれることをお勧めします。保健所で区別しなくてもよいということになった場合も、ここは先生の診療スタイルをどうするかで設計がかなり変わってきますので、診療のコンセプトをしっかり固めることが重要です。

レーザー治療を行うのか否か。小児の患者様を積極的に取るのか取らないのか。スコープで症状を患者様に見せるのかどうか。ユニットに座ったまま、診療から処置まですべてをされる先生もいらっしゃれば、耳の検査はベッドに横になってもらう先生もいらっしゃいます。

こうした診察スタイルを明確にした上で、医師が行わない処置検査は別室とすればよいでしょう。

ネブライザーなどは、区分した場所におくことが必要になりますし、聴力検査のブースも診察室とは切り離さなければなりません。

●小児科／隔離室はできれば確保して診察室は広めに

スペースに限りがあって難しい場合もあるかもしれませんが、小児科では、できれば隔離室は確保したいところです。しかし実際には、都市部開業の場合、余分な部屋を確保できないこともあり、二診の一つを臨時で隔離室代わりに使う運用をしています。

そもそも、冬場の小児科は感染症の患者様だらけなので、いちいち隔離室を用意することができません。また、スマートフォンによる順番待ち予約システムが一般化してから、患者様で待合室がごった返すことはなくなり、隔離室がなくても対応が楽になりました。

ただし、診察室は内科に比べて広めに確保することが必要です。最低でも母親と子どもの2人が診察室に入ってきますし、お子様が複数名入ってくることもあります。看護師さんが診察介助で入ることも普通にありますので、広めのスペース確保が必要です。しかし、法令による強制があるわけではないので、地域の実情により狭い診察室でも保健所は届け出を受理します。行政指導が入ることはありません。

また、看護師がお母様から嘔吐、発熱、下痢症状などさまざまなヒアリングをしてから、診療に回ってくると、電子カルテの入力が楽になりますし、医師がお母様に十分説明する時間が取れます。

そのためのスペースとして、受付横にローカウンターを設置したり、看護師がアナムネ用のタブレット端末や問診票を持って患者様の横に移動できるよう、看護師用スペースを受付カウンター周りに設置すると便利です。

●整形外科／リハビリと受付スペースの確保を

整形外科では、リハビリテーションに関わる施設基準があります。クリニックの場合、理学療法士の施術が行える45㎡のリハビリ専用室を確保することになります。都道府県や保健所によって、机の置いてあるスペースはリハビリテーションスペースから外すなど細かく指導される場合もあります。

都市部は、どうしてもクリニックの面積がギリギリということが多いので、立ち入り検査の際に認めてもらえる広さの確保が必要です。リハビリ室と待合室の間も、基本は扉で区切らなければなりませんが、患者様の出入りのたびにドアの開閉をすることで事故が生じることもあり得るため、実際の運用は開けっぱなしにして、ドアを固定している場合もあります（このページを保健所が読んだら不適切な運営であると指摘するでしょう。運営上、扉を開けっぱなしにすることは不適切であることは認識しておいてください）。

リハビリ室の扉は横開きのスライド・ドアを選択されることをお勧めします。開きドアだと、外開きだろうが内開きだろうが、患者様が引っかかることがあります。スライド・ドアであれば、開けてストッパーで押さえておけば、取手に引っかかることも少なくなります。

もうひとつのポイントは受付です。整形外科は産婦人科と並んで診療報酬が複雑です。患者様の人数も多いので、医療事務3名くらいの人数が座れるカウンターは必須です。交通事故の自賠責や、労災の説明、リハビリだけの患者様（本来、診療するはずですが、実際リハビリだけの患者様が多数存在します）は、素早く受付を済ませ、施術が済んだらすぐお会計に入りたいので、受付人数が3名以上必要になる場合も珍しくありません。

開業する場所に合わせて、医療事務さんの必要人数の割り出しとスペース確保は重要です。理学療法士や放射線技師など男性も多いので、スタッフルームも男女別で確保する必要があります。

また、整形外科では物理療法による診療報酬が下げられ、点数がほとんど取れなくなってきています。干渉波治療器や低周波治療器などの物理療法の医療機器をできるだけ購入せず、理学療法士を確保し、施術台を置くスペースをつくる傾向になっています。

●神経内科（脳神経内科）／脳リハスペースの計上でひと工夫を

神経内科の脳リハも整形外科と同様ですが、高次脳機能訓練や作業療法を行う部屋もリハビリテーションの広さに加算できる上、部屋が分かれていてもよいことになっています（仕切られていない部屋では言語聴覚のリハビリができないので、当然と言えば当然です）。

また、医療機関のリハビリテーション施設を通所リハビリテーション施設として共用することもできますので、これは、都道府県の介護福祉関連の部署に事前に相談に行くことをお勧めします。都市部及びその近郊では、別々に脳リハスペースを確保できない上に、脳リハを必要とする患者様の数は増加しています（脳外科の技術向上や救急体制の整備が進んだため）。

しかし、運動器リハビリテーションを行える通所リハビリテーションはそこそこの数があるのですが、脳リハが行える施設は地域によって非常に少ない実情があります。全国一番の医療過疎地の埼玉県では、脳リハのできる介護施設がほとんどないため、かなり柔軟な対応をしてくれます。

●眼科／部屋づくりは白内障オペの取り組み次第

眼科は、設計士が慣れていないと、照明のスイッチを診察机の近くに設置することをなかなかわかってもらえません。視力測定のスペースや電気の照度など、専門の設計士であれば、わざわざ言わなくても問題ないのですが、慣れない設計士にはしっかり伝えてください。

白内障のオペをするかしないかで、部屋のつくり方が異なってきます。白内障のオペをする場合は、医療機器メーカーから設計士に標準的な部屋づくりを説明してもらうと楽に打ち合わせが進みます。

ただし、ひとつ注意があります。眼科の場合、医療機器メーカーが積極的に入り込んできます。無料でさまざまなアドバイスをもらえるのはよいのですが、メーカー・商社主導にすると、間違いなく建築設計で浮かせたコスト以上に医療機器の値段が高くなります。工事と医療機器の購入を完全に切り分けて、メーカーには機器の価格とメンテナンス料で競争してもらう必要があります。

白内障のオペを行うとなると、手術室・処置室（手術前麻酔点眼）・回復室（兼用可）などの部屋を確保することになります。ライバルがどんどん増えているので、あえて白内障の手術をしない選択をされる開業も出てきています。

●脳神経外科／着替え室・救急搬出口の確保とMRIへの配慮を

脳神経外科でMRIを持つ場合、患者様の検査前の着替え室の確保は必須です。間違って金属類を持ち込まれないように、ロッカーにすべてしまってもらい、紛失のトラブルが起きないようにダイヤルロックをしてもらいます。カギ式だとカギを持ち帰られるトラブルが起こり得ます。また、カギを外に置いてもらうと紛失のトラブルの懸念も出てきます。

救急搬出口もあったほうがよいと思います。歩いて来た患者様が、軽度のくも膜下出血を起こしていたという実例を聞いたことがあります。

開放型のMRIでなければ、24時間の冷却が必要となるため、24時間空調が必要になります。クリニックの設計に慣れている専門家でも、MRI設置クリニックの経験はそれほど多くないはずです。設計士を決めると同時に、MRIをどのメーカーにするかを早急に決めて、そのメーカーの担当者と設計士が打ち合わせをできるように手配する必要があります。

重量が相当あるものなので、搬入経路の確保など課題がたくさんあります。磁力線を乱さないために行う電磁波シールド工事もあります。また、シールド工事をMRIの販売会社側で行うのであれば、その価格も合わせて見積もりを取る必要があります。電磁波シールド工事を切り離して、設計士側でコントロールするにしても、メーカーとのすり合わせが必要です。

●リウマチ科／バリアフリーと点滴室の設計は最新事情に合わせて

リウマチ科は、この10年で治療法が劇的に変わりました。それに伴い、クリニックの処置室やバリアフリーのつくり方も変わっています。

関節リウマチの患者様には、車いすで通院される方がいらっしゃるので、バリアフリー構造は必要です。しかし、昔に比べてリウマチによる歩行困難の患者様はかなり減りましたので、多少傾斜のあるエントランスでも問題はなくなりました。

点滴療法しかない時代から、皮下注射が主流になってきたため、昔のように点滴室をたくさんつくる必要がなくなりました。リウマチ科のクリニックもそう多くないため、設計士が昔の感覚で点滴室を広めに取る提案をしてくる可能性があります。治療法の変化を伝えるようにすれば、適切な提案をしてもらえるでしょう。

7 設計とともに複数のことを同時進行で進めていく

内装設計に着手する段階まで来ると、これからはさまざまなことを同時進行で進めていかなくてはいけません。この段階では、融資の相談、医療機器の選定なども重複して始まります。ついつい目の前のことに集中し、重要な広告戦略が後回しになってしまうことがありますが、ホームページの作成にも着手していなければなりません。スタッフ採用にも重要な影響を及ぼす業務です。

複数のことが同時に進むので、大きなことから小さなことまで、かなり多くの決断をしなければなりません。しっかりしたコンサルティング会社であれば、スタートの段階でクリティカルパスについてあらかじめ大まかな図をつくってくれますし、適切なタイミングでやらなければいけないことの案内も来ますから、あえて先生が、進行管理に取り組む必要はありません。

クリティカルパスが適正かどうかのチェックポイントはひとつです。モノを売り込むためのパスになっていないかどうか。医療機器を素早く決め、その医療機器が入る内装設計になだれ込むクリティカルパスなら赤信号です。これでは価格交渉の隙がほとんどありません。勝つためのコンセプト固めの時間もありません。サイト作成のタイミングも遅くなります。

設計会社が決まったら、できるだけ早く警備会社も決めて、それぞれ専門家同士で打ち合わせができるようにすると安心です。警備会社は、どの診療科でも電子カルテや医療機器を守るために契約することになりますが、会社によってかなり料金の差が出ます。例えば、契約内容がほとんど変わらないのに、機器設置料や月額警備契約料に数倍以上の差が出ることがあるのです。

警備会社最大手は、営業に地域性を敷いており、会社内での競争がありません。他社だけが競争相手になります。それ以外の会社は、地域を越えた社内競争もあり、最大手の半額以下になることがあります。固定費用なので、内容とコストをよく比較検討して決めることをお勧めします。防犯対策として、どの診療科でも非常用の退避ドアを設けることをお勧します。また、防犯用ブザー（警備会社に非常を知らせるボタン）も忘れずに手配してください。

第10章

クリニック開業［実践］ガイダンス

事業計画の策定の仕方

安心とゆとりが大事！

或るドクターとコンサルの会話——10

Dr.間　私は医学のことは勉強してきましたが、経営のことは学んだことがありません。事業計画と言われても正直わからないんです。

椎原　これまでご説明した開業準備の中で、場所選び、医療機器選定、建築内装設計。ここで過大投資をせず、無駄なコストを削減しながら準備を進めること。これが無理のない返済計画を踏まえた事業計画を作成する前提となります。

Dr.間　はい。ここまではかなり堅実に進んできていると思います。

椎原　事業計画が必要な理由のひとつは、銀行融資を受けるためです。そのために、医療機器と内装設計の概算見積もりを手に入れて、粗々の事業計画を作成します。その後の値段交渉で価格が安くなれば、それだけ経営の安定性が増し、資金繰りが楽になるということです。

Dr.間　なるほど。まずは融資を進めるということですね？

椎原　はい。でも、ここで注意してほしいのは、融資は開業のための設備資金だけではないということです。開業後の運転資金も必要です。毎月これくらいの収入があって、スタッフが何人必要で給料はこれくらい、他にも経費がこれくらい出て……と計画を立てていきます。これが事業計画です。

Dr.問　事業計画の良し悪しはどう見分けるんでしょうか？

椎原　ポイントは単純です。初期の患者さんの増加数が高めで、その後の患者さんの伸びも高めの甘い事業計画は要注意です。入ってくるお金（診療報酬）は少なめ、出ていく経費は多めの手堅い事業計画が必要なんです。

Dr.問　はい。その通りだと思います。

椎原　それと事業計画は借入のためだけに必要なのではありません。開業後に経営のかじ取りをしていくためにも必要です。

Dr.問　そちらのほうが重要そうですね。

椎原　その通りです。開業後の経営では、計画と実際とでどれくらい差があるのか、経営状態を理解しなければいけません。会計の知識が必要になってくる部分でもあるのですが、ポイントを押さえて理解していきましょう。

Dr.問　ぜひ教えてください。

椎原　わかりました。では説明していきましょう。

1 【準備その1】医療機器の概算見積もりを取る

銀行借入のためにも事業計画の策定は必要ですが、先生ご自身が返済にゆとりを持ち、資金繰りに追われることなく、安心して医療に専念するためにも事業計画の策定は重要です。そのためには、購入する医療機器の金額や建設または内装工事の金額などを調べなくてはなりません。しかし、医療機器は特殊で、見積もりを取ろうと業者に声をかけた瞬間から、値段が決められてしまうというのは前述した通りです。

繰り返しになりますが、信頼できるコンサルタントに頼んで、複数の医療機器会社から見積もりを取りましょう。そもそも、適正価格はあってないようなもので、競争によって驚くほど価格は下がります。相見積もりは購入するための交渉材料ですし、先生ご自身のための事業計画を策定することが目的です。まずは、第一希望ではない医療機器で、必要な医療機器の総合計が明示されている見積書を取ってください。見積書には、医療機器商社名も必ず記入してもらってください。

これは価格交渉より、まずは銀行借入と、先生の開業後の資金繰りを堅めに抑えた返済計画を立案するためのものです。その後の交渉で医療機器の価格が安くなれば、それだけ経営の安定性が増し、資金繰りも楽になるのです。

事業計画

2 【準備その2】設計会社の概算見積もりを取る

事業計画のもうひとつの重要項目が、設計会社または設計施工会社による概算見積もりです。設計が固まらないうちに、正確な見積もりを出してもらうことはできません。何をどうつくるか設計図が固まらなければ、部材の価格を1つ1つ計算し、総額を記した正式な見積書はつくりようがないからです。

しかし、設計書を一生懸命つくって事業計画を策定した結果、銀行融資が下りなかったら一から設計のやり直しです。そもそも銀行は、設計書の良し悪しや見積書の細部について理解していません。理解する必要がないからです。

クリニックの開業資金については、銀行で一定のデータを入力すれば、融資の可否や金利が自動判定されるようになってきています。建築費（または内装工事費）の総額と医療機器の総額が出れば、大まかな出費はつかめます。後は、土地代、家賃などと、人件費を確定してもらえれば、融資案件としては取り組み可能となります。

医療機器の場合と同じですが、設計会社または設計施工会社は、複数の会社と面談することを強くお勧めします。資金余力があったり、開業場所について親御さんの支援を受けたりする場合を除き、限られた予算の中で最高のパフォーマンスを発揮してもらえると思う会社を選んでください。意匠設計（部屋の配置や色彩のデザイン）は好みの問題もあると思いますが、診療効率と患者様目線がしっかりとしていると思えたら、その会社を選択してください。

意匠設計がだいたいできたところで、概算見積もりを取ってコンペにするのがお勧めのスタイルです。デザインが気に入っても、概算見積もりが高額だと全体の事業が成り立ちません。価格と使い勝手の良い設計（コスト・パフォーマンス）が揃った会社を選ぶことになります。

3 ゆとりを持った返済ができる事業計画を策定する

医療機器と内装設計の概算見積もりを手に入れたら、事業計画を策定します。ここで言う「事業計画」とは、銀行提出用ではなく、最低限の堅めの診療報酬予想に基づいて経費を多めに見積もった、キャッシュフローを管理できる先生自身のための経営計画のことです。

開業するとき、うまく銀行から借入ができるかどうか心配なさる先生が多いのですが、本当に心配しなければならないのは、ゆとりを持って返済できるかどうかです。クリニックを経営して診療報酬から給料や家賃やリース料を支払って、税金を引かれた後の資金で返済をするのは先生です。誰も手伝ってくれません。

事業計画の策定においては、ゆとりを持って、無理をせず、安心して診療をして返済ができるかどうかが重要なのです。クリニック開業となると、日常生活からかけ離れた金額が目の前を動くので、感覚が麻痺してしまいます。過大投資や無駄な浪費は、必ず先生ご自身の首を絞めます。何のために開業されるのか、初めのコンセプトに立ち返って、自分のために安心して返済ができる事業計画を策定することが必要です。

現実的には、ここまで来るのにおそらく誰かが相談相手になっているはずです。勤務医の空き時間を最大限活用し、持っている人脈をすべてたどっても、ここまで1人でたどり着くのは容易ではありません。

問題は、その相談相手が開業後の返済計画をしっかりつくれるかどうかです。銀行借入のための事業計画策定は、さほど難しくはありません。しかし、患者様の集まり具合を堅めに想定して、支出（設計施工及び建築、医療機器購入）は概算見積もりで多めに設定して、資金収支が当初マイナスとなりながらも、損益分岐点を超えて資金不足を絶対起こさない計画が必要です。

相談相手（事業計画を策定してくれる人や企業）には患者様が思うように集まらないときの対策を、費用をあまりかけずに複数案出せるか、費用の抑制策を持っているか、返済がきちんとできる事業計画策定のみならず、その後の変化にも対応できるかといった能力が求められます。

開業後、十数年すれば空調機が故障したり、効率が悪くなったりしますので、設備も更新が必要になります。診療報酬も改訂される中、10年後の経営計画までは立てられません。だいたい、5年くらいが経営計画の限界だと思います。5年で返済が全部終わることはありません。建て貸しの戸建て開業であれば、15年くらいは賃借の義務を負うため、15年後まで賃料債務が残ることになります。銀行借入は、テナント開業の場合（建て貸しも含む）、最長でも10年以内で返済は終わるはずです。

工事の概算見積もりで、無理のない計画が立案できる範囲に収まっているかどうか。工事は、発注してからでは取り返しがつきません。ここが、このまま進んでよいか、検討し直すかの最後のデッドラインです。現実的にこのラインを越えたら、開業まで一気に進むしかありません。かなりの損失覚悟ができるのであれば、銀行融資が決定し、借入が起きるまでであれば、理屈の上ではストップはかけられます。そうならないように、意匠設計と概算見積もりのコンペの段階で、相談相手が間違っていないか、設計士または設計施工会社の選定は大丈夫かを慎重に考えて行動することをお勧めします。

4 診療科目で異なるスタッフの適正人数を割り出す

事業計画の策定にあたっては、開業時に必要十分なスタッフの人数も決めます。診療科目により、必要なスタッフの職種や数が異なってきます。

最少人数で診療が成り立つのが、精神科です。どうしても人員が多くなるのは、整形外科や神経内科でしょう。リハビリテーションをどのように行うかによっても人員構成は異なってきます。

スタート時には、パートを活用することを考えてもよいと思います。初めから、患者様が大量に見込める開業は僻地以外あまり考えられません。関東で言えば、埼玉県や茨城県の一部では開業当初から都心部の3倍近い患者様が来てくださることもあります。それでも、初めは1日30人くらいの患者様が見込めればよいほうです。それ以下の患者様しか見込めないのが普通ですから、スタッフだけフルに備えても仕事がありません。患者様の増加に合わせて、スタッフを追加採用する計画にしたいものです。

クリニックの経営で、必要不可欠かつ最大の出費は人件費です。スタート時は赤字でも必要十分なスタッフは揃えなければなりません。

婦人科や整形外科では医療事務が複雑なので、常勤換算で2名は確保しておかなければなりません。電子カルテで、レセプトは自動計算されるとしても、それぞれ請求事務や回収管理が複雑です。内科では、医療事務1・5人体制がスタート時の人員です。1人でも回らなくはないのですが、家族の病気や怪我、学校の行事などで休みを取らなければならないことが起こります。スタッフがインフルエンザにかかってしまうこともゼロではありません。そのときの予備の要員を確保しておかなければ、診療のスピードが著しく低下してしまいます。看護師を予備要員としてカウントすることはできません。

ただし、先生が看護師と十分なコミュニケーションを取り、電話対応や清掃、初診患者様対応などで協力してもらえると助かります。

予防策のひとつとして、看護助手を置いておき、医療事務も開業当初から兼業してもらうことで、スタッフの急な休みでも診療の速度が低下しないという方法があります。

内科系の診療科では、看護師を確保したいものです。糖尿病内科などでは、看護師の採用ができない場合、臨床検査技師を採用するという方法もあります。尿検査、採血は看護師ではなく、臨床検査技師が行うことができます。ただし、一定の加算を取るには、看護師、管理栄養士の採用が不可欠です。

リウマチ内科などでは、点滴や皮下注射が必須となるので、看護師を常勤換算2名採用でスタートしなければなりません。

整形外科や神経内科では、理学療法士の採用が必須となります。10年以上前の整形外科では、低周波治療器や干渉波治療器などの物理療法の機器を購入して、リハビリ助手を採用するのが一般的でした。

現在は、レントゲン装置一式と診療台のみで設備は間に合います。加えて、45㎡以上のリハビリ室があって理学療法士がいれば、きちんと点数も取れる上、患者様のリハビリ効果も期待できるため、評判の取れるクリニックづくりができます。

どちらの診療科でも、比較的高齢者の患者様が多くなるので、診察介助の看護師を常勤換算で1

名以上は確保しておきたいところです。

神経内科で脳リハを行うのであれば、作業療法士も採用したいものです。都市部周辺では、脳リハがきちんと行われておらず、整形外科の通所リハビリテーションで代用されている地域が多くあります。患者様やケアマネージャーの認識が低いことがひとつの原因です。

リハビリテーション病院に脳血管障害の患者様を入院させられる日数制限ができて、数年になります。外来で診療する場合も単位数の上限ができました。クリニックでも、通所リハビリテーションで脳血管障害の患者様の脳リハを行うように厚生局の指導が厳しくなってきています。それでも理学療法士や作業療法士、言語聴覚士などを採用し、高次脳機能訓練などを行えば、脳リハの施設基準が取れ、診療報酬も格段に違ってきます。

小児科では、アナムネを取ったり、小児の患者様の治療がしやすいように診療介助をしたりと、看護師が必要になりますので、常勤換算2名体制は必須です。ただし、夏場は、それほど患者様も多くないので、パートの出勤を減らし、冬場にフルの人員確保ができるように配置を工夫しなくてはなりません。

皮膚科も、開業当初から最低でも1名以上の常勤看護師が必要となります。処置が多い上、患者様の数も多くなるので、看護師は、開業直後から増員を考えながら運営していくことになります。

眼科では、白内障のオペを行うかどうかで、看護師を採用するか、当初はゼロにするかが異なります。また、視力検査や患者様誘導を行う視能訓練士が1名いると助かりますが、開業当初は医療機器メーカーの人にスタッフ指導をしてもらいながら、無資格者を育成していく方法もあります。視力検査、アムスラー検査、機械を使った視野検査、角膜内皮細胞の写真を撮る検査は無資格でもできますし、視能訓練士は、眼鏡の度数合わせ、コンタクトの度数合わせなどを行えます。

5 やみくもな人件費の削減は百害あって一利なし

優秀なスタッフを採用するために、ここは少し高めの給与を設定することをお勧めします。医療機器の価格やメンテナンス料は徹底的に抑えなくてはなりません。内装工事や建築費用も同様です。

しかし、人件費の節約はいけません。確かに、開業時に資金が心配なのは理解できます。しかし、スタッフの側からすれば、給与が十分でないクリニックで働きたくないと思うのは当然です。安い給与では、それなりの人しか集まりませんし、教育をしても効果がなかなか出ません。優秀な人は、過去にきちんと周りから評価を得ていた経験があります。他のクリニックと比較して安い給与だったら最初から応募してきません。

注意点は、高い給与を提示したからといって、必ずしも優秀な人だけが集まるわけではないことです。玉石混交となるだけです。そこで、面接をして、優秀と思える人を採用する努力をします。

優秀なスタッフが採用できたら、周辺のクリニックより少し高めに給与と賞与を維持してください。採用のコストはばかにならない上、新しいスタッフが他のスタッフと馴染んでうまく軌道に乗るまでは苦労があります。

そんな苦労をするくらいなら、月額1万円ほど給与を高く設定しておいて辞めないようにしたほうがいいでしょう。

クリニックの経営で患者様の評判を取るためには、優秀なスタッフが揃っていることは必須条件です。最初の募集でうまく優秀なスタッフが集まらなかったら、開業後に再度募集することもあります。精神科を除き、診療で医師が患者様に接している時間は限られます。しかし、スタッフが患者様に接する総時間は、医師の数倍になるはずです。ここで、きちんとスタッフが働いてくれれば、患者様の評判につながります。

クリニックの評判さえ取れれば、スタッフ問題は別にして、最大の悩みは税金問題となります。税金を払うくらいだったら、スタッフの給与を月額1万円高くしても、先生の人生に何ら不都合は生じません。ストレスがなくなる保険と思って支払うことをお勧めします。

また、給与水準は地域格差がかなりあります。給与水準を知るには、求人広告を出す広告代理店の担当者に聞くと教えてくれます。また求人広告を見て、近隣の相場を知っておくとよいでしょう。

6 固定費の把握はクリニック経営の重要な道しるべ

クリニックの経営を軌道に乗せるためには、財務的な知識も必要になります。軌道に乗ってしまえば、誠実に診療に取り組むことで患者様は安定していきます。

開業後5年もすれば、税理士が毎月くれる試算表（月次の財務状況を簡単に計算した表）の中身の説明を、ほとんど上の空で聞き流している先生のほうが多いようにお見受けします。季節変動や、花粉の飛び具合、インフルエンザの当たり年などにより多少の変化はありますが、財務諸表を理解したところで解決のしようがありません。

大切なのは、クリニックの経営が軌道に乗るまでの期間です。この間は、ある程度の数字を理解し、どれくらい患者様が来てくだされば安心できるのかの目安を持つことです。そうしておけば、余計な心配をすることなく診療に専念できるからです。

では、その大切な目安を知るために、まず必要なことは何でしょう？　それは「固定費」を把握することです。

固定費とは、一般的に売上の上下にかかわらず、ほぼ毎月同じように出ていく費用のことです。家賃やリース料などがこれにあたります。

財務や経営の本を読むと、人件費は変動費（売上の増加や減少によって変動する費用）と書かれていますが、人件費（給与、交通費、労働保険）は、残業代以外変化することがほとんどないので、クリニックの経営においては「固定費」と思ってください。水道光熱費、広告費、税理士などの顧問料なども「固定費」と思っていただいたほうがよいでしょう。

患者様が1人も来なくても、出ていくお金を知っておくことは大切です。最低限、その金額以上の診療報酬が上がらなければ撤退するハメになります。

業者さん任せの開業では、必ず固定費が高くなります。これは絶対に下がることがありません。毎月30万円違っても、10年、20年スパンで見ればとんでもない金額になります。

医療機器を高く買えば、毎月のリース料は間違いなく高くなります。医療機器を大量に購入して、それが入るテナントを借りれば、もちろん家賃も高くなります。医療機器のメンテナンス料も高いはずです。

「ただより高いものはない」という言葉をしっかり頭に入れて、買わない機器を決め、しっかり価格交渉を行ってください。事業計画を立てる段階で、固定費ができるだけ少なくて済むように進めなければなりません。

7 変動費は月額でざっくり把握しておけばよい

変動費とは、患者様の増減によって変化する費用のことです。ワクチンや点滴薬、医療消耗品（圧舌子、注射器、ガーゼや包帯など）といった、診療をすればその量に比例して使用数が増え、費用が出ていくもののことを言います。血液検査や細胞検査など外注の費用も変動費にあたります。これは、開業する前に業者さんを競合させ、相見積もりを取って安い会社を選定することでコストを抑えることができます。

しかし、全体のコストの中でクリニックの変動費は普通6％から10％くらいしかありません。院内処方の場合、変動費は35％から40％くらいになります。できるだけ、調剤薬局の近くで開業するか、調剤薬局を近くで開局してもらい、院外処方にすることをお勧めします。患者様の数が増えれば、先生が薬の管理をするわけにはいかず、薬剤師を置くことになります。

院内処方では、基本的には管理コストが利益を相殺してしまいます。つまり、院内処方は儲からないようにできているのです。ピルやＥＤ治療薬、ＡＧＡ治療薬は院内処方するしかありませんが、これらは自由診療で、きちんと利益が上がるようにすることができます。

変動費を引き下げるには、医療消耗品をインターネットで購入することをお勧めします。医薬品もいつかは、インターネットと宅配便業者で直接安く購入できる時代が来ることでしょう。今でも、医療消耗品や事務用品はインターネットで安く購入することができます。

変動費は、細かく計算していては時間がもったいないので、だいたい月額合計でいくらくらい出ているのか概算を把握しておけば足ります。

8 開業後に動揺しないために診療報酬は手堅く想定する

診療報酬は、ご存知のように2年に一度の改定があります。クリニックの診療報酬の統計は出ていますので、過去の診療報酬や諸制度に基づいたクリニックの診療科別の診療報酬は、厚生労働省のホームページから知ることができます。

しかしここには、80歳代の院長先生が自宅で診療されていて1日数人から十数人しか外来がないクリニックから、開業したばかりのクリニック、経営の苦しいクリニックなど、さまざまな条件のクリニックが含まれているので、あまり参考になりません。

開業戦略を立て、コンセプトをしっかり決めて、プロの誠実なコンサルタントに開業支援をしてもらった場合の診療報酬の想定は、事業計画に耐え得る数字になっているはずです。それはかなり堅めの外来数でコストはやや多めに計算されているからです。

開業当初は、普通赤字です。まず、固定費と変動費を診療報酬が上回るポイントを目指して診療をしていくことになります。事業計画に想定される診療報酬が出ていますから、ある程度頭の中に入れて、1ヶ月単位で目標達成できたかどうかを確認し、目標達成できなかった場合に追加対策を相談し、実行していくことになります。

1日あたり患者様を何人診なければならないか数値化し、一喜一憂することはありません。それは経営としては不健全です。天気が悪かったり、三連休の土曜日だったり、月末月初で患者様が忙しかったり、たとえ開業して10年経ったクリニックでも、さまざまな理由で患者様の少ない日はあります。

月単位で、診療報酬目標と実績を把握し、毎月、対応を相談していくことで十分です。スタッフも患者様対応に慣れ、患者様の口コミも月を追うごとに広がっていきます。初めは数字が心配でも、目の前の患者様1人1人に誠実に向き合うことで結果は必ずついてきます。

9 損益計算とキャッシュフローの違いを理解する

「損益計算」と「資金繰り」は異なります。開業したときに、一番理解しにくく実感がつかめないのが資金繰りです。経営用語で言えば、今は「資金繰り」と言うより「キャッシュフロー」と覚えていただいたほうがよいかもしれません。

経営の第一ステップは、出ていく経費を収入が上回ること（診療報酬＞経費）です。「損益計算」は診療報酬と経費の計算をすることです。窓口現金＋レセプト（細かくは、公費負担、自動車賠償責任保険請求や労災保険、妊婦チケットなども）が「収入＝売上」です。そこから出ていくお金（経費）と減価償却費と買掛金を足したものが「経費＝損金」です。売上から損金を引いたものが利益と言うことになります。

しかし、手元の現金は同じような動きになりません。これが「資金繰り（キャッシュフロー）」です。

まず収入部分ですが、一般の人の保険診療では窓口負担が3割ですから、クリニックには診療報酬の3割分が入ります。残りの7割（レセプト）は各都道府県の社会保険診療支払基金と国保連合会に請求することになります。このレセプトは、診療した月の翌月10日までに電子請求します。レセプトは、請求した翌月の22日前後にクリニックの口座に振り込まれます。つまり、診療を開始しても、最初の2ヶ月は窓口現金だけが収入のすべてとなります。公費負担もほぼ同じような入金のタイミングです。

整形外科では、自動車賠償責任保険（自賠責）請求や労災保険認定後の請求などで、請求タイミングや支払いが健康保険とは異なります。また、妊婦チケットも都道府県や市町村によって金額などが異なります。

一方、出ていくお金は待ってくれません。ほとんど診療した当月から出ていきます。開業のおよそ3週間前から、スタッフ研修と開業準備が始まるので、最初は収入ゼロでお金だけが出ていきます。お金の入り方はおおむね2ヶ月遅れになるが、支払いは先行して出ていくものが多いのです。家賃は前月末の支払いが多いと思います。給与などは当月支払い、医薬品卸の支払いはレセプトが入金になる月の月末までの支払いとなります。リースの支払いなどは、当初据え置き期間がありますが、一定期間（6ヶ月〜1年）が過ぎると、その月に支払いをするようになります。

このようにお金が入ってくる時期と出ていく時期に差が生じるので、支払いのための運転資金を多めに借りておいてプールしておく必要があるのです。損益計算上は利益が上がっていても、手元のお金は思ったより少なくなることがあると理解していただければ十分です。

それから、これは開業してからゆっくり会計事務所に教えてもらえばよいのですが、わかりにくい経費に「減価償却費」というものがあります。医療機器や内装工事は、開業前にいっぺんにお金が出ていきます。それも、借入で支払うはずです。

一度にお金を払ったら、全部経費かというと、所得税や法人税の計算では長く使える内装工事費用や医療機器は、全額まとめて経費にしないという計算が税法や医療会計原則で決められています。医療機器は、たいてい5年に分けて経費（損金）にするという計算をします。ですから、お金は先に出ていったものの、経費になるのは毎月総額の60分の1ずつという計算になります。経営管理上は、実際にお金が出ていかないのに経費になるわけで、診療報酬（売上）から実際に出ていったお金のほか、この減価償却費も経費として引くという計算をします。その残りが利益です。

このほか、買掛金も当月の経費になります。医薬品や医療消耗品の購入は、月末にいくら購入したか計算し、翌月に請求書が来ます。支払いは、レセプトの入る翌々月です。しかし、損益計算では、支払いが確定しているので、お金が出ていくのが翌々月でも、購入した月に経費として計算することになっています。お金が出ていかないのに、損金（経費）が発生し、利益が少なくなる計算になります。

例外は、銀行への返済です。これは現金は出ていくけれども経費にはならないのです。ここが、普通の医師が理解するには難しいところです。開業してすぐにこれを理解するためには会計の勉強をしなければなりませんが、そんな苦労をしなくてもそのうちに慣れて理解できるようになります。開業前の段階では、252～253ページの図4を参照して、大まかに理解しておけば十分です。

10 しっかり開業すれば1ヶ月で黒字になることも夢ではない

利益が0円となる収入額のことを「損益分岐点売上高」と言います。この額を上回れば利益が出て黒字になり、下回れば赤字になります。損益分岐点を超えるのに、つまり月々の収支が黒字に転換するまでにどれくらいの期間がかかるでしょうか？

装備がそれほど大きくない皮膚科や耳鼻咽喉科などでは、早ければ1ヶ月で損益分岐点を超えた実例もあります。そこそこ設備や人を抱えたデイサージャリークリニックにおいても1ヶ月で損益分岐点超えを達成しました。最高記録は2016年に初月で損益分岐点超えしたクリニックも出現しました。

現在、スタート時点において勝ち組と負け組がハッキリするようになってきました。損益分岐点超えに一番時間がかかるのが精神科になってしまいました。早くて半年、普通に1年はかかるようになっています。これは、精神科開業が2011年頃から急速に増加し、都市部及び郊外の多くの地域で過剰状態に陥ってしまっているためです。

比較的大型開業となる整形外科、脳神経外科や出産を扱うクリニック、不妊治療のクリニックでは、1年くらいかかることもあります。不妊治療クリニックの開業は急速に増加していますし、美容形成外科においては、すでに勝ち組同士で熾烈な戦いを繰り広げている状況で、個人の新規参入は自殺行為に近い状況になっています。形成外科単体での開業ではなく、皮膚科領域も早いうちに勉強をし、皮膚科・形成外科での開業をお勧めします。それでも、1年くらいで損益分岐点は超え、気持ちのゆとりを持って診療にかかれるようになります。

とは言っても、これは大型開業であっても、医療機器の購入代金を徹底的に抑え、メンテナンス料も相見積もりを取って購入時に競争してもらうから、損益分岐点超えが早めにできるのです。内装工事費用もしくは建設費用も同じです。設計の段階で、高い料金になるように設計されてしまえば、相見積もりを取っても値段は下がりません。設計の段階で、値段が上がらないようにする必要があります。

とにかく開業にかかる価格交渉にフリーハンドでいることが第一です。そして優秀なスタッフ採用の戦略を持つこと、医師であり経営者であることの自覚を持つことが重要です。

こういった対策の自覚なしに開業をしてしまったら、一般内科であれば、最悪3年間ぐらいアルバイトをしながらしのぐ時代になってきていると思います。

損益分岐点を超えるまでには、どうしてもストレスがかかります。その期間をできるだけ短くすることが大切だと思います。診療科目にもよりますが、短ければ1ヶ月で損益分岐点を超えることができるのです。

11 リース・返済・税金も視野に入れて経営状態を理解する

開業して1ヶ月後には、開業前に作成した事業計画の数字と実際の金額の差がどうなっているかを見比べます。計画に近い数字であれば安心してください。開業前に、きちんとした厳しめの事業計画を立案していれば、差額を計算してもらって目標患者様の数を修正しても、安全圏にいることがわかるはずです。

しかし、多くの医師が開業時に銀行借入のためのざっくりとした事業計画しか持っていないことが多いのです。これでは、実際の数字と計画は大きくかい離しているでしょう。その場合は、税理士に、患者様をどれくらい診療すれば経費を上回るようになるのか計算してもらうことになります。クリニックの会計処理と税務になれた税理士であれば、難しい理屈はこねません。患者様1人あたりの診療報酬を、開業初月で計算してくれます。そして、その月の診療報酬の総額を計算してくれます。

次に、毎月出ていく経費（家賃、給与、医薬品、消耗品、水道光熱費、銀行借入の利息、ゴミの廃棄料、検査外注費など）を計算してくれます。開業初月は、購入するものが多いので、大きな支払いがありますが、2、3ヶ月後には支払う経費が安定し、目標とすべき患者様の数が決まってくるでしょう。このように、自分のクリニックの経営状態を理解することがクリニック経営の第一歩になります（252〜253ページ図4参照）。

損益計算をする上で気をつけてほしいことは、リースや銀行借入には据え置き期間があることです。初めのうちは、すぐに患者様が集まってくるわけではありません。リース会社や銀行もさすがにノウハウを蓄積してきていて、返済をしなくてもよい期間（据え置き期間）というものを設定してくれています。

近年、据え置き期間を銀行では12ヶ月、リース会社では6ヶ月としてくれるようになっています。ただし、その計算のスタートは借入を起こした月からです。保証金を支払ったり工事代金の着手金を支払ったりする前に借入を起こしている場合は、遅くとも開業の3ヶ月くらい前には銀行借入が起きているはずです。リースのスタートは、医療機器が搬入されてチェックが行われ、スタッフに利用方法の説明などがなされた頃に設定されるはずですから、開業の前月（スタッフ研修期間中）になるはずです。

開業して9ヶ月目頃に、銀行の元金返済が始まります。6ヶ月目にはリースの返済も始まります。ここまでに損益分岐点を超えておきたいところですが、近年、損益分岐点超えに1年くらいかかるクリニックも増えてきています。

その場合は、診療報酬は上がっていないのに、手元にある資金を持ち出して返済をしていくようになります。

この時期になったら、経費と、返済と、自分の生活費を足して、その支払いをするのにいくらの診療報酬が必要なのかを税理士に計算してもらうようにしなければなりません。医療に慣れた税理士なら、あらかじめ銀行返済が始まるときに必要な資金についてアドバイスしてくれます。

もし診療報酬が追いついていないなら、患者様を何人診療すればよいのか頭に入れて、早急に増患対策を行わなければなりません。

診療報酬が出費を上回るようになればもう安心です。一度軌道に乗ってしまえば、資金繰りのことや毎月の損益の計算を税理士から真剣に聞く必要はなくなってくるでしょう。その代わり税金の支払いのために貯金をしなければならなくなります。

（単位：千円）

開業 3か月目	開業 4か月目	開業 5か月目	開業 6か月目	開業 7か月目	開業 8か月目	開業 9か月目	開業 10か月目
416	520	564	660	728	759	752	784
616	770	970	1213	1317	1540	1698	1771
294	441	532	560	735	700	665	798
1326	1731	2066	2433	2780	2999	3115	3353
1672	1672	1672	1672	1672	1672	1672	2172
66	87	103	122	139	150	156	168
465	465	465	465	715	715	715	715
50	50	50	50	50	50	50	50
2253	2274	2290	2309	2576	2587	2593	3105
-927	-543	-224	124	204	412	522	248
0	0	0	0	0	0	0	0
						400	400
							1000
0	0	0	0	0	0	400	1400
0	0	0	0	0	0	-400	-1400
12804	12261	12037	12161	12365	12777	12899	11747
12	15	18	20	21	23	24	25
21.0	21.0	19.0	20.0	21.0	20.0	19.0	19.0

開業初月のレセプトがようやく入金されてくる

収入＞支出を達成

リースの返済が始まる

賞与を支払う計画

借入の元金返済が始まる

税金の支払い

まず目標とするべき1日平均外来数

資金残高が増加し始める

図4　あるクリニック（婦人科）の資金計画

		開業 2か月前	開業 1か月前	開業 初月	開業 2か月目
経常収入	外来窓口収入			264	330
	レセプト収入				
	自由診療報酬			280	280
	経常収入合計	0	0	544	610
経常支出	給与・家賃	522	762	1672	1672
	変動費			27	31
	その他固定費			465	465
	支払利息	11	20	50	50
	経常支出合計	533	782	2214	2218
経常収支合計		-533	-782	-1670	-1608
財務収入	自己資金	5000			
	銀行借入（設備資金）	25400			
	銀行借入（運転資金）	24272			
	財務収入合計	54672	0	0	0
財務支出	借入金弁済				
	税金（所得税・住民税）				
	諸経費支払	11348			
	設備投資	25000			
	財務支出合計	36348	0	0	0
財務収支合計		18324	0	0	0
繰越資金残高		17791	17009	15339	13731
予測値	1日平均外来数（人）			8	10
	1ヵ月診療日数（日）			20.0	20.0

家賃と給与は先行してお金が出ていく

予測来院患者数は手堅く見積もる

12 大型開業なら節税のためにも医療法人化を考えておく

脳神経外科、整形外科、不妊治療の婦人科など、設備や人に初期投資がかかる診療科では、税金の仕組み上、医療法人化は避けることができません。開業当初から、医療法人化を視野に入れた事業計画の策定が必要です。

医療法人化すると何がよいのでしょうか？　まず、税金が安くなります。個人で診療を続けた場合、申告所得で１８００万円を超えると所得税40％、住民税10％を取られる世界に入ります。１００万円頑張って診療報酬を増やしても50％が税金で持っていかれるようになります。申告所得で、４０００万円を超えると所得税45％、住民税10％の合計55％課税という罰金刑のような税金が取られます。

所得が多くても、そうした多額の税金を払うため、十分なお金が手元に残らなくなるのです。加えて大型開業では、借入金の返済が大きいので（借金の返済は経費にならないので、所得から税金を引いた金額で支払うことになります）、手元にお金がないにもかかわらず、計算上の所得金額が１８００万円を超えてしまうようになるのです。

法人であれば、実効税率（事業税と法人住民税は経費になるので、それを考慮した税率）は30％

程度になるので、法人化を選択したほうが得というわけです。申告所得で1800万円を超えていれば、大型開業のクリニックでは医療法人を検討するべきです。

税金やコストにシビアな歯科医だったら、申告所得1800万どころか900万円を超えそうになったら、すぐに医療法人化を検討します。900万円を超えると所得税が33％、住民税が10％（合計税率43％）の世界に入ってしまうからです。

歯科医は10％の節税にも積極的に取り組みます。大型開業の医科の医師は、全体の数字が大きいため、100万円の節税のために医療法人化するのは面倒だと考える傾向にあります。いずれにせよ、しかるべきタイミングで医療法人化による節税は考えなければいけないということです。

13 医療法人化の手続きは頼れる専門家に任せるのがよい

医療法人化の手続きをするのは大変です。過去に全部自分で申請手続きをしたという医師に会ったことがありましたが、頼める人がいたならお金を払って自分は診療をするほうがはるかに安いと言っていました。慣れていない人が医療法人化の申請を行えば、100％書類の不備で「取り下げてください。きちんと書類を整えて申請してください」と行政から言われると思います。

そもそも、ほとんどの都道府県で医療法人化の申請は、年2回の限られた時期にしか受け付けてもらえません。東京都などは8月下旬と2月下旬の数日間、郵送で受け付けるのみです。不備の補完ができない(漏れている資料や間違った書類の記載などが多すぎて、担当責任者の判断でとても指導できる範囲にない)と思われたら、受け付けてくれません。文句を言っても都道府県側に裁量権がありますから、どうにもなりません。

全国一の医療過疎地である埼玉県では、県外に出ていかれたらとんでもないことなので、手取り足取り丁寧に指導してくれます。しかしながら、県の担当者がクリニックに来てくれることはなく、すべて県庁に呼び出されての指導です。私が見てきた医師自身の申請では8回から10回くらい県庁で指導を受けたとご本人から聞きました。

医師本人が申請するのはもちろんレアケースで、多くの医師が、医療法人化の手続きは専門家に任せています。税理士や行政書士に依頼してもよいでしょう。申請して医療法人をつくる手続きだけだったら、どこに頼んでも問題なくやってくれます。

大切なのは、手続きよりも医療法人化した後です。その後の運営でどれだけ使い勝手をよくするとか、返済を楽にするにはどうするかとか、節税対策などをしっかりと考慮して申請してくれる「プロの専門家」に頼むべきです。

第11章

クリニック開業［実践］ガイダンス

ラストスパート！

工事の発注から引き渡しまでの進め方

或るドクターとコンサルの会話――11

椎原　先生、その後、内装設計のほうはいかがですか？

Dr.間　何とか軌道修正できて、今度は順調にいきそうです。

椎原　工事の発注から開業日までは、時間的に余裕を持って進めてくださいね。

Dr.間　はい。

椎原　開業日から逆算して、1ヶ月前には工事を完了して引き渡しをしてもらわないと、予定通りに開業できなくなってしまいます。そのためには、いつまでに工事に着工していなければならないのかおのずと決まるんです。

Dr.間　開業日から逆算してスケジュールを組んでいくのですね。それはどうしてでしょうか？

椎原　まずは、保険医療機関の指定のためです。これが済んでいないと保険診療ができません。保険医療機関の申請は、管轄の保健所に開設届が提出されて受理されないと指定申請できないのです。そもそも、開設届は工事完了引き渡し後に立ち入り検査ができる状態になっていないと受理してもらえません。

Dr.間　保険診療ができないのであれば、開業できませんね。

椎原　他にも、消防署の立ち入り検査があります。そのためにも先生ご自身が防火管理者研修を受けて、防火管理者の資格を取得しておく必要があります。

Dr.間　どのように取得するのでしょうか？

椎原　診療所の管轄の消防長などが主催する防火・防災管理者講習に出席して、試験を受ける必要があります。出席すれば全員合格するレベルですから、2日間だけ予定を取ってください。

Dr.間　わかりました。他にもやらなければならないことはありますか？

椎原　工事完了後の物件引き渡し後に備えて、さまざまな準備をしておく必要があります。

Dr.間　どんな準備ですか？

椎原　まずは、什器備品や医療機器の搬入の段取りです。診療机などが先に搬入されていないと、電子カルテを置けないですよね。他にも、さまざまな什器や医療機器が搬入されますが、メーカーはバラバラです。各業者さんの調整をする必要があります。

Dr.間　ぜひ、詳しく聞かせてください。

椎原　わかりました。では説明していきましょう。

1 最終的な工事の相見積もりを取ってしっかりコスト削減

銀行借入が決まれば、いよいよ工事を発注することになります。実際に工事を発注する前に、どの業者さんに工事を依頼するのか、最後の相見積もりを取ります。設計が決まってから、工事会社を数社集めて、設計士から条件を説明してもらいます。

設計士が集めた会社で相見積もりを取っても意味がありません。ウラで談合が起きないように、必ずクリニックの工事に精通した、利害関係のない建設工事会社を集める必要があります。設計と同様、工事もクリニックに精通した業者さんに頼んだほうがよいのは言うまでもないでしょう。

誠実なプロのクリニック開業コンサルタントを活用した場合、ここで、お金を払って依頼した効果が出てきます。工事会社は、バラバラに集めてきます。地域により声をかける業者さんが同じにならないようにして、談合が生じる余地がないように注意を払います。

設計士から、設計書が示され、条件などが説明された後、見積書を設計事務所と先生に同時に送ってもらうようにします。

設計士と常時取引している業者さんはいませんから、真剣勝負の見積もりになります。ここで、見積価格が10％以上安くなるはずです。

工事発注から引き渡し

業者同士がつるんでいる場合、みんなで仲良く先生を支援し、それぞれの業者が最大利益を達成するように動きます。プロの開業コンサルタントは、それをさせず、徹底的にコストダウンを図ります。

工事の場合、支払いは手形で受け取ることが多いのが実情です。ところがクリニックの場合、現金払いです。業者も安心して受注できます。資金繰りも楽になるため、クリニックの工事は最も請けたい仕事のひとつです。戸建てでも4ヶ月程度、外構工事などを含めても6ヶ月で引き渡しができますから、工事業者としても効率がよい仕事なのです。

そこで言葉は悪いですが、業者さんの足下を見て、競争してもらうのです。銀行融資が決まっていて、着手金ももらえ、引き渡しと同時に最終金が現金で入るのですから、真剣勝負の見積もりになります。

工事業者にしてみれば、クリニック開業コンサルタントは年に何件もの工事を発注し続けてくれます。景気が悪くても、工事量は減りません。景気が悪くなっても、開業が減ることはないし、病気になる人（患者様）も減らないからです。ボロ儲けはさせてくれないけれども、手堅い仕事を継続的に発注してくれるので、無下にはできません。

クリニックの場合、使う材料やシンク、トイレ、エアコン、照明などはだいたい決まっています。工事業者も一定量の発注ができるため、建材会社に仕入れの価格交渉もできます。

決まった日に、見積書が先生に届きますので、一斉に開封します。一発勝負で、一番安い業者に発注することになります。もちろん先生が気に入った業者さんがあり、値段が少し高くてもそこに発注したい場合は、そうします。

どこに発注するのも先生の自由ですが、値段にあまりにも差がある場合は、やはり安い業者さんを選択することをお勧めします。

2 見積もりも発注も時間的に余裕を持って行う

戸建て開業の場合、設計ができた後、建築確認申請を行わなければなりません。地域によって差がありますが、余裕を見て2ヶ月くらいかかると思っておけば間違いありません。工事を発注しようにも、建築確認が下りなければ工事に着手できません。

また、工事を発注したからと言って、翌日から着工できるわけではありません。資材の発注や人の手配などが必要ですから、発注をしたとしても10日以上の余裕を見なければ着工してもらえません。テナント開業の場合、建築確認は不要です。それでも、着工までには資材発注や人の手配など、戸建てと同じように時間が必要です。お盆や正月やゴールデンウィークなどがあると、工事期間が通常より長くなることもあります。急いで工事をしてもらうと割増料金がかかることもあり、注意が必要です。

工事の発注は、クリニックの開業日に大きな影響を与えるので、時間的余裕を見る必要があります。ここまで来る前に、開業日から逆算して、いつ引き渡しをしてもらわないと開業できないかが決まっています。

保険診療を行うクリニックの場合、保険医療機関の指定が必要です。厚生局に申請を行いますが、保健所の受付が済んでいないと申請できません。保健所には、個人開業の場合、単に届け出の提出で足りますが、立ち入り検査ができる状況になっていないと届け出を受理してもらえません。つまり、開業しようと思う月から逆算して、工事発注をする必要があるのです。

保健所の開設届の控えは、保健所によって交付のされ方が異なります。立ち入り検査の後でなければ交付されない地区もあります。事前に所轄の保健所に、いつまでにどのように届け出をすればよいかを相談する必要があります。

原則としては、立ち入り検査があっても間に合うように、物件の引き渡しをしてもらいます。そのために工事期間がどれくらいで、いつ発注すれば引き渡しが保健所の立ち入り検査に間に合うのかを確認する必要があります。それを見越して、余裕を持って相見積もりを取り、発注をする必要があるのです。

3 業者任せにしないで現場打ち合わせで最終調整をする

内装工事期間中の注意点としては、すべてを業者任せにしないということです。できれば週に1回は現場に足を運ぶことで、進捗状況も理解できるでしょう。内装工事には、「墨出し」といって工事中に必要な線や位置などを床や壁などに表示する作業、パーテーションを建てる作業など、重要なポイントとなる段階があります。内装業者に確認して、そういった要所要所で現場打ち合わせを入れることをお勧めします。

意匠図面を何度も引き直していますから、工事になってから変更することはまずないはずですし、大きな修正は原則としてできません。コンセントやスイッチ類の位置やラックの置き場所など、細かいところもチェックしていくことをお勧めします。ちょっとした変更は、初期段階であれば対応してくれるでしょう。

棚があったほうが便利だとか、カーテンがあったほうが視線を遮れてよいとか、図面だけでは気づかなかった多少の手直しはできます。

そもそも、窓のカーテンやブラインドは工事の見積もりには入っていませんから、工事の最中に決めて発注をしなければなりません。大工さんが入っている間であれば、カーテンレールの設置くらいは実費で取り付けてもらえると思います。

壁のクロスなども、現場の光の中で再確認すると、会議室で見本を見ながら打ち合わせをしていたときよりも具体的なイメージがわきます。クロス貼りをする前であれば、同じ価格の別のクロスに取り替えることもできます。床材もサンプルを床に置いて確認することができます。

工事が始まると、空間が仕切られていき、見取り図だったクリニックが徐々に形になっていきます。初めは、診察室など個別の空間が少し広く感じるはずです。でも大丈夫です。でき上がって、机や椅子や医療機器などが入っていくとちょうどよい広さであることがわかります。

診察机や院長椅子、クランケ椅子なども、この期間に何を買うか決めて発注していきます。引き渡しまで何もしないと、机や椅子がないクリニックが引き渡されるだけです。電子カルテなどが搬入されてきても、机がなければ床の上に置くことになります。実際にそのような段取りの悪い現場も見たことがありますので、先生ご自身でもチェックを行う必要があります。

机、椅子と併せて大型の収納庫の設置をお勧めします。もちろん中古の備品で十分です。設計の際にだいたいの置き場所は決まっていると思いますが、現場での打ち合わせで最終確認をします。工事の仕上がり前に搬入し、地震の際の転倒防止工事を行ってもらったほうがよいでしょう。家庭用の地震対策用品より、工事のほうが頑丈です。転倒防止の工事は別料金になることが多いと思いますが、必要経費でしょう。

ただし、小型のものやスタッフが使うものは、スタッフ自身に選ばせたほうがよいです。事前にスタッフのことを考えて購入しても、色が気に入らないなどの不満が出ることのほうが多いような気がします。

4 戸建て開業ではポイントになる段階でしっかり締める

先生ご自身で戸建て建築をする場合は、工事期間中のポイントになる段階で打ち合わせを入れてもらうようにしたいところです。特に基礎の施工の際は、設計士さん立ち合いのもとで、手抜きされないように現場に顔を出して、設計士さんに教わって確認ポイントを理解し、写真を撮るなどして実際に確認すると、現場に緩みがなくなります。

工法にもよりますが、建築工事の途中（一般的には、新築の家の土台ができ上がり、柱、梁などの骨組みが完成した後、棟木を取り付けて補強する際）に行う儀式で「上棟式」というものがあります。現在では儀式というよりも、施主が大工さんをもてなすお祝いの意味が強くなっていますが、ここは大工さんに気持ちよく仕事をしてもらうため、上棟式は執り行ったほうがよいと思います。

建て貸し開業の場合も、地主さんと相談して、上棟式は先生が行ったほうがよいでしょう。大工さんに感謝を伝えるとともに、地主さんや地域の方とのつながりを強めることができるからです。

建て貸し開業の戸建て建築の場合、工事中の現場打ち合わせは地主さんに任せて、先生が現場打ち合わせに参加するのは内装工事が始まってからで十分です。外壁や壁材などの選定後、現場の日の光の下でもう一度確認をしたい場合は、工事会社が資材発注をする前に、現場でサンプルを確認する必要があります。希望する場合は、工事発注時に現場打ち合わせを入れてもらうようにします。躯体工事が終わり、配電や排水管工事が始まる頃から、週に1回は現場打ち合わせを行いましょう。業者任せにせず、現場で最終調整をしっかり行ってください。

5 工事代金支払いのタイミングをしっかり頭に入れておく

テナント開業の工事代金の支払いは、完成引き渡し時の一括支払いが多いです。銀行融資が決まってから発注するため、工事会社も回収不能となることがなく、また現金払いなので回収を急ぐ必要がないのです。一般の工事請負の場合、支払いが手形となることが多く、現金払いはほとんどありません。クリニックの開業ではニコニコ現金一括支払いですので、工事業者にとってはとてもありがたい条件になります。

工事代金は、銀行から融資を受けた資金から支払うことが一般的でしょう。銀行としては超低金利の中、少しでも多く金利が取れるように、できるだけ早く融資したい事情があるため、契約締結から1～2週間で実行されてしまうことが多いです。

また建て貸しの場合、地主さんと契約を結び、翌日以降の決められた日までに、保証金を先払いするのが一般的です。

開業後に、医師側が賃料を払うのがバカらしくなったなどと言って、近くに建物を建てて移転してしまったら地主さんは困ってしまいます。そこで、契約解除について違約金条項（解約すると医師のほうが違約金を払う条項）が付くのが普通で、契約時に保証金の支払いをすることが条件になります。違約金が発生する場合、この保証金が没収され、不足する金額の支払いが医師に求められるというわけです。

保証金の支払いも、多くは融資された資金から済ませます。となると、融資実行のタイミングが随分早いと思うかもしれませんが、前述のように、銀行側もできるだけ多く金利を取りたいという実情がありますから、保証金の支払い融資を早くしたいのです。保証金支払いのための金利は、現在、誤差程度の金額ですし、地主さんとの関係を良好に保つための合理的な必要経費でもあります。

先生ご自身が建設する戸建て開業の場合、工事契約と同時に総工費の2割から3割程度の着手金を支払うことが一般的です。中間金は3割から4割くらい、最終引き渡し時に残金を全額支払うことになります。

6 物件引き渡し後の損害保険契約では火災保険に気をつける

テナント開業でも戸建て開業でも、工事が終われば物件の引き渡しとなります。地道に現場打ち合わせを重ね、これでようやく開業するクリニックの建物ができたことになります。

ここで意外と抜けてしまうのが火災保険です。引き渡しをされるまでは、工事業者の保険でカバーされていますが、引き渡しを受けた日の午前0時から、所有者の責任で火災保険を契約する必要があります。ここも、設備投資に見合った適正な補償金額の設定が必要です。

当日にバタバタして不備があると契約が成立しなかったり、漏れが生じるので、実務上は前日までに契約を終わらせておくほうが安心です。引き渡し日は、すでに決まっていますから、1週間程度の余裕を見たほうがよいかもしれません。

テナント開業の場合は、内装工事相当金額と什器備品相当金額の火災保険を契約することになります。

ここで注意してほしいのが、火災保険に付いている特約である借家人賠償責任保険です。不動産仲介会社に任せると、借家人賠償責任保険をやたら高額に設定されてしまう場合があります。借家人賠償責任保険とは、借家人の過失によって火事になった場合の原状回復を保証する保険です。

昨今のテナントは、鉄骨鉄筋コンクリートの物件が一般的です。鉄骨鉄筋コンクリートであれば、室内が燃えるだけで、他の区画が燃えることはないはずです。躯体が残るのであれば、請求できる損害金額は、電源盤や窓ガラス、自動ドア程度でしょう。高額な保険設定は不要なはずです。

おそらく銀行借入をする時点で、団体信用生命保険やその他の生命保険を契約されることでしょう。その保険を扱ってくれたプロの保険代理店に、損害保険の契約も相談に乗ってもらうことをお勧めします。医師側に立った提案をしてくれるはずです。

建て貸し開業の場合、所有者は地主さんでしょうから、借り主は勝手に他人名義の建物に火災保険をかけることができません。内装といっても躯体と区分できないので、火災保険の対象は什器備品くらいということになります。地主さんが火災保険を契約し、借り主が借家人賠償責任保険に入ると保険料の支払いは二重になってしまいますが、こうしておけば、2つの保険で1つの建物をカバーできるので、全体コストを抑えられます。

もし、借家人賠償責任保険で全額をカバーしようと思って契約が高額になってしまう場合は、地主さんの同意を得て、借り主が地主さんのための火災保険を契約する方法が考えられます。これも保険の二重支払いのようですが、建て貸しの際、火災保険は借り主の負担で契約することとすれば経費になりますし、合理的な選択と言えるでしょう。

自分で戸建て開業した場合には、普通に火災保険を契約するでしょうから、金額と時期を間違えなければ問題になることは少ないでしょう。

でも「火災保険にさえ入っておけば安心」という考えは危険です。クリニックは施設があってこそ診療ができるので、火事などで診療所がなくなってしまうと診療ができないことになってしまいます。その間、仮設診療所を準備して診療したりするでしょうが、制約があったり、診療報酬が減ってしまうことが考えられます。すぐには、仮設診療所もできないので、一定期間の休診が生じるはずです。

それでも、人件費や家賃などは生じますから、診療報酬が入らなかったり、少なくなったりすることは大きな痛手です。そのリスクをカバーするためには、「店舗休業保険」に入る必要があります。これは、火事や事故、台風や浸水（地震は除く）などで診療ができなくなった場合に、その診療報酬から使用する医薬品や検査外注費などを引いた金額相当を補償してくれる保険です。クリニックの場合、利益率が高いので、その金額を補償してもらえる保険に入っていないと再開もかなり難しくなってしまいます。

保険の金額や期間は専門家に任せればよいのですが、そもそも店舗休業保険に入っているクリニックは、私の経験上10％程度です。火事になるクリニックがほとんどないので、実際のトラブルになった例は見たことがありません。ただ近年は、火災以外にも台風、ゲリラ豪雨、落雷、給排水の水漏れによる被害も増えており、休業補償の必要性は高まっています。万が一のことがあれば、契約していない院長の責任になってしまいます。

7 院内設備の発注と搬入の順序を考えて設定しておく

建築物件の引き渡し後に、発注した医療機器や電子カルテなどが順次搬入されてきます。とは言っても、誰かが音頭を取って順番などを決めないと、同じ時間帯に複数の業者が搬入待ちの状態になり、院内は大混乱ということが起きてしまいます。これまで開業準備をサポートしてくれた人がいるでしょうから、その人に事前に依頼をして調整してもらう必要があります。

前にも述べたように、什器備品で一番初めに発注すべきは診療机と院長椅子とクランケ椅子です。これらは、準備段階での打ち合わせに必要になります。また、電子カルテは比較的早めに搬入する必要があり、そのための机や台が必要なのです。

インターネット通販なら、スツール（丸イス）が5脚セット1万円くらいで購入できます。物件引き渡し後は、さまざまな業者との打ち合わせもありますから、スツールがないと不便です。将来も業者との打ち合わせなどで使うことがありますから、買っておいて困ることはありません。

ただ、都心のクリニックなどではスペースが限られます。スツールを置く場所に困るという場合には、少し価格は上がりますが、折りたたみ椅子を初めから購入するという方法もあります。ただし、折りたたみ椅子は不安定なので、初めに患者様用スツールを買っておき、開業前の打ち合わせなどに使うことをお勧めします。

スタッフ用の机と椅子の発注はスタッフが来てからで間に合います。ロッカーも同様です。事前にスタッフのことを考えて購入しても、不満が出ることのほうが多いと思います。価格の問題ではありません。

先生が気をつかってかなり高級なロッカーを買った場合でも、面と向かっては言われませんが、色が好きじゃないなど、不満を持たれたこともありました。

スタッフが使うものはすべて、テーブルや椅子から制服やサンダルまで、顔合わせをした初日に本人たちで決めてもらうことをお勧めします。

不満が絶対出ない上に、この発注作業でスタッフが一気に仲良くなってくれます。スタッフのコミュニケーションの場づくりとして一番有効です。この打ち合わせだけでも半日は持ちます。スタッフが来る前に購入すべきものは、細かいところで、トイレットペーパーやタオル（ペーパータオル）です。これは、引き渡しの日には用意しておきたいものです。テナントだろうが、戸建てだろうが、トイレットペーパーはついてきません。

また、開院まで床を汚さないためにスリッパも用意する必要があります。気の利いた工事業者さんだと打ち合わせの後半にはスリッパを用意してくれることもありますが、引き渡し後にスリッパを用意してくれることはあまりありません。

スタッフ勤務初日はナースサンダルもないため、スリッパの用意でスタッフのモチベーションも維持できます。勤務医時代だったら、誰かが必ずやってくれたこんなことも、経営のひとつの仕事になります。

医療機器や電子カルテの搬入が終わった後に、クリニックの待合室の椅子などの搬入を行います。くれぐれも医療機器などの搬入の邪魔にならないよう、事前に購入すべきものを決めておき、発注と搬入時期を設定しましょう。

第12章

クリニック開業[実践]ガイダンス

スタッフ採用のやり方

人財を呼び寄せる!

或るドクターとコンサルの会話――12

椎原　先生、スタッフの採用についてはいかがですか？

Dr.間　スタッフがなかなか採用できないという話を聞くので、心配しています。

椎原　今は漫然と募集広告を出すだけでは、スタッフの採用ができない時代になっています。看護師の多くは、有料職業紹介会社に登録してみずから直接応募する人が少なくなっているという事情があります。また、現在人手不足で、医療事務だった人が派遣社員などになって、一般企業で働く経済環境でもあります。数年前までは一般企業を辞めて医療事務になりたいという人が大量にいましたが、近年、企業への派遣社員を希望する人のほうが多くなっています。

Dr.間　看護師については、開業したら一緒に働きたいと言ってくれている知り合いの看護師がいるのですが……。

椎原　看護師が確保できるならありがたい話です。ただ、ひとつ気をつけて話をしてほしいことがあります。

Dr.間　気をつけることとは何ですか？

椎原　病院では優秀な看護師でも、診療所で優秀な人かどうかはわからないということです。

なかには先生がスカウトした人ということで、診療所に君臨してしまう看護師がいるんです。掃除や電話対応は事務の仕事だからと見下すようなことをして、人間関係を壊してしまう人は、診療所には向いていません。

Dr.間　たしかにそういう人では困りますね。

椎原　先生には前々から準備してきたホームページがあります。早くから取り組んできた成果がここで出てきます。応募者に先生の人柄や医療にかける情熱をしっかり伝えていきましょう。

Dr.間　はい。なるべく良い人を採用したいのですが、採用面接をするのも初めてで、どこを見て何を質問すればよいのか……。

椎原　採用活動にもコツというか、ポイントがあります。それと、良い人を採用したいのはもちろんですが、どんな人でも採用した後が大事です。クリニックで患者さんの評判を取ろうと思ったら、まずスタッフが患者さんの評判を取らなければなりません。スタッフがこんなクリニック辞めてやると思ったら、良いことは言ってくれません。スタッフ管理は院長の永遠の課題です。

Dr.間　どうすればよいのでしょうか？　ぜひ教えてください。

椎原　わかりました。では説明していきましょう。

1 スタッフ募集は媒体選びと掲載時期に気をつける

良い人を採用するのは、すべての医療機関において永遠の課題です。特に新規オープンのクリニックでは、未経験者は採りにくいので、前職（現在勤務中の職場）がクリニックであることが望ましいと思います。

今は普通にスタッフの募集広告を出しても、なかなか良い人を採りにくい状況です。景気によって医療事務さんの採用はかなり影響を受けます。リーマンショックの直後は、医療事務1人の募集で100名以上の応募があった時期もありましたが、景気の緩やかな回復に伴い、医療事務よりは給与の高い派遣社員に若い女性が流れる傾向になってきています。現在はリーマンショック直後の3分の1程度といったところでしょうか。完全な売り手市場であると言えます。

ただしクリニックのオープニングスタッフ募集は、医療事務さんからも、看護師さんからも、人気があります。全員スタートが一緒で、女性同士のでき上がった人間関係の中に飛び込む必要がないからです。これは、スタッフにとってとても気が楽な環境です。またオープン当初から患者様がごった返すことはないと考えていますから、仕事も楽だと思って応募してくれます。

優秀なスタッフ募集の成否は開業前のホームページで決まることは、第7章で述べた通りです。

もちろんスマートフォン対応は必須です。医療事務や看護師、臨床検査技師なども「とらばーゆ看護」などの転職サイトを活用していますので、ウェブサイト求人募集広告への掲載は定石です。それに加えて、自院のスマートフォン対応サイトで募集をかけ、求人募集広告からリンクを張れば見てもらえる可能性が格段に高まります。

パートの募集の場合、転職サイトと併せてアルバイト求人媒体や転職用フリーペーパーのインターネット版、新聞の折り込み広告を使うこともあります。最近の若い人は新聞を取らなくなっているので、折り込み広告は主婦層など、ある程度年齢が高い人を採用したい場合は有効でしょう。

理学療法士や放射線技師などは、広告媒体として専門誌などを使う工夫も必要です。一般の広告媒体では、なかなか有資格者に巡り会えません。最近は、それぞれの専門資格者用の募集サイトも登場していますから、活用することも検討してください。いずれにしても、クリニックからするとなかなか採用が難しいのが実情です。

求人広告掲載の時期は、クリニック開業の2ヶ月前から3ヶ月前を目安とします。広告を掲載し、応募があり、面接へと進みます。前職をまだ辞めていない就労中の人を採用する場合は、採用決定から退職までの期間を見なければなりません。円満に退職してもらうためにも、少なくとも1ヶ月程度は必要でしょうし、採用したらクリニック開業の20日前には開業準備と事前研修に参加してもらう必要があります。

すべては、開業日から逆算してタイミングを決める必要があります。

2 採用応募者が殺到するような求人広告のつくり方

求人広告やホームページの内容にも工夫が必要です。

できれば院長の顔写真があるほうがよいでしょう。なるべく院長の人柄や医療にかける情熱、新しい職員さんに一緒に働いてもらいたい熱い気持ちが伝わるようにしたいからです。院長の地域医療にかける思いとか、その地で開業しようと思った経緯なども併せて書きます。

患者様にとってもスタッフにとっても、クリニックの顔は院長です。その院長の熱意が伝わる求人広告であれば、一緒に働きたいと思う〝優秀な〟スタッフを採用できる確率が高まります。

応募する人からすると、先生がどんな大学を出て、どのような治療実績があるのかは、さほど重要なポイントにはなりません。患者様からの評判の取れる院長であることは望ましいのですが、働きやすいことのほうが重要です。優秀な人材を求めるのであれば、スタッフの働きやすさに心を砕いていることも伝えなくてはなりません。

「プライベートも充実」「仕事のオンオフをうまく切り替えて」「メリハリをもって」といったキーワードに、応募者は惹かれるものです。

スタッフ採用

3 欲しい人財を呼び寄せる明確なメッセージを発信する

糖尿病クリニックでは、尿検査と採血は必須ですから、採血があまり得意ではない看護師さんに応募されてもお互いに不幸です。採血の技術が高いなら臨床検査技師さんでもよいくらいです。患者様から見たら看護師さんも臨床検査技師さんも区別はつきません。医療事務さんを看護師さんだと思っている患者様もいるくらいです。

このようにどのような人に応募してもらいたいか、どのポイントに優れていることを求めているのかといった、明確なメッセージが必要です。

例えば「○○ができる人」「○○優遇」などという文章を掲載してください。それだけで、先生の理想の〝人財〟に応募してもらえる可能性はぐんと高まります。

どの診療科でも、できれば経験者が欲しいものです。「経験者優遇」の記載はしておくべきでしょう。「経験者求む」だと、応募者が減ってしまいます。経験はあるけれどブランクのある人から敬遠されてしまうリスクがあります。特に看護師は引く手あまたですし、診療科の経験がなくても採用する場合があります。

パソコンスキルについても、効率よく診療を進めるために重要なポイントとなってきます。特に医療事務に関しては、電子カルテのキーボード操作が必須ですから、40代以下を採用したほうが安全です。「電子カルテ操作に慣れている人」とか、「パソコンでブラインド操作ができる人」などの条件を付帯しておけば、できない人が応募してくるリスクを減らせます。年齢が少し高めでも経験を買って採用したい場合は、念のために電子カルテで住所、氏名などの入力スピードをテストすれば間違いないでしょう。

看護師には、ブラインドタッチまで求める必要はありません。電子カルテに入力してもらうことがほとんどない上、テンキーとマウスの操作だけで看護師業務はできるように工夫されています。小児科などで看護師に詳細なアナムネを取って入力してもらう必要がある場合は、その旨、ホームページに記載しておく必要があります。小児科勤務の経験のある看護師であれば、その辺の事情はわかって応募してくれるはずです。逆に小児科経験はないが、電子カルテ操作に慣れている看護師にも応募はしてもらいたいところです。なので、小児科勤務のない看護師向けに、「ある程度キーボード操作に慣れている看護師またはパソコン操作に慣れている看護師優遇」などと記載する必要があると思います。

小児科であれば、医療事務も看護師も、冬場に帰りが遅くなることは覚悟してもらわなくてはなりません。その代わり、患者様の減る夏場には交替で休みを取ってもらえることもアピールするべきです。厳しいことだけ書いたら応募する人が減るのは当たり前です。

耳鼻咽喉科でも似たようなものでしょう。花粉症の時期になるべく定時に帰りたいと希望されたら、経営が成り立ちません。耳鼻咽喉科はお子様も来院されれば、聞く力が衰えた高齢の患者様も来院されます。幅広い対応力が求められますが、対応の仕方は教育で何とかなります。素直に教わったことを実行できる人、適応力のある人が求められます。

広告にも、患者様の特色や対応の仕方などを簡単に記載し、素直で対応力のある方にぜひ応募してもらいたい旨を記載すれば、少なくとも自分は我が強いと思っている人は応募しないでしょう。

産婦人科であれば、あまり中高年の職員は採用したくありません。しかし、募集広告には年齢制限を記載できません。そこで役立つのが自院のサイトです。法令上は年齢制限を付けられないことになっていますが、自院のサイトに希望年齢の幅を記載したからといって、労働基準監督署から指導が入ったとは聞いたことがありません。いきなり処罰されるわけではないので、指導されたら従えばよいでしょう。産婦人科では、患者様の年齢は40代以下が多数を占め、更年期障害の患者様が多数を占めることはないはずです。特に、妊娠周辺の悩みを持たれる患者様は、上から目線で見られることを嫌います。患者様と同年代の親しみやすいスタッフが多いと評判が取れます。

小児科も、患者様はお子様ですが、クリニックを評価する相手はお母さんです。理想としては、お母さんと同年代のスタッフを採用したいところです。中高年というより、育児世代と同じか若めのスタッフに応募してもらいたい状況は産婦人科と同じです。

不妊治療を行うクリニックでは、受動喫煙防止のためにも喫煙者は採用できません。不妊治療のクリニックで、なぜタバコの煙が問題になるのか、しっかり記載して募集する必要があります。

4 患者様の評判を取るにはまずスタッフの評判を取る

クリニックの院長には経営者としての自覚が求められます。開業するのだから、院長になるのは当然だろうと思われている先生、まず職員から院長としての自覚が問われます。

採用する側より、採用される人の権利が強いのです。ダメならクビにすればよいと思っていたら、スタッフの募集を人生で何十回も経験することになります。喜ぶのは求人広告代理店だけです。

患者様の評判を取ろうと思ったら、スタッフも口コミの発信元であることを忘れてはなりません。スタッフが「こんなクリニック辞めてやる」と思ったらよいことは言ってくれません。多分、悪口の強力な情報発信源となってしまいます。

勤務医であれば、病院が口コミを取ってくれています。気に入らない看護師のことは上司に言えば改善してくれるし、辞めても次の看護師が来ます。

院長になれば、そうはいきません。看護師が退職したら看護師ゼロになることもあり得ます。看護師が退職したら一大事なのです。かといって、患者様からクレームが出るような看護師を採用してしまったら、やはり募集をやり直すしかありません。コストもかかるし手間もかかります。

クリニックの人事は、開業時の重大事項のひとつであり、開業後の最重要事項でもあります。院長の悩みは、どこでもスタッフ問題です。院長でいる限り、永遠のテーマであることは覚えておいてください。私も零細企業の経営者ですから、この問題は院長と同じです。せっかく慣れて、いろいろ教えたスタッフが退職するとなると大損害です。それも、スタッフがスタッフを辞めさせてしまうことがあるので、問題は複雑です。

クリニックも開業のときはそこまで考えられないかもしれません。しかし、スタッフ同士が仲良く仕事をしてくれる環境をつくることも院長の仕事だと思ってください。スタッフを怒ってはいけません。退職者を増やすだけです。スタッフを叱ったり注意することはあっても、感情的に怒ることだけは絶対にやめてください。クリニックの雰囲気が悪くなります。

また、好き嫌いで判断するのも禁物です。能力の高いスタッフを気に入らないからとバッサリ切ると、トラブルになることがあります。解雇は、法律でさまざまな制限があるので、法令を無視する解雇は労働基準監督署の指導がある上に、損害賠償請求や労働争議（団体交渉は断れません）になることもあります。能力のある人は多少のわがままもあります。経営者は、ある程度は割り切って、患者様に有益である人は、そこを評価をして使うほうがいいかもしれません。

スタッフ採用の前に、最低限ここに書いたことだけは意識してください。

開業は誰でもできます。誰かが手伝ってくれるので、困ることはあまりありません。ただし、〝人〟の問題まで的確に相談に乗ってくれる業者さんはいません。人事の相談を税理士にされている先生がいらっしゃいますが、税理士は人事のプロではありません。

社会保険労務士なら、採用面接に立ち会うことが多いですし、労働基準法も熟知していますから、法令上の管理のアドバイスは最低限してくれるはずです。それに加えて、経営者目線で、雇用後の人事管理、患者様の評判を取るための育成指導まで、幅広い見識を持ってアドバイスをしてくれるプロの相談相手がいるとよいと思います。

医療の世界は、国家資格者の集まりです。プライドがありますし、資格さえあればどこへ行っても働けるのです。国家資格者とそれ以外の人を併せて雇用する苦労は並大抵ではありません。やはり、院長が医師であり、科学者でありながら、経営者でもあることを自覚してもらわないと評判のクリニックはつくれません。

開業で理不尽な金額を取られたとしても、せいぜい3000万円から5000万円くらいです。しかし人事で失敗すると、その損失は開業医人生で億単位になることもあるでしょう。それくらいスタッフ問題で失うものは莫大なのです。

5 頼れるスタッフを確保するための書類選考基準

先生にとって、一番選考しやすいのは看護師だと思います。応募人数も医療事務と比べて少ないと思いますので、まず看護師の選定を優先しましょう。

看護師の選定基準は、病院勤務で最低3年以上の経験があることでしょう。ここは、先生のほうがよくおわかりのことと思います。

医療事務の採用基準は、第一に社会経験です。クリニック開業時に、新卒の採用はお勧めできません。初めて経営者としてデビューする先生と新卒の社会人では、お互いに苦労してしまいます。できれば、一般企業で新人教育を受け、やはり1つの企業に3年以上勤めて医療事務を1ヶ所経験した人がベストだと思います。

社会人になって3年持たなかったということは、基本的な業務能力か人間関係をつくる能力に欠けている可能性があります。パワハラやセクハラなど、不幸な例で3年以内に退職している人もいるでしょうが、開業時のクリニックとしては、〝石橋を叩いて渡る〟という心構えが必要です。退職した理由は面接で必ず確認しますが、若くして転職回数が4回目などという人は、採用してもすぐ辞める可能性があるので、書類選考でお断りすべきです。

できれば、大卒もしくは短大卒であることが望ましいと思います。学歴で差別しているのではありません。看護師でも大卒と同じ勉強をしています。看護師に気をつかいながらも、看護師と対等に働いてもらえるくらいの能力が欲しいのです。

企業の中で、経理や管理部門にいた人よりも、対人折衝する部門にいた人のほうが必要だと思います。クリニックの医療事務は、幅広い人と接する仕事です。患者様に一番気づかいができる人でなければ困ります。

1　対人折衝能力
2　事務処理能力
3　理論思考能力

この3つを備えた人を医療事務に採用できたら、スタートは万全です。

医療事務の採用基準の第二は、クリニック経験があることです。前職（現在勤務中の職場）が、クリニックであることが望ましいでしょう。電子カルテの扱いから、診療報酬の中身や治療の知識、患者様の希望することまで幅広くわかっているだけでも助かります。

しかし、学校を卒業してから医療機関にしか勤めた経歴のない人は要注意です。患者様に対してぞんざいな対応をする人が多いのです。医師がいて自分が成り立っていることが心の底で理解できていません。こういう人は、患者様が丁寧な対応をしてくれるのが当たり前で、患者様に丁寧な対応をすることが当たり前ではないのです。

余談ですが、医療事務さんがクリニックの大切な顔になります。ただし、〝顔〟とは言っても見た目の美しさではありませんので、くれぐれもご注意ください。履歴書の写真の見た目で選考されることはお勧めできません。

冗談のように思われるかもしれませんが、実際に〝見た目基準〟で選考された先生もいらっしゃいましたので、ご参考までにその結果をお伝えします。

開業後にクリニックの中でいさかいが起き、早々にスタッフの中から退職者が出てしまったのです。一体何が起こったのでしょうか？　スタッフ全員が、先生に気に入られることが1番で、患者様は2番目になってしまったのです。スタッフ同士はライバル同士で、気に入ったライバルと手を結び、気に入らないライバルを除け者にしようとしました。助け合いもなければ、気づかいもありません。こういう空気は患者様にもビンビン伝わるものです。

初診の患者様はそこそこ取れるでしょうが、再診にはなかなかつながりません。スタッフには、まずは患者様に目を向けてもらう必要があります。その次に、忙しい他のスタッフや困っているスタッフに目を向けて、声をかけたり助け合ったりしてもらわなければなりません。協調性も大事な選考基準になります。

6 面接を効率的にセッティングするコツ

書類選考で面接すべき人が決まったら、面接日を決めます。できればクリニックの近くの貸し会議室などを借ります。クリニックはまだ工事中で、面接ができるような状況ではないので、どこか場所を探します。

面接をお願いする方には、できるだけ電話をかけて面接時間の調整を行っていきます。まずは看護師さんの面接を最優先としてください。面接予定日に看護師が来られないとなれば、面接日を変更することもあります。複数の看護師の日程調整は難しいので、面接日に来られない方には別の日時をお願いすることもあります。

整形外科や神経内科などで、採用するスタッフの職種や人数が多い場合は、職種ごとに面接日を設定することもあります。理学療法士や作業療法士、看護師などを優先して面接日を設定します。医療事務は、面接の合間にどこかでまとめて時間を設定し、できれば1日で面接を終わらせます。面接日を複数設定すると、最初のほうに面接した人の印象が薄れてしまいます。また、面接してから次の面接まで日数が空いてしまうと、先に面接した人が他の医療機関に採用が決まってしまい、応募辞退ということもあります。できるだけ1日にまとめて面接してしまうのが、面接のコツです。採用決定も、印象が薄れないように、その日のうちに決定してしまいます。

7 ［医療事務への質問］辞めた理由と前職を選んだ理由を聞く

面接での質問は、本人の資質を見極めることが目的です。面接者の中には、いい加減な人やすぐ転職してしまう可能性のある人が混ざっていると思ってください。

履歴書で、転職回数が多い人や1つの勤務先が1年前後の人には、〝辞めた理由〞を聞いてください（1年以内の勤務が複数回ある人は書類選考でお断りすべきです）。

正直に答えてくれる人なら安心です。何とか取り繕って前向きな理由に切り替えて事実を隠そうとする人は要注意です。応募の理由を聞いてもよいのですが、良いことしか言わないので参考になりません。合理的な退職理由は、パワハラ、セクハラ、年長者によるイジメや労働基準法違反など、不当な扱いがあった場合には、短期間の退職もやむを得ないと思います。実際に、ある程度の割合でいらっしゃいます。

「自分の可能性を試したかった」とか「新たな分野に挑戦してみたかった」などの前向きな答えは、転職慣れしている人ならいくらでも答えられます。なぜ、その前の職場でチャレンジができなかったのか、合理的な答えが出てくれれば大丈夫ですが、曖昧な理由しか答えられなければ採用は避けたほうが無難です。今回の応募も、前の職場が嫌になったから、とりあえず転職したいという人もいます。これは履歴書や職務経歴書からは完全に読み取れません。

前職を〝辞めた理由〞が合理的で納得のいくものであれば、次に聞くべきは「何で前の職場を選んだか」です。前回の転職の理由が怠慢や甘えや気まぐれでなければ、相当真剣に悩んで退職したはずですし、次に同じような失敗をしないために、転職先は慎重に真剣に選んだはずです。その職場を選んだ理由や、どのようにして転職先を探したのか、何に重点を置いて転職したのかについて詳しく質問してみてください。

きちんとした人であれば、きちんと就職先を見つけ、今までの勤務先に迷惑がかからないように引き継ぎをして退職しているはずです。履歴書で見れば、退職と就職の間が空いていない人が多いはずです。

ブランクがある人は、とりあえず退職して、退職してから次を探したという可能性があります。看護師の場合は、よくあります。引く手あまたなので、必ず次が見つかるから、まず退職して、しばらく休暇を取ったり旅行をしたりして次を探す人のほうが多いかもしれません。

しかし、医療事務でそのような仕事に対する姿勢の人は、クリニックの中でもいい加減な仕事しかしてくれません。責任感はないし、仕事に対する情熱もないので、患者様に対するコミュニケーションを大切にしようという意識も希薄です。

ちなみに、医療事務の中には、民間企業でやっていけないと思い、医療の世界に入ってきた人が大勢います。一般企業で理不尽な要求をされてついていけなくなった人たちです。上手く立ち回れる人はそのまま企業にいるでしょうが、真面目すぎる人や能力が高すぎる人は退職してしまうことがあります。

そういう人は、医療事務では力を発揮する可能性があります。組織の利益のために顧客を犠牲にすることを良しとしない人などです。ですから、その人なりに医療機関に就職しようと思った合理的な理由が答えられ、さらに前職（現職）のクリニックを辞めた理由が合理的であれば、採用可だと思います。

面接は先生1人でするのではなく、必ず面接に慣れた人に同席してもらうようにしてください。どうしても1人の目だけで判断すると問題に気づかないことがあります。同席者は先生を含めて2、3名がよいでしょう。

8 【看護師への質問】退職理由より応募理由に重点を置く

看護師は、当直や日曜・祭日の勤務が嫌で病院を辞めるのが普通です。看護師になるなら当直やシフト勤務は当たり前と思っている人は、病院を退職しません。日曜日などに友人と遊びに行きたいと思っているような人が、病院を退職してクリニック勤務を希望するのです。また、外科病棟などでかなり厳しい患者様を多数見た人なども、人が亡くならないクリニック勤務を希望される場合があります。

看護師には退職理由を聞くより、応募理由を聞いたほうがよいでしょう。たくさんの医療機関の中から先生のクリニックを選んでくれた理由は重要です。クリニックに期待していることや希望も聞いておきたいところです。

また、趣味について質問することもお勧めします。趣味に重きを置く看護師はいます。クリニックだと休みが取りやすいと誤解しているのです。入院患者がいるわけではないので、1人くらい有給休暇を取っても何とか回るだろうという誤解です。

クリニックは少数精鋭で、代わりの人はいないのが普通です。お子さんの病気や家族の問題で有給休暇をやむを得ず取ることは認めて当然です。しかし、有給休暇をフルに取得されると現実にはクリニックの経営が成り立ちません。労働基準法で定められているといっても、クリニックにとって職員の有休全消化は現実的ではありません。

あとは仕事の経験など、先生がお聞きになりたいことを普通に聞いてもらえば、看護師の採用可否で迷うことは少ないと思います。

9 配慮のある不採用通知で悪評の芽を摘んでおく

書類選考で不採用の方には、応募書類とともに、今後の活躍をお祈りする、俗に「お祈りメール」と言われる書式のお詫びの手紙を送って断ります。数が多いので、返送すべき応募書類を入れ間違わないように注意してください。まず、返送用の封筒をつくりますが、1人で作業をすると間違えることがあるので、必ず複数人で封筒と中身をチェックすると間違いを防げます。

クリニックの近くにお住まいの方が応募してくることもあり、丁寧な対応が求められます。誰だって不採用になって良い気持ちがするわけがありません。

不採用通知の文例

書類選考の方

××××年×月×日

○○ ○○ 様

書類選考結果のお知らせ

謹啓

この度は、○○クリニックのスタッフ募集に際し、ご応募いただきまして誠に有難うございました。

今回、ご希望の職種に対しまして予想をはるかに上回るご応募を頂きました。関係者全員で慎重かつ厳粛に検討させて頂きました結果、残念ながらご期待に添えないこととなりました。

せっかくのご志望に対して、誠に遺憾に存じますが、何卒悪しからずご了承くださいますようお願い申し上げます。

今後のご活躍をお祈り申し上げます。

謹白

○○クリニック
院長 ○○ ○○

面接後の方

××××年×月×日

○○ ○○ 様

面接結果のお知らせ

謹啓

先日はお忙しいところ、○○クリニックの面接にお越しいただき、誠に有難うございました。

今回の求人には多数のご応募をいただきましたが、院長ともどもコンサルタントを交え、検討、精査させていただきました。大変申し訳ございませんが、ご応募のご期待に添えないこととなりました。大変不躾ながら書面にてこの段、お知らせ申し上げます。

今後のご活躍をお祈り申し上げます。

謹白

○○クリニック
院長 ○○ ○○

面接をした後で不採用通知を出す場合には、より一層気をつけなければなりません。応募者の方は、期待もされていたことでしょうし、わざわざ時間をつくって来てくださったので、お礼とお詫びの文章に交通費程度（500円から1000円）のQUOカードや商品券を添えて、応募書類とともにお返しします。それぞれ、お断りの文例を参考までに記載しておきます（前ページ）。

10 来てほしい人への採用連絡は院長が素早く電話する

看護師を含めた国家資格者の採用については、できるだけ早く院長から電話することをお勧めします。新規開業では事務長がいません。そもそもクリニックには事務長がいないことのほうが多いと思います。面接に立ち会ってもらった人に採用連絡の依頼をしてもよいのですが、他のクリニックも受けていることが多く、そちらに取られてしまうこともあります。優秀な人であればどこでも採用したいのは同じです。そこで、次の2つの工夫によって、他のクリニックに取られないように差をつけるのです。

①よほど遅い時間でなければ面接日に連絡してしまう

早く採用通知が来たところほど、就職する確率が高いと言えます。行きたいと思えるところに行ける可能性の高い看護師は、行きたい順に応募しているはずです。とりあえず、滑り止めにどこかを確保などという発想がありません。

受けてくれたなら、第一志望であるか同等と思ってくれているはずです。早く返事をくれたなら、それだけ自分への期待度が高いと思ってもらえるはずです。

②院長が直接電話する

院長から「私とぜひ一緒に新しいクリニックをつくっていってほしい。一緒に働いてほしい」と言われたら、やはり嬉しくなるはずです。面接に立ち会ったコンサルティング会社の社員から事務的な連絡を受けるのとでは大違いです。2つの内定をもらえた場合、院長が期待してくれていると思えるクリニックを選択するのが人情です。

看護師争奪戦は激烈を極めています。看護師紹介会社を通してしか採用できないクリニックが山ほどあります。優秀な看護師ほど、紹介会社だけに頼らず、自分でも就職先を探します。直接応募してみた結果、院長からぜひにと請われたら、嬉しいに決まっています。どんなに優秀なコンサルタントでも、院長の熱意のこもった1本の電話にはかないません。

一方、医療事務さんの採用連絡に関しては、募集を手伝ってくれたところに任せて大丈夫です。

11 トラブルを避けるために期間契約からスタートする

クリニックでは、雇用契約書がきちんとしているところのほうが少ないかもしれません。それが、スタッフが退職する際、トラブルのもとになります。

まずは試用期間を決めて、その間は期間の定めのある雇用契約書を交わすことです。

試用期間とは、採用後に実際の勤務を通してスタッフの適性などを評価し、本採用するか否かを判断するための期間を言います。

クリニックの場合、2ヶ月か3ヶ月ということになるでしょう。試用期間中は期間雇用で契約して、良い人だったら期間の定めのない雇用契約に移行します。仕事ができない人や問題がある人であれば、期間満了で雇用をやめれば足ります。これは「解雇」ではありません。スタッフも「期間満了」とか「一身上の都合」とか、次の就職に向けて差し障りのない退職理由を記載することができます。

試用期間を定めても、期間の定めのない雇用契約を交わしてしまったらアウトです。試用期間中の状況で引き続き雇用することが困難だと判断した場合、解雇手続きになります。解雇となると最低限、解雇した日から1ヶ月分の解雇予告手当を支払わなければなりません。

また、解雇の理由が単に能力が低いからという理由だけでは、解雇はできません。たいていの先生が考える「仕事ができない」というレベルでは、法的には不当解雇に該当します。不当解雇ということになると、スタッフから法的に対抗措置を取られることもあり、難しい事態に追い込まれることがあります。

さらに注意すべきは、試用期間中は期間契約であるとしっかり伝えることです。スタッフが、通常の雇用と思って就職したのに期間契約だったというトラブルになると、これも問題です。かといって、期間契約の不利益事項を並べ立てて説明する義務もありません。「○月△日から2ヶ月間の雇用とする（試用期間）」という記載で足りるでしょう。

後は、雇用契約書として必要事項をしっかり記載します。契約書の控えはスタッフにも渡したほうが安全でしょう。

契約書に記載すべき事項は以下の通りです。

1 雇用契約日
2 雇用期間（有期雇用の場合は、雇用契約を更新するための基準）
3 給与（賃金の決定・計算・支払方法、賃金の締切り・支払の時期に関する事項）
4 就業時間（1週間40時間を超えてはなりません）
5 就業場所

6　従事する業務の内容

7　始業・終業時刻、所定労働時間を超える労働の有無、休憩時間、休日、休暇、交替制勤務をさせる場合は就業時転換（交替期日あるいは交替順序など）に関する事項

8　退職に関する事項（解雇の事由を含む）

契約書に記載しないで、口頭で説明すべき重要事項の一番はボーナスの問題です。開業当初からボーナスを出すのは、経営側としてはきついところです。

ただし、まったくのゼロだとスタッフのモチベーションが落ちてしまいます。開業時期がボーナス月に該当するような場合は、初回はゼロでもやむを得ないと思います。その旨をきちんとスタッフに伝えましょう。開業したてのクリニックでボーナス該当月にボーナスがないことは、スタッフも理解してくれると思います。

問題は、その次のボーナスです。これは、患者様の新患数とその増加具合によると思います。スタッフの力に負うところが大きいので、事業計画にある想定患者様数を明示し、それを超えたらわずかばかりですがボーナスを払うことをお勧めします。1人あたり数万円というところでしょう。下回った場合もゼロとしないほうがよいと思います。

「これから一緒に頑張ってください。気持ちばかりです」と1万円でも支給されることをお勧めします。転職したばかりの初回ボーナスが多くないことはスタッフもわかっています。

いずれにせよ、労働基準法は、労働者側に非常に有利になっていることを理解して、信頼のおけるコンサルタントや社会保険労務士に相談することをお勧めします。

12 労災保険・雇用保険への加入は雇用主（院長）の義務である

クリニックのオープン時に従業員が5名以上でなければ、社会保険（健康保険、厚生年金）の加入義務はありません。ただし、労災保険は1人でもスタッフがいれば強制加入です。労災保険とは、仕事中や通勤中に怪我をしたり、病気になったりした場合などに補償を行う制度です。保険料は全額事業主が負担します。労災保険は常勤もパートも対象となります。個人事業主でも、クリニックの場合、従業員を1人でも雇用すれば、事業所が労災保険に加入することになります。

もうひとつ、雇用保険も注意してください。雇用保険は、従業員の雇用の安定や促進を目的としてつくられた保険制度です。代表的なものは失業したときにもらえる失業給付や、育児休業給付です。保険料は労働者と事業主の双方が負担します。

雇用保険は、パートであっても「1週間の所定労働時間が20時間以上」で「31日以上の雇用見込がある」場合は適用対象となります。雇用契約に更新規定があり、31日未満で雇止めとなるような規定がない場合も、雇用保険の加入対象となります。

雇用保険制度への加入は事業主の義務であり、労働者は自分が雇用保険制度へ加入しているかどうか、ハローワークに問い合わせることも可能です。

加入要件を満たしている場合は、きちんと加入手続きをしましょう。手続きについては、クリニックに慣れた社会保険労務士にお願いするとよいでしょう。

13 解雇時のトラブルは就業規則か就業心得で未然に防ぐ

「常時10人以上の労働者を使用する」場合、「就業規則」を定めて所轄の労働基準監督署長に届け出なければなりません。「常時10人以上」とは、〝常態として〟10人以上の労働者を使用しているという意味です。

これには、繁忙期など一時的に10人以上となる場合は該当しません。スタッフが頻繁に入社したり退職したりしていても、常に10人以上いる場合は該当します。「10人以上」には、常勤だけでなく、契約社員、パートタイマーなど、非正規のスタッフも含めて計算する必要があります。

整形外科や、リハビリテーションを行う神経内科は、この基準に該当することもあるかもしれません。所管の労働基準監督署などに問い合わせれば親切に教えてくれます。プロのクリニック開業コンサルタントがついている場合には、基準に該当するかどうか判断し、必要があれば社会保険労務士などを紹介してくれます。開業当初からスタッフが10人以上いても「常態として」とか「常時」には、該当しないこともあります。ここは、専門家にきちんと確認することをお勧めします。

就業規則は、従業員が10人以上いなければ作成する義務はありませんが、従業員を解雇することもあり得ると思った場合には、つくっておくことも考慮しなければなりません。就業規則はスタッフの雇用を守るためのものでもありますが、事業主（院長）を守るためのものでもあります。

とはいえ、実際にはクリニックの開業時に就業規則をつくっているところはほとんどありません。作成する手間やコストがかかるからです。その代わりに、雇用契約の一部をなす「就業心得（服務規程）」を策定することをお勧めします。就業心得は、就業規則と違って、労働基準監督署に届け出る必要がありません。従業員に見せるだけで足ります。印刷して全員に渡す必要もありません。誰でも閲覧できる状態にして、各自読んでおくように指示するだけで効力が発生します。

また、就業規則のように法律で記載しなければならない事項が定められているわけではないので、記載内容はクリニックで任意に定めることができます。「心得」ですから、心がけてほしいことを記載しておくべきです。ほとんどのクリニックが患者様第一主義でしょうから、そのような行動規範や、先生自身が診療に対してこだわる姿勢があれば、それも記載しておくとよいでしょう。

また、詳しくは次項で述べますが、個人情報保護についても記載しておくべきでしょう。これについては、別途、秘密保持契約書をすべてのスタッフと取り交わしておくことをお勧めします。

患者様の個人情報はすべて対象ですが、検査情報や画像情報など、それだけでは個人が特定できないとしても、外部への持ち出しは禁止しなければなりません。コピーも院長の許可なく取ることは禁止すべきです。それでも何らかの理由によりコピーを持つこともあるかもしれないので、退職時にはすべて返還することや削除することなども秘密保持契約書には記載しなければなりません。

経営者としては、懲戒規定も必ず記載しておいてください。

例えば、お金の横領や個人情報を漏洩した従業員を解雇したいとき、解雇条件をしっかり記載することで、トラブルなく辞めてもらうことができるのです。ただし解雇は、スタッフにとって大変重大な制裁です。労働基準法にも解雇が有効と認められるための条件がいくつか定められています。解雇が認められるのは、「労働者側に改善の余地がないほどの責任がある場合」などのごく限られたケースです。

ですから、解雇するような事態に至る場合でも、懲戒規定に基づいて懲戒処分を行い、反省文（顛末書）などを取って保管しておく必要があります。複数回、懲戒処分を行い、それでも改善が見込めない場合に、やっと解雇ができる可能性があります。

患者様からのクレームが何度もあったからといって、それだけで解雇すると、雇用主の院長が労働基準法違反で訴えられることもあるのです。遅刻・欠勤を繰り返したり、業務命令に従わないことが続いたりと問題があっても、いきなり解雇はできません。懲戒規定に基づいて処分を行って改善を求め、それでも改善が認められず業務に支障をきたすことが明確で、解雇に合理性がある場合だけ解雇ができます。

懲戒規定なしに、いきなりの解雇は、院長が不当であると労働基準監督署から指導されたり、スタッフの損害賠償請求が裁判所に認められたりする可能性があります。それを防止するために懲戒規定は非常に重要な存在となります。

14 個人情報保護のためにスタッフとは秘密保持契約を結ぶ

クリニックにとって、個人情報の保護は命綱です。メンタルクリニック、婦人科、肛門科、美容皮膚科、美容形成などでは、患者様の個人情報が1つでも漏れたら、評判ガタ落ちは間違いありません。他の診療科でも、内容によっては、損害賠償請求をされることがありますし、損害賠償請求が裁判所で認められれば、医師賠償責任保険に加入していたとしても、補償の対象外ですので、賠償金はすべて院長が負担することになります。個人情報の保護は施設管理医師である先生の責任になるのです。

患者様情報の外部への持ち出しやコピーを禁止しなければいけないというのは、先生もよく理解できると思います。外部に持ち出さないとしても、患者様のプライバシーに関わる人に知られたくない情報は、スタッフの印象や記憶に残るものです。では、スタッフがクリニックを退職した後に、覚えていた患者様の情報を知り合いに話したとしたらどうでしょう？ 退職後は雇用契約上の責任

を負いません し、仮に個人情報が漏れる事態があったとしても、それを立証してすでに退職しているスタッフに損害賠償請求をすることは難しいです。

まず院長とスタッフ１人１人が秘密保持契約書を締結する必要があります。雇用契約や就業心得や就業規則に盛り込むだけでは不十分なのです。これらはスタッフを雇用している間は有効ですが、退職した場合は効力が及びません。

秘密保持契約書に、「秘密保持の義務は退職後も同様とする」などの条項を加えれば、退職後の情報漏えいも含まれますし、秘密保持の対象も、患者様の個人情報はもちろん、クリニックの経営上のノウハウなども含めることができます。

第13章

クリニック開業[実践]ガイダンス

スタッフ研修と準備の仕方

開業からスムーズ!

或るドクターとコンサルの会話――13

Dr.間　スタッフ採用が無事終わりました。ある程度経験のある人を採用できてほっとしています。スタッフ研修がもうすぐ始まるのですが、注意点はありますか？

椎原　スタッフ研修の目的は2つあります。1つはクリニックのルールをつくって遵守してもらうこと。もう1つは、スタッフに仲良くなってもらい、チームワークでクリニックの評判を取りにいく気概を持ってもらうことです。

Dr.間　クリニックのルールは、スタッフの意見も取り入れながら決めていきたいと思っているのですが……。

椎原　はい。でも、クリニック経験者だからといって、スタッフに何でも任せるのは危険ですよ。それぞれのスタッフが過去の経験をもとに主張して、収集がつかなくなることもありますから。

Dr.間　それはまずいですね。

椎原　せっかく新しいクリニックなのですから、新しいルールで患者さんの評判を取りにいきましょう。そのためには、先生が方針をしっかり決めて、スタッフにきちんと言葉で伝えていくことです。もちろん「全部院長の言う通りにしろ」では、スタッフはついてこないですし、スタッフの意見も、有益な意見であれば取り入れていく柔軟性も必要です。

Dr.間　スタッフ研修で、クリニックのルールとチームワークをつくっていかないといけないのですね。

椎原　はい。しっかりとしたスタッフの動きは、患者さんの評判を呼びます。そのために必要なルールを決めて、スタッフにしっかり守ってもらうことが大事なんです。

Dr.間　評判を取るためのルールは、どのようにしてつくるのですか？

椎原　例えば、医療事務さんの仕事の優先順位を明確にすることです。最優先は、診察の終わった患者さんのお会計と処方箋のお渡し。2番目に受付。3番目が電話対応です。電話が鳴っても、慌てて出ることのないように、お会計、受付優先を徹底してもらいます。

Dr.間　確かに、ルールがなければ、反射的に電話、受付、お会計になってしまいそうですね。それ以外に、評判を取るためのルールづくりはどのようなものがあるのでしょうか？ぜひ教えてください。

椎原　わかりました。では説明していきましょう。

1 初顔合わせの日は制服選びで雰囲気づくりをする

開院約3週間前から、スタッフ研修を始めます。

スタッフ研修では、開業に向けて院内のルールをつくったり、細かい備品を注文していきます。電話やFAXの取り扱いや設定はもちろん、電子カルテや医療機器の説明なども行います。医療安全管理指針の読み合わせもスタッフ全員で行ったほうがよいでしょう。患者様がスムーズに受付から診察、お会計できるまでの流れも確認しておく必要があります。さらに、レジや窓口現金の管理方法なども決めておきます。クリニックの引き渡し前後に、コンサルタントか支援業者と一緒に研修スケジュールをつくりましょう。

やることはたくさんありますが、開院まで何も3週間びっちりスタッフに来てもらう必要はありません。土日はお休みで、時間も10時から17時頃まででで十分でしょう。手慣れた開業コンサルタントに相談すれば、効率よくスケジュールを組んでスムーズに開院準備が進むはずです。

スタッフの出勤初日は、スタッフの初顔合わせの日でもあります。初日は、スタッフ同士が打ち解け合ってもらえる雰囲気づくりの時間と思ってください。スタッフさんも緊張しているでしょうから、初日は研修時間を短めに設定してもよいくらいです。

定刻になったら、ミーティングをスタートしましょう。まずは、院長のお話ですが、できるだけ短くクリニックのコンセプトを伝えてください。スタッフは、おそらく前職もどこかのクリニックに勤務していたはずですし、くどくど説明しなくても理解してもらえるはずです。

スタッフの緊張をほぐし、打ち解けてもらうのに格好のネタがあります。それは、制服選びです。スタッフの興味の一番は制服です。決められた制服を着るのではなく、着たい制服を自分たちで選んでもらうのです。

男性の私には、盛り上がる気持ちが十分理解できませんが、とにかく女性スタッフはカタログを2、3冊用意しておいて自由に制服を選べるとなると、半日でも盛り上がってくれます。協力し合ってくださいと力説するより、自由に制服を選んでもらったほうが自然と仲良くなってくれます。

全部任せると、とんでもなく高価な制服を選ばれてしまうこともあるので、一応の目安の予算は指示したほうがよいかもしれません。

しかし、2、3千円の差だったら、スタッフの希望を大切にしたほうがよいと思います。制服は洗濯などの都合もありますから、1人2着は買うことになるでしょう。それでも、医療機器や内装費を節約した金額で、十分にお釣りが来ます。

カタログには、安くて透けてしまうような制服も載っています。私も知らなかったのですが、ある医療用通販会社のカタログにあるようです。スタッフの1人が「これ、透けるんだよね。だから下に何か着たほうがいいよ」と発言し、制服の下に着るものの話で盛り上がりはじめたことがありました。そのときは「そこまで節約しなくていいですから、透けない制服を選んでください」とお願いしました。

制服だけでなく、スタッフルームの椅子やテーブルは、最低限スタッフに選んでもらいましょう。研修の後半戦は制服を着て、受付や会計の練習もしてもらわなければなりません。それまでに、着替え用のロッカーも発注しなければなりません。

スタッフから不満が出ないよう、医療機器や電子カルテ以外のスタッフが使うものは、原則として、すべてスタッフに選択を任せたほうがよいと思います。自分たちで全部選んでもらえば、先生の時間の節約になりますし、文句も出なくなります。とにかくスタッフの不満が出ないことが一番重要です。

この先、電子レンジが欲しいとか、オーブントースターが欲しいとか、冷蔵庫が欲しいとか、いろいろ出てきます。全部買うのは無理としても、スペースや電源と相談しながら、対応できる範囲で、気前よく買ってあげるのがよいでしょう。

初日は、顔合わせをした後、制服選びをしてもらって、最終的にスタッフ用の椅子とテーブルまでの発注は終わらせてください。また、雇用契約の締結、警備システムの取り扱い説明なども初日に行います。

2 クリニックのルールは必ずマニュアル化して保存する

開業前の準備で一番大切なことは、スタッフ教育と院内のルールづくりです。

経験豊富で優秀なスタッフが採用できたからといって、すべてを任せてはいけません。恐らく、前職のクリニックと同じ失敗を繰り返すことになるでしょう。全員が経験者の場合、それぞれのスタッフが過去の経験をもとに主張して、現場の収集がつかなくなることもあります。

せっかく新しいクリニックなのですから、新しいルールで患者様の評判を取りにいくべきです。すべては院長が方針をきちんと示すか否かにかかっています。といっても、「何から何まで院長の言う通りにしろ」では、スタッフはついてこないし、スタッフの意見も、有益な意見であれば取り入れていく柔軟性も必要です。

開院前のクリニックでは、細かいルールもつくっていかなくてはなりません。例えば、朝出勤したら、まず制服に着替えてから掃除を始めること。パソコンを起動すること。掃除が終わったら、医療事務はレジの準備をし、看護師は器具の準備をする。開院15分前になったら全員で朝礼を行うなど、決めごとはたくさんあります。

スタッフにはクリニック経験者を採用していることがほとんどですから、スムーズに決まるはずです。大切なのは、全員でルールを確認し、クリニックのルールを守っていくことです。

さらに、決めたルールはマニュアル化しておきましょう。あまり想像したくありませんが、スタッフの入れ替わりは起こり得るものです。新しいスタッフが入職しても、スムーズに業務を覚えられるようにマニュアル化は必要です。これも、プロのクリニック開業コンサルタントであれば、十分なノウハウを持っています。

3 院長の明確な優先順位づけがスタッフの動きをよくする

開業したての先生の不満のひとつが、診察室で先生が患者様を待っているのになかなか入ってこないということです。待合室には患者様がいるのに、診察室に患者様が入ってこないのです。これは、院長の「患者様に親切に丁寧に対応してほしい」という指示が、原因のひとつになります。お会計後の患者様とおしゃべりをしていたり、さまざまな営業の電話に対応していたり、患者様対応の優先順位が決まっていないことが最大の原因です。

後で詳しく説明しますが、患者様を待たせないテクニックはあります。その活用を踏まえて、まず院長がスタッフに伝えるべきは、「お会計の患者様を最優先」とすることです。これで、医療事務さんの仕事の優先順位が決まります。2番目は患者様の受付です。会計が優先され、新しく来られた患者様が次です。受付で待たされたからといって怒る人は多くないと思います。医療事務さんが1人しかいなければ、その間、新患様は見てわかるので待ってくれるでしょう。

ただし、会計が済んでも患者様と話し込んでしまうことは避けなければなりません。会計の後に処方箋を渡したとき、次に待っている新患様がいらっしゃったら、話しかけられても笑顔で会釈をして受付患者様に対応するように指示してください。ひと言「お待たせいたしました」と添えて、会釈をしてから新患受付に入れば、常識的な患者様は理解してくださるでしょう。

また、クリニックには、とにかくいろいろな電話がかかってきます。クリニックの新規オープン時に多いのは、広告代理店の営業です。その次に、人の募集や看護師紹介に関する電話です。「院長いますか？」とかかってくるので、医療事務が受けてしまえば、院長に電話が回ってきます。そこで、「診察中に電話を回してくるな！」と怒るのは経営者として失格です。悪いのは先生です。

患者様のお会計が1番、新患様の受付は2番、電話は3番と明確に指示すべきです。そして、診察室に患者様がいる場合は、電話を回さないことを明確に指示すべきです。しかし、これだけでは不十分です。他の医師からの電話も全部後回しになってしまうリスクがあります。診療時間中に医師が電話をしてくるときは、おわかりのように患者様に関する用件です。ですから、電話は3番でも、相手が医師だとわかるときは、すぐに院長に回すように指示しておくことも重要です。

医師は、「院長いますか？」とは電話してきません。そのような電話はすべて営業電話です。医師は身分と名前を名乗り、「○○先生いらっしゃいますか？」と電話してくるはずです。相手が医師だとわかったら、すぐ院長につなぐように指示しておくのです。

単なる「院長いますか？」に対しては、「今診療中なので、昼休みか診療終了後にお電話いただけませんでしょうか？」と断るように指示してください。また、会計中やその他の患者様対応中で医療事務が電話に出られないときは、電話は鳴らしっぱなしにしてよいと指示してください。

患者様であれば、一度切ってしばらくしてから電話してきます。医師からの電話なら、遠慮なくコールし続けるはずです。その際は、看護師や看護助手などが電話に出るように指示してください。電話は処置室にもありますから、10コール（およそ30秒）しても医療事務が応答しなければ、手いっぱいになっているということを他のスタッフが気づくように教育するのです。

クリニックは少数精鋭で協力し合って患者様に対応しなければいけません。医療事務さんが手いっぱいのときは、看護助手、臨床検査技師、看護師のうち、患者様対応をしていない人が電話に出るようにルールを決めておくのです。

4 患者様を待たせないように電子カルテを上手に使う

電子カルテの研修は、医療事務さんを中心に電子カルテ会社のインストラクターが行ってくれます。ここは、患者様の診療待ちが生じないように、インストラクターに協力をきちんとお願いしておきましょう。

原則通りにスタッフを教育することも大切ですが、入力省略のテクニックを駆使して、患者様のカルテを先生に送るようにします。住所などの入力を後にして、とりあえず最低限名前と生年月日だけ入れてカルテを送ってしまうのです。

開業当初は、すべての患者様が新患になりますので、保険種別から番号、住所、氏名、電話番号、誕生日など、入力項目が大量にあります。全部入力してからカルテを送ると受付から診察まで待ち時間が発生します。これではダメです。診察待ちの患者様がいらっしゃらないのに、医療事務で患者様が止まる事態は避けなければなりません。これには、名前と誕生日だけ入力して電子カルテを送れるように設定すれば対応できます。

ただし、これは、開院当初の初診の患者様の比率が高い時期のみの対応で、そのまま続けると保険種別の間違いや番号入力の間違いなどでレセプトの返戻につながります。待合室に患者様が2名から3名いるようになれば、その待ち時間の間に必要事項はすべて入力できるようになります。

また、患者様の一番のクレームは診察が終わってからの待ち時間です。患者様は診察が目的でクリニックに来ているのですから、診察の待ち時間は30分以内なら我慢してくださいます。ただし、診察が終わって、お会計と処方箋の受領の待ち時間が5分を超えると「待たされている」と感じはじめます。電子カルテであれば、診療が終わったらすぐにカルテを「診察終了」にして受付に送ることができます。所見をすべて入力する前に、診断名と処方が入力できたら、すぐに電子カルテを医療事務に送るのです。一旦送ってからも、追加入力をすることができますし、患者様の付帯情報なども後から入力できます。こうすると、医療事務は院長から電子カルテが届いたら、すぐに処方箋と診療報酬明細、領収証をプリントして会計をすることができます。

スタッフの開業研修の後半には、電子カルテのインストラクター同席で、業者さんに患者様役をやってもらい、受付や会計のシミュレーションを行います。電子カルテの使い方を勉強しただけでは、患者様対応で戸惑うこともあります。オープンしてから戸惑うことのないように、ロールプレイングをするのです。

この教育が、患者様の評判を取るための重要項目となります。これは、コンサルタントやインストラクターに任せておけば対応してくれます。先生のための電子カルテ操作研修もインストラクターが行ってくれます。

5 クリニックに必要な接遇応対は一般企業とは違う

接遇応対専門の教育会社があります。1日から2日の研修で10数万円から20数万円かかります。元航空会社客室乗務員などが講師を務める会社も多数存在します。

しかし、医療において一番求められるのは、正確性であり、安全性です。その上で初めて接遇応対があります。クリニックにおいて丁寧なお辞儀や所作まで研修する必要はありません。自費の美容クリニックなどは例外かもしれませんが、少なくとも患者様が求めていることは客室乗務員に求められることと内容が異なります。

プロのクリニック開業コンサルタントだったら、簡単な接遇応対研修資料を持っています。当然の言葉づかいや、優先順位のつけ方など1日で終わらせます。

本当に必要なのは、保険証忘れの場合の対応や現金の持ち合わせが足りなかった場合の対応など、患者様に恥ずかしくなく帰ってもらうための対応の工夫です。

精神科や産婦人科、泌尿器科、肛門外科など、初診のときから対応に気を配らなければならないクリニックでは、問診の取り方から工夫しなければなりません。患者様が人に言いにくい症状を、わざわざ声に出して説明しなくても済むような配慮が必要です。

クリニックのホームページから問診票をダウンロードできるようにすることは常識としても、たとえ患者様が問診票を持ってこなくても、初診の患者様には、「保険証はお持ちですか？」と尋ねてから、あれこれ受付で聞かずに、黙って問診票と筆記具をお渡しし（タブレット型問診票ならタブレットをお渡しし）、記入をお願いするようにします。

接遇応対について一例を挙げれば、医療事務の言葉づかいが挙げられます。

会計で千円札2枚を受け取った場合に、「2千円からでよろしかったでしょうか？」という言葉づかいに多くの医療事務さんは違和感がないようです。これはアルバイト言葉とかコンビニ言葉と言われていますが、「2千円お預かりします」と言うように指導してほしいところです。クリニックに勤務した経験のある医療事務さんでも、こうした言葉づかいができないものです。理由を説明して、アルバイトとは違うことを伝えれば対応してくれます。年配の人にとって普通のことが、若い人にとっては普通でないのです。そのようなギャップを埋める研修がクリニックの接遇応対です。

また、内科系のクリニックでは高齢の患者様に心づかいをしたいものです。スタッフが患者様のそばに行き、患者様の目線の高さと同じようにひざまずいてお手伝いすることなども必要です。

クリニックの接遇応対には、患者様やご家族の気持ちに寄り添った思いやりのある言葉や行動が求められています。

6 ゴミの出し方もスタッフときちんと確認しておく

クリニックから出た紙ゴミなどを地域の家庭ゴミの回収場所に出してはいけません。事業所から出たゴミは家庭用とは区別されて「事業系ゴミ」となるので、クリニックのゴミを家庭用の回収場所に出すと不法投棄になってしまいます。

テナント開業の場合、テナントによってゴミ出しルールがあります。通常、テナントにはすべて事業所が入っているため、ビルでまとめて事業系ゴミ収集を専門業者に依頼していることが多いです。その場合は、ビルのルール通りに対応すれば足ります。

その逆で、テナントが個別に対応しなければならないこともあります。その場合、開業する地区の事業系ゴミ処理ルールに従って、専門業者に依頼する必要があります。また、事業系ゴミに地方公共団体が指定するシールを貼ったり、指定するゴミ袋を買ったりして指定日に決まった場所に出す場合もあります。

さらに、医療廃棄物は、事業系ゴミとは区別して出す必要があります。地域ごとに医療廃棄物の処理業者が指定されているので、その業者の中から選定をして契約を結ぶ必要があります。たいてい専用の医療系ゴミ容器を渡され、それがいっぱいになったら処理業者を呼ぶ形が多いようです。

こうしたゴミ出しのルールも、スタッフとよく確認しておく必要があります。

7 調剤薬局の案内や地図も事前に準備しておく

調剤薬局の案内方法も、あらかじめスタッフと確認しておきましょう。診療所の1階や隣が調剤薬局であれば案内も簡単ですが、少し離れた場所にしか調剤薬局がない場合は、あらかじめ地図を作成しておくとよいでしょう。

そのとき、1番近隣の1ヶ所しか表示していないと、特定の薬局へ誘導していることになり、改善指導を受けてしまう可能性があります。2番目に近い薬局がとんでもなく遠い場合は、1ヶ所しか記載しなくても問題ありませんが、例えば1番近くが100メートル先、2番目に近いのが200メートル先であれば、2ヶ所は最低限記載すべきです。3ヶ所あれば3ヶ所とも記載することをお勧めします。

薬局の地図は、コピーして患者様にお渡しすれば案内も簡単にできます。2ヶ月くらいして初診の患者様も落ち着いてきたら、コピーを渡すのではなく、ラミネート加工した地図を窓口に置いて案内すれば足ります。よほど遠方から来た患者様でなければ、近隣の調剤薬局を知っている方も多いはずです。

診療科にもよりますが、案内の仕方はコピーを渡すか、地図を見せてご案内するか、スタッフと相談して上手に工夫してください。薬局のサイトがあればアクセスページのQRコードを一緒にプリントしておくと、スマートフォンをよく使う患者様には歓迎されることでしょう。近くの薬局にアクセス・マップのサイトをつくるようにお願いすれば協力してくれるでしょう。

8 医療機器の勉強会を行うとともにトラブルの対応準備もする

レントゲンや検査機器を導入した場合、医療機器の担当者が看護師や看護助手に（いるなら放射線技師や臨床検査技師にも）勉強会を開いて使用方法を説明してくれます。先生も一度は聞いておいたほうがよいと思います。

現在、ほとんどの医療機器が自動調整をしてくれるので、スタッフに向けて勉強会を開いてもらえば、診療補助や清潔維持ができるはずです。

重要なのは、医療機器を壊さないように注意をしてもらうことです。特にファイバーは破損事故の多い機器です。その次にエコーのプローブも破損事故が起こります。ぶつけると壊れてしまうことがあり、洗浄の移動の際や洗浄後の移動の際にぶつけることが多いのです。まずは、業者さんからしつこく注意点を説明してもらうようにしてください。それでもファイバーの破損は発生します。メンテナンスの対象外ですし、損害保険の対象外です。全部、院長の負担となりますので、くれぐれも注意するように勉強会で伝えてもらってください。

開業した後、わからないことがあれば営業の人を呼んでもいいでしょうが、サポートセンターなどがあるので、センターに電話をしたほうが早く問題解決できます。問題が発生した場合、どこに電話をしたらよいのかをシールにして医療機器に貼ってくれる場合もあります。シールがない場合は、連絡先を書いたシールをスタッフにつくってもらい、貼っておくとよいでしょう。マニュアルに書いたとしても、そこから電話番号を探す手間を省く工夫が必要です。医療事務さんに頼んで、近隣薬局など、よく電話をかける先のリストを作成してもらうとよいでしょう。

9 医薬品メーカーの勉強会でスタッフをレベルアップする

製薬メーカーの担当ＭＲにスタッフの勉強会の開催をお願いすることもお勧めします。ＭＲは、営業のためにも、勉強会は快く引き受けてくれます。スタッフの入職から開業まで日数が限られるので、主だったメーカーを厳選しましょう。勉強会ばかり詰め込むと開院前の準備に支障をきたしますので。

開業後は、医療事務さんにも処方箋のチェックをしてもらうと助かります。電子カルテによって処方ミスが激減するとしても、ゼロにはなりません。人間が行うことですし、１日何十枚も処方箋を発行し続けますから、医療事務さんにしっかり知識を身につけてもらえると助かります。看護師さんが、同じ科の経験者だとしても、最新の知識が不足しているかもしれません。別の診療科しか経験していなければ、必ず勉強してもらう必要があります。

先生が講師としてスタッフ研修をやってもよいのですが、クリニックの引き渡し以降、先生にはやるべきことや決めるべきことが山のようにあります。先生には代わりが務まらないことがいっぱいあるのです。ですから、対応しなくてもよいことは、すべて人に頼むと決めてください。

10 医療安全管理指針を作成してスタッフに目的を伝える

医療法では、無床診療所や助産院、歯科診療所を含むすべての医療機関に、「医療安全管理指針」の作成と実施が義務づけられています。クリニックがオープンするとき、医療安全管理指針は、クリニック開業コンサルタントや卸さんに頼めばつくってくれます。書式は医師会のホームページからダウンロードすることができます。

しかし、つくるのは人に頼めても、実際に運用していくのは先生です。スタッフへの研修や事故報告書の記録などの実施が義務づけられています。保健所が開業後に立ち入った場合、インシデント・レポートやアクシデント・レポートがなければ、医療安全管理が行われていないとして指導対象になります。罰金や罰則はありませんが、事故が起こった場合の過失度合いの判定の際に、レポートがないと過失ありと見なされることがあります。

2002年以降に病院勤務をしていた看護師であれば、病院には医療安全管理委員会が存在し、インシデント・レポートもアクシデント・レポートもあったはずですので、ある程度の事情をわきまえているでしょう。医療事務はクリニック経験者といえども、医療安全管理指針のことを知らない人がほとんどだと思います。

医療安全管理指針を策定し、研修期間中に読み合わせを行います。また、レポートはヒヤリハットやインシデント、アクシデントの内容を周知し、今後同様なことが起こることのないように注意喚起することが目的ですので、ミスの犯人探しをしたり責めたりするためのものではありません。スタッフにはレポートを書いても不利益な扱いを受けないこと、書かないほうがむしろ問題があることなどを説明します。

東京都では、医療安全管理のカンファレンスを年2回程度開催することを推奨しています。他の都道府県では明示されていませんが、地域ナンバーワン開業医を目指すなら、年2回程度は医療安全管理のカンファレンスを開くことをお勧めします。

11 問診票のフォーマットは院長が早目に準備しておく

保健所に開設届を提出すると、法律上クリニックの開業となります。ホームページにもクリニック名を表示できますし、クリニックの看板もオープンにできます。ホームページで、早く問診票をダウンロードできるようにしたいので、開業前の時間を割いて問診票を作成してください。

これは、先生の診療の中身に関することなので、誰も手伝えません。同じ診療科の許可を得た他院の問診票であれば、業者さんやコンサルタントが見本を見せてくれるでしょうが、オリジナルのものを作成しなければなりません。

問診票は、診療申込書を兼ねていますから、他院の流用ができません。許可を得れば、名前だけ変えて使用することもできますが、インターネットでダウンロードできるということは、他の医院の医師やスタッフも見るということですし、患者様が見比べるかもしれません。できれば、オリジナルのものを作成したほうがよいと思います。先生がまず手書きでつくって、それを業者さんやコンサルタントに正式な書式にまとめてもらうことも可能です。

問診票を電子カルテと連動させるタブレットで入力してもらうクリニックもあります。これだと、問診票のダウンロードはありませんから、院内でプライバシーを守ってタブレットで問診票を入力してもらう旨、ホームページに記載するとよいでしょう。この場合は、タブレットの問診票をつくらなければなりません。電子カルテ導入後の作業となります。前もって準備できるなら、しておいたほうがよいと思います。

12 防火管理責任者は院長自身が担当する

クリニックは不特定多数の人が出入りする施設です。原則としてすべてのクリニックは防火管理責任者を置かなければなりません。スタッフに防火管理責任者になってもらってもよいのですが、そのスタッフが辞める前に次の防火管理責任者を育成しなければなりません。防火管理責任者のスタッフが突然辞めてしまうと、消防法違反のクリニックになってしまうので、絶対辞めない人が防火管理責任者になっておけば安心です。必然的に先生になってもらうのが一番です。

防火管理責任者になるためには、管轄の消防署が行う防火管理責任者講習に2日間出席する必要があります。クリニックの開設届を出せば、患者様が来るのは翌月でも、防火管理者を置かなければならない施設となるので、クリニックの引き渡し前に研修に出る必要があります。

時間軸では、クリニックの内装工事着手前になることもあります。銀行融資が決まってすべてがスタートしたら、支援業者もしくは開業コンサルタントから講習の日程調整の話が出るはずです。これは地域の状況によりますが、消防署の都合で月に数回しか開催されない地域もあり、人数も定員になったら翌月回しになります。

ですから、早めにスケジュール調整をして有給休暇を取る準備をしてください。2日連続での有給休暇の取得はなかなか難しいと思います。講習は日中ですから、勤務シフト決めの前に休みを押さえなければなりません。研修の中身はたいしたことはありません。常識的な研修です。中には、圧迫止血法などで不適切な説明もあります。そこを指摘しても時間をロスするだけですから、我慢して聞くことをお勧めします。

また地震にも備えて、できれば防災対策にも取り組まれるべきです。最低3日分、できれば7日分くらいを目安に、備蓄品としては、飲料水、食糧品、簡易トイレとトイレットペーパーなどの日用品をはじめ、必要な医療機器材、医薬品類などを自院の可能な範囲内で、備蓄しておいたほうがよいでしょう。

こうした防災用の備蓄品は、通販サイトで簡単に手に入れることができます。テナント開業の場合、ビル管理会社に頼めば、ビルの入居者と共同で消防署の避難訓練や消火器の使い方などを経験しておくこともできます。

13 窓口現金入金用の口座開設とともに釣り銭の用意もする

開業1週間くらい前になったら、釣り銭現金の用意をしに銀行に行きます。開業資金を融資してくれた銀行が近所であれば、すでに口座もあり、融資もあるので、両替を頼みやすいと思います。

融資銀行がクリニックの近くにない場合は、窓口現金入金用として近隣の銀行に口座をつくる必要があります。いきなり銀行に行って口座をつくりたいと言っても、現在、マネーロンダリングの問題や犯罪防止（振り込め詐欺などの防止）のために簡単につくらせてくれません。あらかじめ銀行に問い合わせて、口座開設に必要な物を準備してから銀行に行ってください。銀行によっては、クリニックの開設届を求められることがあるかもしれません。

口座が開設できるまでに、審査が1週間から10日くらいかかるようです。その期間に関しても問い合わせて、十分に余裕を持って口座を開設してください。

銀行口座の手続きの前に、クリニックのゴム印や銀行用印鑑もつくっておくと便利でしょう。医薬品支払いのための口座引落し書類や、電気、水道、電話などの公共料金の引落しの手続きにも銀行印が必要です。比較的大きなお金が動くようになりますから、簡単に偽造されないように三文判ではない印鑑をつくったほうがよいと思います。

銀行口座をつくれば、たいていの銀行では両替機で一定の金額金種までは無料で両額できるようになります。レジに入れる釣り銭用の現金は、合計で5万円から10万円になるように金種を決めます。保険診療のクリニックであれば、レジの釣り銭は5万円セットで、患者様が増えたら7万円セットで足ります。自由診療の多いクリニックでは、多めのお釣りが必要になると思います。金種の内訳はクリニックの実態に合わせてコンサルタントと相談して決めてください。

第14章

クリニック開業［実践］ガイダンス

開業前の挨拶の仕方

スタートで差がつく！

或るドクターとコンサルの会話――14

※時間軸で言うと開業場所が決まって、事業計画策定（第10章）の準備が始まる頃に戻ります。

椎原　事業計画を策定している間に、並行して進めることがいくつかあります。

Dr.間　どんなことでしょうか？

椎原　クリニックのロゴマークやテーマカラーを決めることです。開業準備中には、診察券などの印刷物を大量につくることになります。これらの作成のためにも、早めに着手しておいたほうがよいでしょう。

Dr.間　たしかに、診察券や封筒、パンフレットなど、印刷物は多そうですね。

椎原　今や開業前の挨拶回りも普通に行うようになりました。名刺などもあったほうがよいと思います。

Dr.間　勤務医でいたときは、普通にあると思っていたものをすべて自分で考えてつくるということですね。

椎原　おっしゃる通りです。今まで考えたことのないものを考えることは、意外と難しいものです。急いでつくると業者さんの言いなりになってしまったり、漏れが生じたりするものです。それに、これらの印刷物をつくるためには電話番号を決めておかなくてはなりません。電話番号も覚えやすい番号を取るには時間がかかります。

Dr.間 電話番号はどうやって取るんですか?

椎原 電話工事会社に依頼します。電話会社は一度に3つの候補番号しか出しませんので、気に入らなければ再度、依頼し直すことになります。覚えやすい番号が出るまで何度でも取り直しします。

Dr.間 コスト増になりませんか?

椎原 電話番号は、何度取り直してもタダです。業者さんの手間賃はかかりますが、電話番号は長く使うものですから妥協できません。

Dr.間 印刷業者、電話工事会社といろいろ考えることがあるんですね。

椎原 これらに早めに取り組むことで、慌てることなく開院前の挨拶をしっかり行うことができるんです。

Dr.間 なるほど。他にはどんなことがあるのでしょう? ぜひ、教えてください。

椎原 わかりました。では説明していきましょう。

1 名刺やパンフレットは早めに準備しておく

開業のコンセプトが決まり、時間ができたところでクリニックのロゴマークを作成したり、テーマカラーを決めたりしてください。どんなに遅くても、クリニックのホームページのデザインに着手するまでには、ロゴデザインやテーマカラーくらいは決めておきたいものです。

クリニックは、診察券や封筒、薬袋（院内処方する場合やピル、ＥＤ治療薬を処方する場合）、パンフレットや折り込み広告など、開業時に多くの印刷物を発注します。それらの制作やホームページのデザインをする上でも、早めに決めておくに越したことはないでしょう。

まず先生の名刺だけは、先に発注しておきましょう。保管場所を取るわけでもないし、発注漏れが生じるほうが問題だからです。また、クリニックの工事が終わって引き渡しになるときに合わせて、パンフレットが納品されるように発注します。挨拶回りなどに行く際にはパンフレットと名刺が必要になります。

また、これらの印刷物を刷るためには、クリニックの電話番号が必要です。電話番号は患者様が覚えやすい番号がよいですから、早めに業者に依頼して、納得のいく番号が取れるまで何度でも取り直します。

パンフレットはA４判の三つ折りが一般的です。封筒にも入れられますし、患者様が持っていってくれる場合もあります。患者様の紹介元となる医療機関などがある場合には、患者様に手渡ししてもらえるように先方にお渡しする必要もあります。

各医師会では、開業時に一度だけ広告を行うことが許されています。さすがに開業時に広告をしなければ、患者様に認知してもらう方法がないということで昔から認められています。通常はポスティング広告や新聞の折り込み広告を使います。高齢者は、インターネットよりも新聞を取っている家庭が多いので、折り込み広告は有効です。開業から3ヶ月くらいは、クリニックに折り込み広告を持って来院される患者様がいらっしゃいます。初月が一番多く、広告の効果は急速に落ちていきます。

ちなみに近隣の商店や個人宅を訪問してパンフレットなどを配る戸別訪問は、医療法で想定されていないようで広告扱いになりません。ダイレクトメールを出すことはないでしょうが、これは広告となります。

このあたりのことは、サポートしてくれる業者さんやクリニック開業コンサルタントに個別に相談してください。

2 医療関連の人たちへの挨拶の要領

クリニックの開設届を出したら、法律的にはクリニック開業です。お世話になった先生や知り合いの医師などに挨拶状を送ったり、訪問して手渡ししたりするために、挨拶状を印刷しなければなりません。

クリニックの開設届を出すのは、開業1ヶ月前の各保健所の定める日ですが、正式に提出するまでは、法的にクリニックとして名称を名乗ったり使ったりすることができません。挨拶回りや広告のために、できれば開業前月の1日《ついたち》には開設届を提出しておきたいものです。

開設届を出す日が決まれば、それに合わせて挨拶状の印刷を発注する日もおのずと決まってきます。それまでに、挨拶文と発送先のリストを作成しておく必要があります。直接、挨拶に行く先にはパンフレットも持参したいものです。

プロのクリニック開業コンサルタントの場合、かなり早い段階で印刷会社を紹介してくれると思います。どんな場合も、挨拶状の印刷が漏れることはないでしょう。

「挨拶がない」と不興を買うことがないように、挨拶状の発送は間違いなく行いたいものです。挨拶状をきちんと発送すると、内覧会の前に多くの花が届けられます。大学の教授などからも立て札を添えた花が贈られてきます。こういうものがクリニックの信用にもつながります。

連携する病院には、挨拶状を持って直接行くべきでしょうか？　きちんと挨拶状とパンフレットを持ってお伺いできればベターですが、単に患者様をこちらが紹介するだけであれば、郵送でもよいでしょう。

今は、どこの病院も診療連携室などを置いてクリニックからの患者様紹介の取り合いの状況です。現在、東京近郊であれば、さまざまな医科系私立大学の系列病院ができています。紹介先の病院に困ることは絶対にありません。

地方へ行くと近隣の病院が少ない地域もあります。その場合は、きちんと挨拶状とパンフレットを持ってお伺いすべきでしょう。

医師会に加入される気持ちがあれば、入会申込はいつ頃、どのようにすればよいか調べて訪問する必要があります。

たいていは入会担当の理事先生に事前に挨拶に行き、事務局から入会申込書類一式を受け取ることになります。さらに、多少競合のある先生方を教えてもらい、事前に挨拶に行くこともお勧めします。

また、医師会は、予防接種や妊婦健診、がん検診の市区町村からの委託先になっていますので、医師会に入会しないと、これらの診療ができないことになります。こうした診療を行うのであれば、医師会入会は必須となります。

診療科によっては、仕事ばかり回ってくる上にお金も取られるから入会しないという先生もいらっしゃいます。

しかし、診診連携ができたり、紹介があったりとメリットもあるので、医局の先輩たちがあまり入会していないから入らないと決める前に、メリットとデメリットをきちんと調査することをお勧めします。

3 近隣の人たちや地元団体への挨拶のポイント

クリニックの開業地域で、訪問しておいたほうがよい団体がいくつかあります。

駅前開業されるクリニックであれば、駅前の商店会などがあるはずです。商店会長様や町内会の有力者などがいる場合、事前に調べて訪問することをお勧めします。患者様になってくださる可能性がありますし、少なくとも地域に密着している方々の団体ですから、挨拶に来ないなどと批判されることだけは避けたいものです。

精神科などでは、患者様としては見込めないかもしれませんが、患者様に対する偏見があらわにならないように状況を説明しておくだけでも風当たりが違ってきます。

内科系の先生では、地元の老人会などがあれば、関係者を調べて挨拶しておいて損はありません。

幼稚園や小学校は、担当の先生が医師会内にいらっしゃるのでむやみに訪問しにくいのですが、老人会の担当医師はいませんので顔を売るべきでしょう。内覧会についても、パンフレットをお渡ししてご来場をお願いしましょう。

幼稚園や小学校を訪問するには、よく情報を集めて大丈夫な場合だけ訪問してください。父母会やPTAなどは、紹介で会長や副会長、理事などで会える人がいればご挨拶に行くべきです。会って内覧会の案内をさせてもらい、パンフレットを渡しましょう。

商工会議所は大きすぎて、出席する時間も取れませんから、入るメリットはほとんどありません。患者様から商売を優先していると思われるのも心外ですから、商工会議所に入会されても待合室に商工会議所のプレートを置いたり、入り口にシールを貼ったりしないでください。

コンビニエンスストアの店員は道を聞かれることが多いのですが、アルバイトやパートなので、単純に挨拶に行っても全員に伝わりません。コンビニのオーナーとアポイントを取って挨拶に行くと、アルバイトやパートにもクリニックの場所と名前が伝わります。

駅の近くで開業される場合は、駅にもパンフレットを持って訪問しましょう。道を尋ねられることの多い駅員さんたちにも情報を伝えておくのです。駅職員の人数プラスアルファ分のパンフレットを持って駅長さんに挨拶しておけば間違いありません。

その他にも、ぜひとも訪問しておきたい場所があります。

まず、近隣の交番と消防署は、訪問しておくべきです。クリニックの開院情報が保健所から警察に行くことはありませんので、事前にこちらから教えなければ、クリニックの場所を通行人から尋ねられても答えようがありません。パンフレットを持参し、案内をしてもらうようにお願いしておきましょう。近頃問題になっているモンスター・ペイシャントがクリニックで大声を出した場合など、警備会社だけでなく警察からも来てもらったほうが安心です。たいていの場合、110番しても駆けつけるのは近くの交番の巡査ですから、挨拶に行って損はありません。

消防署については、診療科によっては、クリニックから病院に患者様を救急搬送することがゼロではないので、訪問しておくと情報が共有されます。

外科系のクリニックで、ナートくらい引き受けてもよいとなれば、近隣のスポーツ団体や飲食店などを訪問しておくのも方法です。ナート程度の処置であっても、患者様にとっては一大事です。治療してくれたとなると、患者様やそのご家族が「あの先生は名医だ」という口コミの発信源になってくださいます。

4 雨の日対策も考えた上でやれる範囲で内覧会も行う

内覧会とは、開業前に地域の住民や先生の関係者をクリニックにお招きし、院内を見学してもらってPRしようというものです。

スタッフが院内をご案内するとともに、院長から来訪者様にひと言挨拶をしていただくことになります。クリニックに用がない近隣の人が、ただ様子を見に来るのは難しいものです。その敷居を低くするために、内覧会を開催するのです。

精神科、婦人科、肛門科など、プライバシーに相当配慮しなければならない診療科では、内覧会自体を開催しないこともあります。ただし、婦人科でも落下傘開業だったり、肛門科でも消化器内科を併設したりする場合は、内覧会を開催することもあります。これ以外の診療科であれば、内覧会を開催することをお勧めします。

来訪者様にはスタッフが付き添い、順番に診察室、処置室、検査室、レントゲン室などを見てもらいます。最新鋭の医療機器などを入れた場合には、ここでどんな検査ができるのか、負担がどれくらい少ないのかを説明すると受診者も増加します。

案内は、事前に練習し、来訪者様に丁寧に対応することで来院を促すことができます。

来訪者様からいきなり病気や治療の質問が出る場合がありますが、その場合はすぐに院長につないでもらい、院長が丁寧に対応してください。

もし、来訪者様から診療の申し入れがあるようなら、その場で予約を取るなど、具体的な日時を決めてください。内覧会に来て質問するということは、診察を希望しているのです。遠慮せずに、予約を取るなり、受診を勧めるなりしてください。

先生にお願いですが、先生の関係者と近隣の住民など一般の来訪者様の面談希望が重なった場合は、一般の来訪者様を優先してください。

ドクター同士で盛り上がって、一般の人が質問しにくい状況をつくってしまうことがありますが、非常にもったいない話です。ただし、患者様の紹介元になる可能性のあるドクターであれば、優先もやむを得ないと思います。

旧友のドクターであれば、案内状に「内覧会当日は患者様を優先させていただき、失礼があるかもしれません」とひと言お詫びを入れておくとよいでしょう。

内覧会の当日に、MRさんやこれまでお世話になった業者さんに、ビルの入り口からの案内や、敷地内でのビラ配りなどをしてもらえると助かると思うでしょうが、そもそも歯科のクリニックに比べれば、医科のクリニックは通りがかりの人に、大量の人員を使ってまで開院をアピールする必要はそれほどありません。内覧会をしないで開業しても、患者様は来てくださいます。

しかし、内覧会を行えば、開業1週目の患者様が確実に増えます。その後の口コミの患者様もそれに従って増えるので、スタッフとお手伝いしてくれる人だけで、内覧会を行えば十分です。

来訪者様には、パンフレットと何か一品でもお土産を持って帰ってもらうようにします。内覧会の前日までに、用意しておきましょう。また、内覧会のための院内の案内表示は、サポートしてくれた会社がつくってくれるはずです。

内覧会の日に雨は降ってほしくないのですが、天気予報で雨の予報があったら、雨の日対策をしましょう。まず内覧会の日だけは傘立てを外に出してください。

テナントビルの場合、共有スペースに物を置くことができないので、傘立ては日頃しまっていることが多いと思います。

戸建て開業であれば、外に置くことも可能ですが、盗難もあり得るので院内に置いているクリニックが多いはずです。内覧会の日は、人目が多いために傘立てや傘の盗難はまずないと思いますので、院内を広く使うためにも、また院内ができるだけ濡れたり汚れたりしないためにも、傘立ては外に移すことをお勧めします。

それでも濡れた傘を院内に持ち込んでくるお客様もいらっしゃるでしょうから、傘入れの袋を用意しておくと院内が濡れずにすみます。院内が濡れると、高齢者が足を滑らせることがあったりして危険です。

対策として、雨の日用玄関マットを敷くのもよいでしょう。転倒を防止でき、水濡れや汚れも軽減できるので、価格を見ながら検討されることをお勧めします。

また開業すると、掃除用品や掃除サービスの会社が営業に来ますが、やはり継続して使うには値段が張ります。掃除用品や玄関マットを扱っている会社は複数社あるので、内覧会前に相見積もりを取って準備しておきましょう。

第15章

クリニック開業［実践］ガイダンス

上手に任せる！ お金の管理の仕方

或るドクターとコンサルの会話——15

Dr.間　クリニックのお金の管理は、どのようにすればいいのでしょうか？

椎原　毎日、医療事務さんから窓口現金の売上分を帳票とともに受け取ることになります。それを封筒などに入れて診療日ごとに保管しておいて、ATMで日付ごとに分けて1週間分の入金をして通帳に記帳すれば大丈夫です。医療事務さんに入金を頼んでもいいでしょう。

Dr.間　医療事務さんにお金を預けても大丈夫なんですか？

椎原　電子カルテの窓口収入額と、レジの合計額、封筒に入っている現金、ATMに入金された金額は必ず同額になりますので、不正ができない仕組みになっています。ただ、実際にはお金を預かることを医療事務さんが嫌がることが多いので、ご家族に協力してもらえると助かります。

Dr.間　私は、受け取った現金を確認するだけでよいのですね。

椎原　窓口現金管理は複式簿記の原理で管理されることになるので、実は先生が帳票と現金を付け合わせする必要がありません。不正があれば、電子カルテと通帳入金の金額が一致しなくなります。

お金の管理

Dr.間　金額確認しないと不正が起きませんか？

椎原　大丈夫です。でも、心配なら確認していただいても構いません。それより、間違いが起こる可能性があるのが、釣り銭現金の両替です。釣り銭現金はある程度先生のほうでご用意いただく必要があります。用意した釣り銭現金を直接手渡ししてください。管理の都合上、釣り銭現金の総額はあらかじめ決めましょう。

Dr.間　細かそうですね。

椎原　いいえ、先生がやらなければいけないことは、細かな現金管理ではありません。要は、不正が起こらないように、ポイントだけ押さえておけばよいということです。

Dr.間　そうですよね。他に考えることがありますよね。

椎原　そうです！　本当に先生がやらなければいけないことは、事業計画と実際の数字がかけ離れていないか、きちんと把握し、対応していくことなんですから！

Dr.間　ポイントをぜひ教えてください。

椎原　わかりました。では説明していきましょう。

1 窓口現金は日付ごとに分けて週に一度ATMに入金する

診療が終わると、レジ締めを行います。レジ締めは、電子カルテで計算される窓口現金額と実際にレジにある現金が合っているかどうかを突合する作業です。

開業研修中に、コンサルタントや会計事務所のスタッフから医療事務さんに理論と実務を指導してもらい、シミュレーションも行ってください。

患者様が増えてきたら、昼休みに入る前に中間精査と言って、電子カルテで計算される現金残高と窓口現金の残高を突合しておくと、間違いがあった場合、どの時点で間違ったのかが把握でき、診療後に調べやすくなります。忙しいときはスタッフの休み時間がなくなってしまうので、原因追及はすべての業務終了後でも大丈夫です。

ただし、中間精査でいくら誤差があったかだけはメモしておくことをお勧めします。実務的には、レジには患者様の窓口負担金額と釣り銭現金が混合して入っていますから、残高の合計から釣り銭現金の合計額を引いた金額が電子カルテの金額と合っていれば、ミスがなかったことになります。

レジ締めの後は、釣り銭現金を翌日用に取り分け、金種ごとのホルダーなどに保管して手提げ金庫に収納してもらいます。残りが本日の患者様窓口負担額となります。2ヶ月後にレセプトが入金するまで、この現金がクリニックの収入のすべてとなります。

封筒に、日付と患者様窓口負担額がいくらかを医療事務さんにメモ書きしてもらい、先生が封筒を受け取ってください。そして、できれば渡された封筒を銀行のＡＴＭで週に一度入金して記帳するのがいいと思います。医療事務さんが昼休みに近くの銀行に行けるなら、毎日でもお願いしたいところですが、現実的にはご家族に協力してもらうことになると思います。毎日はやりされないと言われてしまうケースが多いので、数日分溜まったところで日付順に分けて入金を行い、通帳に診療日ごとの入金金額の記録が残るようにします。

理論上は、電子カルテの窓口収入額と、レジの合計額、封筒に入っている現金は同額となるはずです。同額でないのならば、何らかのミスが生じているか、あまり考えたくはありませんが、横領が起きているということです。横領などが起こらないように、医療事務さんでも現金を取り扱う人は1人に決めておいたほうが責任の所在がはっきりします。

現金担当者にはレジのカギを保管してもらい、昼休みにも施錠管理をしてもらいます。先生が現金を毎日数える必要はありません。現金担当者以外のスタッフに、電子カルテの窓口収入、レジ金額の合計、封筒の金額をダブルチェックしてもらえば十分でしょう。

電子カルテの窓口収入額と実際の現金が、月に数回ズレるようであれば、担当スタッフと話し合いを持つ必要があります。その場合は大変ですが、先生も封筒に記載された金額と電子カルテの日計表（1日の診療報酬の内訳表）の金額が合っているかをチェックしていただく必要があります。

ミスがあれば、原因追及をしてもらいます。金額がちょうど千円とか数千円といった違いであれば、横領ということが多いです。330円や360円などの端数のある金額だと、釣り銭の計算ミスやレジの打ち間違いであることが多いです。レジの打ち間違いであれば、電子カルテの金額とレジの金額が異なっている患者様が見つかるはずです。釣り銭の渡し間違えは、少額であればやむを得ない場合もありますが、間違いが月に複数回起こるようなら担当者を代えるしかありません。

ミスにより電子カルテより現金が少なくなってしまった場合は、現金不足で処理するほうが合理的です。現金が不足しているということは、お釣りを多く渡したということですが、数十円のために患者様に電話したり、多く受け取った分を返してほしいなどと言う必要はありません。むしろ、そんなことはしないほうがよいでしょう。患者様の気持ちを逆なでします。

また、たとえ原因を追及できたとしても、そこに費やすスタッフの残業代のほうが高くつきます。帳票の現金過不足欄に、不足金を記入し、封筒に実際の現金額（間違っていても実際に手元にある金額）を記載し、業務を終了してください。

電子カルテより現金が過多の場合は、釣り銭現金の渡し漏れや、少ない金額で渡していることが考えられます。患者様は、釣り銭が足りないことに気づいていても言い出しにくくて帰られてしまうことがあります。可能性のある患者様に電話し、患者様が覚えていてくださったら、翌日にお詫びして返金すべきです。たとえ数十円でも信用につながります。

2 優秀な税理士であれば院長の時間をロスすることはない

クリニックで扱う現金を管理する上で、いくつかの帳票が必要となります。ひとつは、前述した毎日の窓口現金額を記入する帳票です。この帳票は誰が記入するのでしょうか？　私が開業コンサルティングを行ったクリニックでは、スタッフさんに記入してもらっています。先生が毎日、スタッフと一緒にレジ締めを行う必要はありません。

クリニックに慣れた税理士は、先生にクリニックの現金管理で手間を取らせたり、簿記の勉強や仕訳入力を強いたり、「キャッシュフロー管理」などといった難しいことは言いません。先生の時間をまるまる節約してくれます。会計事務所側でその時間を吸収してくれるのです。正確に言うと、半分は吸収し、半分はクリニックのスタッフを活用して先生の時間を節約してくれます。

先生にお願いしたいことは、できれば週に一度銀行のＡＴＭで診療日ごとに窓口現金を入金してほしいことと、不正を防止するために、釣り銭だけはスタッフに手渡しで両替を行うことです。窓口の現金も前述の通りスタッフに任せます。現金出納帳も一切つけることはなく、パソコン入力をする必要もありません。

しかし残念ながら、クリニックの専門性が低い税理士さんもなかにはいらっしゃいます。その場合は、早急にセカンドオピニオンを求めることをお勧めします。先生の時間ロスも多大ですが、医療法人化する段になって届け出漏れが発生していたり、経費算入が漏れて過大な納税をしていたりする可能性もあります。

産婦人科と整形外科の窓口現金管理は複雑です。この2つの科は、妊婦チケット、がん検診、交通事故、労災などがわからないと処理ができないこともあります。こうした特殊な事務処理のあるクリニックでは、採用の際になるべく実務経験者を採用したほうがよいでしょう。

例えば、妊婦チケットは患者様から受け取ったものを1ヶ月ごとにまとめて市区町村に送り、チケットの額面を請求します。会計処理上は、患者様から受け取った妊婦チケットの額面と、市区町村から入金された額面が一致していなければなりません。そういった管理が必要なクリニックでは、毎日の窓口現金額を記入する帳票だけでは足りません。そのための専門の帳票が必要となるのです。

書かなければいけない帳票は増えますが、説明を受ければ先生も理解できるし、医療事務さんにとっても、慣れれば仕事の処理がスムーズに進みます。ミスが起こりにくく、起こっても簡単に原因がつかめるようにできています。前のクリニックと違っても、合理性がわかれば医療事務さんも協力してくれます。仕事が早く終わるようになるので、最後は喜んでくれます。簿記の知識はまったくいりません。電卓で計算ができ、普通にパソコンが使えれば十分です。

3 金庫の鍵をしっかり管理してスタッフに現金管理を任せる

クリニックの窓口では、現金で支払いをしなければならないことがあります。郵送代や荷物の代金引換、ちょっとした備品の購入などです。それを先生が対応していては時間がもったいないので、小口現金というものを用意してスタッフに任せてください。

小口現金で支払うものは、会計事務所と話して決めてください。後は、スタッフから現金が足りなくなったと言われたら、千円札で2万円とか3万円とか決めた金額をスタッフに渡すようにしてください。小口現金の管理簿がスタッフに渡され、現金を渡した日にその金額が帳票に記入されているかどうかだけ確認しておくと不正はできません。後は会計事務所に任せておけば大丈夫です。

不正が起きた事例を紹介します。会計事務所のチェックで発覚したのですが、小口現金でスタッフがストッキングとお菓子を買っていたことがありました。院長が許可したならよいのですが、普通のクリニックだったらわざわざお菓子を買わなくても、誰かが手土産に持ってきてくれるものだけで余るはずです。

ストッキングは普通、スタッフの負担です。消耗品ですが、サラリーマンが会社のお金でネクタイを買ったら問題になるのと同じです。制服のある会社でも女性社員のストッキングまでは支給しません。スタッフには厳重注意して、労働法上の処分はしませんでしたが、他のスタッフの手前いづらくなって退職してしまいました。

もうひとつは両替金の横領です。自由診療の多いクリニックだったため、釣り銭現金と小口現金用の現金の一部が累計60万円くらい横領されました。いまだに犯人は不明です。

これらの不正の原因は、釣り銭現金と小口現金用の保管金庫とロッカーのカギを院長が複製し、複数のスタッフに渡していたからです。1人だけだったら、その人の横領とわかります。ここでは複数の人に金庫のカギを渡して、さらにその複数のスタッフが他のスタッフにカギを貸していました。これでは机の上に現金を放置しているのと変わりません。院長は怒って「絶対見つけ出す」と息巻いていましたが、止めました。関わっていない優秀なスタッフが退職してしまうリスクが大きすぎたからです。

窓口現金や小口現金をスタッフに任せる以上、金庫の鍵の管理は院長がしっかり行ってください。

4 経費の支払いは院長がチェックした上で人に任せてもよい

月初には、クリニックに医薬品や医療消耗品購入などの請求書が届きます。先生には、これらの請求書に関して支払ってよいかのチェックをお願いします。これは先生にきちんと見ていただく必要があります。支払いは、インターネットバンキングで行えば簡単です。銀行口座を開設したときに、インターネットバンキングの申し込みもしておくとスムーズでしょう。

毎月スタッフさんへの給与の銀行振り込みと、月末には請求書の支払いがありますので、ご家族などにも協力してもらえると助かります。きちんとした事業計画がされていれば、資金が足りなくなることもないはずですから、支払いは信頼できる人に頼んで、先生は通帳の動きだけを確認していただければ十分です。

税理士さんに渡す書類もそんなに難しくはありません。スタッフに用意してもらったり、先生が確認してメモ書きを加えていただいた後、毎月、決まった日に決まった書類を税理士事務所の職員に渡すだけです。毎月必要となる書類は次の通りです。

1 電子カルテの日報
2 毎日の窓口現金額を記入した帳票（診療科目によっては専門の帳票も）
3 電子カルテの月報（レセプト請求をしたときに電子カルテから印刷します）
4 クリニックの預金通帳のコピー
5 医薬品卸や検査会社などに支払った請求書
6 その他の領収書（何の目的で支払ったのかを裏にメモ書きしてください）
7 クレジットカード決済の明細書（個人とは別に事業用のクレジットカードをつくってください）

8　社会保険診療報酬支払基金や国保連合会からの支払決定通知書（レセプトの入金決定通知書のことです）

税金の申告の時期になったら、医師会などのお手伝いに対する源泉徴収票などが届きますので、それも税理士に渡してください。開業した年や、銀行の借り換え、リースの追加などを行った場合は、医療機器の明細、建築内装の明細と領収証、銀行返済予定表、リース明細表が必要になります。これは税理士から先生へ明細の求めがあると思いますので、税理士の指示に従ってください。

先生が注力しなければいけないことは、細々とした支払いや書類の用意ではなく、事業計画と実際のクリニックの数字がかい離していないか把握することです。必要な書類を税理士に渡して会計処理をしてもらった後は、税理士からきちんと説明を受けてください。

開業から、損益分岐点を超えるまではちゃんと数字を見る必要があります。計画していた通りの支出と診療報酬になっていれば、資金がショートする（資金が足りなくなる）ことはあり得ません。きちんと事業計画を策定していれば、ある程度、誤差が生じることも計算に入れて運転資金は余裕を持って借入してあるはずなので、ひと月やふた月マイナスしたくらいで慌てる必要はありません。

第16章

クリニック開業［実践］ガイダンス

開業後のチェックポイント

ここからが本番！

或るドクターとコンサルの会話――16

Dr.間　椎原さん、いよいよ来週は開業日です。これまでの開業準備を思うと、やっとゴールだという実感がわいてきます。

椎原　これまでさまざまな開業準備をしてこられて「やっとゴールだ」という気持ちはわかりますが、ゴールと思うのは違いますよ。あくまでも先生のクリニックができ上がり、診療ができるという出発点に立っただけです。

Dr.間　わかっています。これからがスタートですよね。そのために、これまで頑張ってきたのですから。

椎原　開業直後に患者さんがいっぱいということはありませんから、まずは待ち時間をなくすことです。開院前研修で準備してきたことがしっかり実行できているかを確認して、できていないなら、その原因を探って対策を取りましょう。

Dr.間　はい。

椎原　初めのうちは、患者さんが受付をされてから会計までの全部の時間をチェックする必要はありません。まずは、先生が診療を終えられて医療事務さんが電子カルテ上でお会計の画面に移るまでの時間を把握してください。

Dr.間　なるほど、診療終了後の待ち時間を電子カルテ上の画面で見ることができますね。

椎原　医療事務さんも初めは全員新患の患者さんですから、問診票の受付や保険証の確認・コピーなど、時間がかかると思います。しかし、診察室に患者さんがいないのに、待合室に患者さんが大勢待っているなら受付の見直しが早急に必要です。

Dr.間　それほど患者さんが来てくださるとは思えませんが……。

椎原　事業計画で堅めに見積もった数の患者さんは、来てくださると思います。その他にも、クリニックの経営が軌道に乗るまでは、気をつけておくべきポイントがいくつかあります。患者さんの声、スタッフの動き、問題の芽を小さなうちに摘んでしっかり対応していくことが肝心となります。

Dr.間　ポイントは何でしょう？　ぜひ教えてください。

椎原　わかりました。では説明していきましょう。

1

患者様の待ち時間を極限まで縮めて評判を取りにいく

診療科目にもよりますが、1日の患者様が30人にも満たないのに、患者様に待ち時間が発生している場合は、原因究明をしておくことをお勧めします。

昔の診療所や、地方の診療所では常識だった「患者は待たせても来るから待たせて当たり前」という言い分は、都市部の新規開業のクリニックでは通用しなくなりました。よほど専門性が高く、評判の良いクリニックだったら、患者様は1時間以内の待ち時間は我慢してくださいます。30分以上待てないという患者様は他に流れていきます。

評判の取れるクリニックになるためには、診療効率を向上させて患者様の待ち時間を減らす工夫が必要です。診療の待ち時間が生じているなら、特定の時間に患者様が集中している可能性があります。順番予約システムの導入を検討する必要があるかもしれません。

患者様がまばらなのに、受付から診察室に入るまでに時間がかかっている場合は、電子カルテの一号用紙の作成に時間を取られている可能性があります。何度かお伝えした通り、名前と生年月日だけで、とりあえず診察室に入ってもらえる対処方法を医療事務さんにもう一度勉強してもらう必要があります。多少費用はかかりますが、半日でも電子カルテのインストラクターに来ていただき、指導してもらうのがよいでしょう。

それでも改善できない場合は、医療事務としての能力の問題があるのかもしれません。開業コンサルタントと一緒に面談し、スタッフからヒアリングして問題を抽出すべきです。受付の人数が足りないのかもしれません。受付・会計が1人体制の時間があるとか、患者様対応に時間がかかったり、電話が多かったりと、何か問題があるはずです。スタッフを責めるのではなく、ヒアリングして問題を抽出することを優先したいところです。

原因がわかれば、対策が立案できます。その対策をスタッフと話し合い、協力してもらう必要があります。研修で勉強してもらっても、前職のクリニック流で仕事をしていたり、スタッフの我流で仕事をしていたりと、待ち時間が多くなる原因が医療事務さんにある場合が多いと思います。ここは、改善に協力してもらうしかありません。

スタッフの能力の問題であれば、スタッフの入れ替えを検討しなければなりません。といっても、簡単に解雇はできないので、十分にスタッフと話し合い、改善を促すことから始めることになります。スタッフの入れ替えは、コンサルタントと社会保険労務士に任せたほうが安心です。

診療後の会計の待ち時間は、1日の電子カルテの画面で確認することができます。診療後の待ち時間は最短にしなければなりません。前にも述べましたが、診察の待ち時間は我慢してくれても、お会計の待ち時間は患者様の不満になります。

本当に患者様が多くなってからでは、問題がいくつも発生し、問題を整理・抽出することが難しくなります。早いうちから問題の芽を摘んで、複雑な問題が発生しないように努力する必要があります。

2 患者様からの問い合わせやクレームは業務改善に活かす

駅からの道順がわからないとか、インフルエンザの予防接種がいつ始まるとか、お盆休みはいつからかとか、年末はいつまで診療しているのかなど、患者様からはさまざまな問い合わせの電話がかかってきます。ここは、医療事務さんが答えて終わりにしてはいけません。同じようなことを聞かれたら、聞かれたことをメモして院長に渡すように、医療事務さんに指示してください。

こうした質問は貴重な宝です。院内掲示やクリニックのホームページの記載が悪かったのでしょう。院内の掲示方法を検討してください。また、よく聞かれることはホームページで必ずご案内してください。問い合わせの電話が減ります。高齢者の方や慢性疾患の患者様は、院内掲示などをよく見ているので電話してくることは少ないのですが、お母さんや若い患者様は電話してくることがよくあります。

スマートフォン対応したホームページにお知らせを掲載すると、医療事務さんの電話の頻度が極端に少なくなります。それだけ、目の前の患者様に集中できるようになるので、患者様の評判も上がります。診療時間外でも調べることができるので、電話をするよりスマートフォンでクリニックのホームページを見るほうが便利です。

患者様のクレームも宝物です。一番多いのが「待ち時間が長いこと」です。予約システムや電子カルテ入力の待ち時間短縮の取り組みをしていれば、待ち時間のクレームはなくなるはずです。それでも何らかのクレームが出たら、管理体制の改善に活かしてください。案内や説明がよくわからないということもあるので、その場合は、ホームページにQ＆Aなどのページを設けて細やかな説明を追加していくと、その類のクレームも減っていきます。

3 クリニックの評判を左右するスタッフの定着率にこだわる

開業後1年も経たずに、開業時のスタッフの退職が始まってしまうこともあります。開業時のスタッフは、患者様とゆっくり触れ合う時間もあり、ミスのないように再確認を行ったり、仲間と連携したり、ゆとりのある時間の中で、楽しく仕事をしていたはずです。それが患者様の数が増えて忙しくなったとしても、別段何でもないはずです。

医療事務は、もともとクリニックの勤務経験者を多く採用したはずですから、忙しいクリニックの状況もわかっているはずです。未経験者であっても、民間企業に勤めた経験があるなら、クリニック程度の忙しさでへこたれることはないはずです。

看護師などの病院勤務経験者は、それこそ責任の軽さと夜勤がないことでの負担の軽さがあるので、クリニックの忙しさが気になる人はいないはずです。

それでも退職するスタッフが出るのはなぜか？　人間関係か？　待遇か？

開業すれば、必ずつきまとうのがスタッフ問題なので、退職者が出るのはやむを得ないのですが、クリニックの経営も軌道に乗る中で、積み上げてきたノウハウと経験が消えてしまうわけですから、スタッフの退職は著しい損害です。

こうなってしまったら、やむなく新規採用を始めますが、これはかなり大変な仕事になります。新規開業時のスタッフ募集と違って応募数が減るのが普通です。女性の場合、人間関係ができ上がった中に新しく後から入ることに負担を感じる人がいるからです。

新しく採用しても、クリニックの既存スタッフや業務分担や協力態勢に馴染んでもらうまでには時間がかかります。教える人は、業務と新人教育の苦労を抱え込むことになります。

先生が院長として、教える担当者に「教えるより自分でやったほうが早いし、業務も大変だと思うけど、とにかく新しいスタッフを教えて育ててほしい」と直接伝えることが重要です。他のスタッフにも協力をお願いしましょう。

人を育てることで人は育ちます。それを実感できる良いチャンスであることを伝えたいところです。お子さんを育てた方なら、子育てに例えると伝わりやすいでしょう。独身のスタッフには、将来の子育てにも通じるところがあることと、プロとして成長するための貴重な経験であることを伝えるとモチベーションが上がります。

すでに退職したスタッフがいる場合、この先、退職者ができるだけ出ない努力をしていく必要があります。まだ誰も辞めていない場合も、突然退職を言い出されることがあることを覚悟してください。

あまり短期間で人の入れ替えがあるのは問題です。しかし6年から10年くらいでスタッフの入れ替わりがあるのはやむを得ないことです。ご主人の転勤や転居などで退職せざるを得ない場合もあります。親の介護などの場合、企業と違ってクリニックには介護休暇を取ってもらうだけの余裕はありません。法律では義務といえどもスタッフの感情の問題があり、本人が退職を申し出ることがほとんどです。

定着率の高いクリニックは、「うちのクリニックって、先生が丁寧に診察してくれてすごくいいのよ」などと、スタッフが口コミの元になっていることがよくあります。

また、高齢の患者様もスタッフに親しみを持ってくれて、やはり口コミの元となってくださいます。地域ナンバーワンクリニックを目指すのであれば、スタッフを大切にして定着率にこだわってください。

4 業績が事業計画を下回った場合の3つのチェックポイント

きちんとした事業計画をつくっていれば、計画より実績が上回っていることが多いはずです。収入は少なめ、経費は多めに計算して事業計画が策定されているからです。事業計画との差異がプラスになっているのは当然です。これまで書いてきたやるべきことを全部やっているはずですし、計画は手堅いので、下回っていたら問題です。その場合、問題点を抽出する作業に入ります。以下に、問題を洗い出すチェックポイントをご紹介しましょう。

①近隣にライバルクリニックが開業した場合

こちら側が先に開業していることを承知で、わざわざ後から競合して開業してくるクリニックもあり得ます。開業後、数年してからの開業であればやむを得ない場合もありますし、すでにこちらは評判を取っているので、実際に打撃を受けることはほとんどありません。後から開業したクリニックが苦労するだけです。埼玉県や茨城県では、そもそも医師数が少なかったり、クリニックが少なかったりするので、一見競合に見える開業でも、それぞれ大成功ということもあります。

しかし1年も経たないうちに、同じ診療科のクリニックの開業をぶつけられると多少の影響を受けます。まだ評判を取りきっていないので、新患を取り合うことになってしまうのです。そのため、立ち上がりの数字が思うように伸びないことはあり得ます。ホームページのアクセス解析や新患様のアンケート分析などを行い、対策を立案します。こちらは戦略を立てて開業しているのですから、引き続きしっかり診療を行い、経営管理を行うことです。

②スタッフに問題がある場合

これはすぐにわからないのですが、夕方の駆け込み患者様をスタッフが追い返していたり、順番待ち予約を取れないようにしていたり、患者様が増えないように抑制している場合があります。患者様から目立ったクレームもないし、ホームページのアクセス解析でも総合的に悪くない結果を出しているのに患者様の増加が弱い場合には、チェックしなければなりません。

どの診療科でも、夕方の飛び込み患者様がいないわけではありません。全部は受けられないにしても、ギリギリの患者様を断らないようにしたいものです。完全予約のクリニックでも、最初の1年間は、当日予約も受け付けているはずです。それをスタッフが断ってしまうことがあるのです。

職務経歴も問題なく、面接も感じが良くて、スタッフ同士もよく協力してくれるのですが、残業を極端に嫌がる医療事務を採用してしまうことはあります。医療事務の特権で、診察室からはわからないところで、終了間際の患者様を徹底排除されると数字が伸びません。身内に敵がいるような状況です。

これは、スタッフのヒアリングなどを繰り返すと判明します。ご家族に、夕方から診療終わりまでときどき顔を出してもらうことでわかることもあります。あまりに夕方から患者様が来ないので、先生が受付の様子を見に行って先生ご自身が発見されることもありました。このように、分析や解析ではわからない問題が潜んでいることもあるのです。

③先生に問題がある場合

コンサルタントなのに責任転嫁しているのではないかと思われるかもしれませんが、私が責任逃れするつもりはありません。

しかし、研修でスタッフとの人間関係もつくっている私に、スタッフから相談が舞い込むことがあるのです。先生が、スタッフ問題にあまり気をつけていなくて、スタッフもモチベーションを落としている場合や、セクハラやパワハラに近い問題発言や行動を取っていることがあるのです。

もちろん自分のクリニックを悪くしようと思う開業医はいないので、無意識に問題が発生しているのです。これは気づいていただくしかないので、さまざまな角度から提案をする場合もあります。

また、先生にヒアリングを行うこともあります。問題発言を指摘して、初めてご理解いただくこともあります。私も同じ経営者として失敗経験が山ほどありますから、私の経験談を話すこともあります。院長が経営管理面で「私は失敗しないので」と思っていたら、間違いなく失敗を犯します。

医療技術や経験がどんなに優れていても、スタッフのモチベーションを下げるような言動があれば、スタッフを通して患者様に伝わってしまいます。先生と相談を繰り返すうちに気づいていただけますし、ご理解もいただけます。人間そう簡単に性格や気性が変わるわけではないので、事の成否は先生の努力にかかりますが、大丈夫です。志あれば道は開けるものです。

5 開業後の相談相手が税理士だけでは心もとない

開業後の相談相手が税理士だけというクリニックは多くあります。しかし、税理士は、会計処理をして申告業務を行う専門家です。税理士が、優秀なコンサルタントである例をあまり見たことがありません。

コンサルタントは、特定の分野で深い知識と経験を積んでいるからできる業務です。税理士は、さまざまな業種の財務諸表を見ることができます。工場や建設会社や小売店など、さまざまな業種をコンサルティングしていますから、それぞれの業種の平均値や財務諸表の比較、分析はできると思います。

しかし、クリニックにとって、平均値は何かの意味を持つでしょうか？　札幌は人口200万人都市で、コメディカルの人件費が1番低い地域です。東京都世田谷区は一般診療所が843施設（2017年10月時点）もある日本で最も競争の厳しい地区の1つです。全国平均の数字を知ったところで、個別のクリニックが取る戦略を決めるのに、役立つことはないでしょう。

クリニックは極めて地域密着型のビジネスです。東京23区内でも医師の偏在があります。人口密度や年齢構成も異なります。富裕層では、治療の中身によっては、自由診療を選択する患者様も出てきます。競争に勝って患者様の評判を取り、プライドを持って診療をするためには、個別の戦略が求められます。その戦略立案の策定を医師と一緒にできる人が必要なのです。

一例を挙げると、ホームページのアクセス数や患者様の来院経路（何を見て初診の患者様が来院されたかの分析）と診療報酬の管理は密接になりつつあります。ホームページのアクセス数と収益の関係性を分析し、対策を打つことが必要なのです。増患対策、人の問題、あらゆる変化に対応することが必要です。

クリニックを開業するとして、できるだけ早く損益分岐点を超えるための相談相手が税理士しかいないということは、どれだけ情報がないのか、恐ろしいと感じてほしいと思います。

もし、会計事務所が経営コンサルティングで自信を持っていれば、コンサルティングのセカンドオピニオンは嫌がりません。

しかし、現実には、中小企業診断士などの経営コンサルタントの介入を会計事務所は極端に嫌います。現実的にクリニックの専門コンサルタントに勝てる会計事務所がほとんどないからです。困った事態になってからセカンドオピニオンを探すのではなく、困った事態に陥らないように、プロのコンサルタントを活用して相談していただきたいと願っています。

6 開業1年目でクリアすべき指針となる新患率

開業した当初はすべての患者様は新患です。まずは新患の患者様の評判を取って、再診につなげていく必要があります。新患はそこそこ集まっても、再診にならなかったり、再診になっても途中で来なくなったりする患者様が多いのは問題です。とはいっても、新患数が少ないということは、必然として患者様は完治していくので、半年後、1年後には医業収益は下がってしまいます。

開業後1年が経過した時点で、新患数が5％以上で推移していれば問題ありません。クリニックの経営上、何らかの問題があったとしても、新患率が5％を超えていれば、停滞期を打ち破る経営体制の改善で問題をクリアすることができます。新患率5％は多くの診療科で注意すべき数字です。開業後1年でこれを下回ることがあれば、この本をもう一度読み直していただくと、ヒントになることがあるはずです。

さて、長い時間お付き合いいただきありがとうございました。ここまで来れば、開業というスタートラインに立てます。開業はゴールではなく、あくまでも先生個人の診療所ができ上がり、保険医療機関に指定された出発点に立っただけです。

開業してからが本番です。

これからも診療報酬や介護保険の点数改定はあるでしょうし、施設基準の改定や新しい診療報酬の加算新設や制度廃止もあるでしょう。厚生労働省の医療政策を無視した診療は成り立ちません。厚生労働省が将来に向けて、どのように医療制度改革を行おうとするのかを見据えて戦略を練る必要があります。

繰り返しになりますが、新患の患者様が来院されれば適正な診療を行うことは当然とし、できるだけ待たせないオペレーションを工夫していく必要があります。インターネットの広告規制が2018年6月から始まりましたが、ホームページの運営管理なくして、患者様の評判を取ることが難しい時代になってきました。ホームページがあることを前提に、患者様がどれだけ使いやすいか、どれだけ患者様が求める検索に対応できるのか、日々専門家と相談しながら運営管理を行わなければなりません。

開業にあたって、無駄なコストはできるだけ削減し、先生ご自身の時間を最大限大切にされ、開業医として輝かしい人生のスタートラインに立たれることをお祈り申し上げます。

著者プロフィール

椎原 正　しいはら・ただし

クリニック開業コンサルタント
経済産業大臣認定 中小企業診断士
FPサービス株式会社 代表取締役社長

1959年生まれ。1983年に東京都民銀行に入行後、バブル崩壊を機に、銀行組織を諦観するに至り、1993年に完全歩合制の保険外交員としてソニー生命に転職する。そこで、医療機関の経営者を紹介されて医療法人化を手がけたことから、多数の医療機関の紹介を受けるようになるものの、そのすべての医療機関でファイナンシャルプランがまったく行われていないことに驚愕し、保険外交員をしながら、医療法人の有効活用やファイナンシャルプランを無償で提案するようになる。その中で、医療法人の理事に対する役員報酬と医療法人に留保する金額を税務面から最適化することをはじめ、生命保険を使った退職金準備や、低コストでの開業資金準備のための保険設計などを行い、口コミによる紹介がさらに増えることとなる。

そこで、1995年にソニー生命の第一号企業内起業として、FPサービス㈱の前身となる㈲エフピーサービスを設立。さらに、1996年よりインターネットの活用にも取り組み、肛門科クリニック、婦人科クリニック、消化器内科クリニック等でホームページの作成と運用を提案したところ、患者の増加に貢献できたことから、有料コンサルティングを多数依頼されるようになり、2002年に独立する。

医療法人設立のコンサルティングを行う中で、医師が開業時に法外な金額で医療機器を購入し、法外な建築費用・内装費用を支払っている事実を知り、クリニック開業にも進出することを決め、購入費用を合理的な価格まで下げて、適正借入金、想定患者数の増加に合わせた堅実な事業計画の策定を行うといった、開業後を見据えたコンサルティングで実績を積み重ねてきている。

自社ホームページでは「医院　開業」「医師　開業」などのキーワードでGoogle 検索1位を取り続け、インターネットからの無料相談申し込み、開業セミナー申し込みを多く受けていて、開業からその後の経営、医療法人化、医療法人の運営管理、ホームページの作成、その運営管理のコンサルティング業務で高い評価を受け、現在も顧客を増やし続けている。

FPサービス ホームページ　https://www.doctorsupportnet.jp/

神奈川県	医療法人社団衆和會　さなだ医院	眞田 喬子 先生
埼玉県	しばさき耳鼻咽喉科	柴﨑 修 先生
茨城県	医療法人社団千空　そうだ耳鼻咽喉科クリニック	宗田 靖 先生
東京都	医療法人社団康風会　方南町さくらクリニック	辻 綾子 先生
東京都	医療法人社団康風会　方南町さくらクリニック	辻 昌孝 先生
東京都	医療法人社団玉瑛会　てしまクリニック	手島 玲子 先生
千葉県	医療法人社団ファインメッド　にしで内科クリニック	西出 良一 先生
千葉県	にしで眼科クリニック	西出 桂 先生
東京都	押上なりひら皮膚科・形成外科クリニック	原島 要人 先生
新潟県	医療法人社団隆仁会　藤田内科消化器科医院	藤田 一隆 先生
埼玉県	ふせき心療クリニック	布施木 誠 先生
神奈川県	医療法人社団ケーイー　ふるたクリニック	古田 一徳 先生
埼玉県	ハレこころのクリニック大宮	前原 智之 先生
静岡県	みしま南口クリニック	三浦 興一郎 先生
東京都	医療法人社団キャンサーフリートピア 銀座並木通りクリニック	三好 立 先生

本書を推薦していただいている先生方をご紹介します

東京都	医療法人社団心優会　安藤クリニック	安藤 隆夫 先生
東京都	医療法人社団ウィンロイヤル会 浜松町大門レディースクリニック	池田 貴子 先生
埼玉県	医療法人輪・Wa　レッツ大腸肛門クリニック	石川 徹 先生
埼玉県	医療法人アスクレピオス　えのもとクリニック	榎本 信哉 先生
東京都	医療法人社団大恵会 耳鼻咽喉科日本橋大河原クリニック	大河原 大次 先生
東京都	医療法人社団博施会　東京外科クリニック	大橋 直樹 先生
東京都	江戸川橋皮フ科クリニック	岡本 麻里江 先生
埼玉県	医療法人K. MEDICS　かせ心のクリニック	加瀬 裕之 先生
東京都	巣鴨クリニック	空閑 和人 先生
千葉県	医療法人社団慈雅会　柏ハートクリニック	日下 雅文 先生
東京都	神津内科クリニック	神津 仁 先生
神奈川県	新城女性のクリニック	後藤 妙恵子 先生
神奈川県	医療法人社団山本メディカルセンター	齋藤 真理子 先生
神奈川県	医療法人社団理桜会 向ヶ丘胃腸・肛門クリニック	櫻井 丈 先生
東京都	医療法人社団絢雄会　佐藤寿一クリニック	佐藤 寿一 先生
神奈川県	医療法人社団衆和會　さなだ医院	眞田 壽彦 先生

クリニック開業《かいぎょう》[実践《じっせん》]ガイダンス

2018年 12月18日 初版第1刷
2020年 8月17日 第2刷

著 者――椎原《しいはら》 正《ただし》
発行者――坂本桂一
発行所――現代書林
〒162-0053 東京都新宿区原町3-61 桂ビル
TEL/代表 03(3205)8384
振替00140-7-42905
http://www.gendaishorin.co.jp/

ブックデザイン+DTP――ベルソグラフィック
カバー使用写真――Melamory/Shutterstock.com

印刷・製本 ㈱シナノパブリッシングプレス
乱丁・落丁本はお取り替えいたします。

定価はカバーに
表示してあります。

ISBN978-4-7745-1743-8 C0034